Rudolf Burandt, geboren 1925 in Greifswald, Abitur 1943, Kriegsteilnahme und Gefangenschaft. Von 1945 bis 1950 Studium der Klassischen Philologie, Slawistik, Indogermanistik und Pädagogik in Göttingen, 1950 Promotion. Seit 1950 im Schuldienst in Niedersachsen, ab 1951 am Kaiser-Wilhelm-Gymnasium in Hannover, 1955/56 Fulbright-Stipendiat in den USA. Von 1959 an Fachleiter am Studienseminar; 1968 Forschungsauftrag zum Thema »Schule als Arbeitsplatz des Schülers – Bedingungsanalyse und Vorschläge zur Erhöhung der Effizienz«. Ab 1973 Mitarbeit an Richtlinien für Gesamtschulen und Gymnasien, Mitarbeit in Schulelternräten und im Niedersächsischen Elternverein. Verheiratet, drei Kinder. 1989 Ruhestand. Veröffentlichungen u.a.: »5-Tage-Woche und Schulreform« (1974), »Ich bin doof und du bist schuld. Schulreform und Effizienz durch Wissenstransfer und Fehlerdiskussion« (1999).

Rudolf Burandt

Schüler zu Gewinnern machen

Effiziente Wege aus der Schulmisere

buch & media

Weitere Informationen über den Verlag und sein Programm unter:
www.buchmedia.de

*Für meine Enkel
Alexandra, Quentin und Jesper,
Karl und Julia,
ihre Mitschüler und künftige Schülergenerationen
und für uns alle*

Dezember 2011
© 2011 Buch&media GmbH, München
Umschlaggestaltung: Kay Fretwurst, Freienbrink
unter Verwendung eines Bildes von © contrastwerkstatt - Fotolia.com
Herstellung: Books on Demand GmbH, Norderstedt
Printed in Germany · ISBN 978-3-86520-391-5

Inhalt

Vorwort 7

1. Kapitel: Inhalt, Ziele und Verfahren

1 Aufklärung als Ziel 9
2 Aufklärung als Prozess 11
3 Zum »Gewinnen« und zum »Win-win-Prinzip« 14
4 Adressatenkreis 14
5 Prioritätenproblem 15
6 Formulierungen 15
7 Verwendete Abkürzungen 16

2. Kapitel: Lernhilfen aus der Grundlagenforschung

1 Die Zitate aus der Literatur 17
2 Gesetzmäßigkeiten in Lernen und Entwicklung 18
3 Gültigkeit und Nutzung der Erkenntnisse 49

3. Kapitel: Handlungsanweisungen aus der exemplarischen Klärung von Teilaspekten

1 Sinn dieses Kapitels 50
2 Aus der Arbeitsmedizin: Grundsehnsüchte des Menschen bei seiner Arbeit 51
3 Aus der Neurobiologie: »Gelingende Beziehung«, Kommunikation, Kooperation 72
4 Aus Kindertherapie, Neurobiologie und PISA-Schülerbefragung: Kinderbedürfnisse nach Autorität, Zuwendung und Lernbegleitung .. 84
5 Aus Entdeckungen in unseren Nachbarländern: Bessere Schülerförderung in homogenen Lerngruppen und bei »pädagogischem Konsens« . 99
6 Entdeckungen im Inland: Schulabbrecher – und was wir durch sie lernen können 121
7 Aus der Globalisierung: Entwicklungen in der Welt und Diskussion um Führung 151
8 Aus der Welt der Kultusminister: Beschlüsse, Aufgabenbewusstsein, Arbeitsbedingungen 155

9 Aus der Welt der politischen Parteien: Gabriele Behlers wiederholte
  Kritik an der Bildungspolitik der Parteien 180
10 Aus pädagogischer Langzeitforschung: Die LifE-Studie von
  Helmut Fend (2009) 186
11 Aus der Welt der Schüler: Missachtung ihrer Bedürfnisse nach Hilfe
  als Absage an den Rechts- und Sozialstaat 193
12 Bildungseffizienz zwischen Wunsch und Wirklichkeit – Hinweise ab
  ca. 1963 202

4. Kapitel: Vergewisserung zu Recht und Gesetz – Umschau nach Maßstäben

1 »Verantwortung« als Auftrag im Grundgesetz 208
2 Grundrechte von Schülern und Eltern 209

5. Kapitel: Schwächen unseres Staates und seiner Führung

1 Führungsfehler von Parteien und Exekutive im Schulbereich 211
2 Das Fehlen von »Unternehmensberatung Schule« 217
3 Defizite in Qualifizierung von Führungsnachwuchs 218
4 Fehler des Systems: Keine Mitarbeiterunterstützung, kein Flagge-
  Zeigen 219
5 Ergebnis: Die Schwächen des Staates als Führungsschwächen der
  Verantwortungsträger 223
6 Das Gefährdungspotenzial 223

6. Kapitel: Ausblick auf die Schule der Zukunft

1 Schule mit Wissenstransfer und »Regelverhalten« 225
2 Schule mit Effizienz und Effizienzkriterien 227

7. Kapitel: Ausblick auf Parteienstaat und Demokratie

1 Vielzahl und Gewicht der Aufgaben 229
2 Aufklärung und Lernen für die Zielerreichung im Schulbereich 229
3 Verstärktes Bürgerengagement im Parteienstaat? 230

**Offener Brief: »Bildungsrepublik Deutschland« – Der bildungspolitische-
Leitantrag der CDU vom 27. Juni 2011 – ohne Eingehen auf die Schulmisere
und die Zwänge der internationalen Bildungskonkurrenz** 233

Anhang

Dank an die Helfer 236
Literaturhinweise 237
Stichwortverzeichnis 245

Vorwort

Vor zehn Jahren hätte ich nicht für möglich gehalten, dieses Buch noch schreiben zu müssen. Ich hatte 1999 gerade meine letzte Untersuchung mit dem Untertitel »Schulreform und Effizienz durch Wissenstransfer und Fehlerdiskussion« herausgegeben und darin deutlich offengelegt, dass die »Schulmisere« aus einer Reihe von Wissensdefiziten gerade im pädagogisch-psychologischen Bereich herrühre und diese sich durchaus in absehbarer Zeit würden abbauen lassen. Das Mittel dafür sei »Aufklärung«. Die Kultusminister müssten dazu die relevanten Erkenntnisse aus allen Zweigen der Forschung zusammenstellen, sie in Schule und Öffentlichkeit hineingeben und die Diskussion dazu anstoßen. Das werde über »Wissenstransfer und Fehlerdiskussion« hin zu neuen Einsichten bei allen Beteiligten führen, zu neuen Gesprächen und Kooperationen und zu umfassender Nutzung. Das werde den Ertrag von Schule, ihre Effizienz, deutlich steigern und die Schulmisere beenden helfen.

Das war gedacht als Steilvorlage für die Kultusminister. Ich rechnete damit, diese würden diese Hinweise, eine unbezahlte Vorarbeit für sie, bereitwillig aufgreifen, sich relativ schnell untereinander über die nötigen Maßnahmen absprechen und dann alles zum Abbau der Schulmisere einleiten. Tatsächlich aber erfolgte nichts, bis heute nicht. Ich hatte mich völlig verrechnet. Ich musste einsehen, dass die Kultusminister – oder gar alle Mächtigen dieser Welt? – relativ unbeweglich sind. Sie halten an alten Vorstellungen und Positionen fest und sind selten zum Lernen und zu sachgemäßen Reaktionen auf Entwicklungen bereit. Wahrscheinlich reagieren sie nur auf massiven Druck hin – vor allem wohl aus der Öffentlichkeit. Das ist eine sehr unerfreuliche Erkenntnis für den engagierten Staatsbürger. Ich saß in einer Falle.

Das Material für den Wissenstransfer und die Fehlerdiskussion, das ich jetzt gern »Lernhilfen« nenne, hatte ich mir in langer, mühevoller Kleinarbeit aus der weit verstreuten Fachliteratur zusammengesucht. Im letzten Buch hatte ich es nicht vorgelegt, um zu erreichen, dass die Kultusminister es selbst sammeln und vorlegen. Sie sollten sich von diesen Erfolgen und den Erfolgserlebnissen dabei weiter anregen lassen. Sollte ich diese ganze Arbeit umsonst gemacht haben? Sollten den Schülern – und meinen Enkeln unter ihnen – noch jahrzehntelang diese »Lernhilfen« vorenthalten und ihnen Lernen und Behalten unnötig erschwert werden? Und sollten die bisher unerkannt gebliebenen »Belastungen« weiter unerkannt bleiben und so bei allen Lernprozessen bremsen? Schulmisere mit allen Ärgernissen und Erschwernissen, mit Konfrontation und Dissensen noch auf 20 Jahre oder länger? War das zumutbar? Ich konnte ja auch im Raum der Schulpraxis und der Pädagogik niemanden ausmachen, der sich so umfassend wie ich – oder gar noch besser? – um diese Art von Material kümmerte und damit für die Förderung der Schüler zu sorgen bemüht war.

Ich gab mir einen Ruck und lege jetzt doch das Material vor, angereichert mit einer Reihe von Einzeluntersuchungen zu Effizienz der Schule und in der Schule. Sie eröffnen ganz neue, ungeahnt weite Perspektiven.

Mein Thema sind nicht nur die »Lernhilfen«, sondern auch die verschiedenen bisher unbekannten Arten von »Belastung«, die es für die Schüler gibt. Bleiben sie weiterhin unerkannt, undiskutiert und unabgebaut, wirken sie als Bremsen in allen Lernprozessen und reduzieren den Erfolg. Über solche Dinge spricht derzeit kein Mensch, alle reden nur von Strukturänderungen, Bildungsstandards, Vergleichsuntersuchungen etc. Aber das sind alles bürokratische Regelungen, mit denen man an den Menschen und an das Menschliche nicht herankommt, man dem Schüler also nicht helfen, sein Lernen nicht fördern oder gar beflügeln kann. Und genau das, der Lernerfolg, ist doch das Ziel. Dazu muss man auf Hilfe sinnen, nach »Lernhilfen« Ausschau halten. Und schon ist man bei meinem Thema. Mein Buch kommt also zur rechten Zeit! Möge es seine Leser erreichen und mit ihnen sein Ziel!

1. Kapitel: Inhalt, Ziele und Verfahren

1 Aufklärung als Ziel

Schüler zu Gewinnern machen – das ist ganz ungewohnt in Formulierung und Zielsetzung. Es geht von vornherein offen von der Überzeugung aus: Die Schülerinnen und Schüler sind heute und schon länger nicht oder eben viel zu wenig die Gewinner von Schule. Sie sind eher die Verlierer. Die »Schulmisere« trifft ja vor allem sie.

In der Öffentlichkeit gibt es noch immer nichts, was man als »Diagnose« der Misere bezeichnen könnte, eine Diagnose, wie sie jeder Patient von seinem Arzt verlangen kann und wie sie jedes Unternehmen sucht, das in die roten Zahlen zu rutschen droht. Eine gesicherte Diagnose ist Voraussetzung für eine erfolgreiche Therapie. Und schon mit dem Fehlen einer solchen im Schulbereich steht jeder Reformvorschlag auf unsicheren Füßen, und jeder neue stellt den vorangegangenen in Frage. Ergebniskontrollen gibt es nicht, nur immer wieder neue Maßnahmen und Versprechungen. Aufklärung und Information der Öffentlichkeit fehlen, das breite Gespräch auf gleicher Augenhöhe und mit gemeinsamer Vergewisserung und Absprache existiert nicht. Es gibt fast nur Anordnungen, tradiert obrigkeitsstaatlich. Das sind Arbeitsbedingungen, unter denen die Schüler und mit ihnen wir alle keinesfalls gewinnen können. Das ist der Ansatzpunkt.

Vor Jahren erhielt ich, als Gymnasiallehrer und Fachleiter, einen Forschungsauftrag zum Thema »Schule als Arbeitsplatz des Schülers, Bedingungsanalyse und Vorschläge zur Erhöhung der Effizienz«[1]. Das ist der Blick

---

[1] Für die Arbeit daran erhielt ich vom Kultusministerium für 18 Monate eine Entlastung um zwei Drittel meines Stundensolls, ein beispielloser Präzedenzfall! In dieser Zeit las ich ca. 400 bis 500 Titel quer durch die Lernforschung und angrenzende Bereiche, erweiterte mit dem Fachvokabular meinen Horizont, gewann einen Blick für Zusammenhänge und Gesetzmäßigkeiten und entwickelte mich unversehens zum »Generalisten«. Dieses neue Wissen suchte ich sofort bei Schülern und Referendaren zu nutzen, schrieb dazu das Buch »5-Tage-Woche und Schulreform« (Herford und Berlin 1974) und schreibe seitdem über Effizienz der Schule und in der Schule. Und nach einer Reihe von Aufsätzen rang ich mich zu einer Zusammenfas-

von den Arbeitswissenschaften und der Arbeitspsychologie her, der immer noch neue Entdeckungen verspricht. In diesem Sinne suchte ich entsprechend lange nach allem, was als »Lernhilfe« für die Schüler genutzt werden könnte. Zugleich suchte ich nach Faktoren und Faktorenbündeln, Maßnahmen, Forderungen, Vorstellungen, Praktiken usw., die gut gemeint sind, die aber die Arbeits- und Lernumstände der Schüler nicht berücksichtigen und für sie als Belastung wirken. Belastungen solcher Art können das Lernen und Arbeiten sowie die Entwicklung sehr erschweren und die Erfolgschancen reduzieren. Um solche Faktoren als Belastung erkennbar und plausibel machen zu können, brauchte ich optimal gesicherte Maßstäbe und Zielangaben. Ich suchte und fand sie in den »Lernhilfen« selbst, und diese in den zwei großen Forschungsbereichen: der vielfältig und systematisch betriebenen und vom Staat mit reichen Geldern geförderten Grundlagenforschung mit einer Vielzahl von Disziplinen und der wenig bekannten »pädagogischen Tatsachenforschung« im weitesten Sinne des Wortes. Letztere ist nicht organisiert, wird nicht systematisch und z. T. nur »im Nebenbei« betrieben. Ihre Ergebnisse können sich auch rein zufällig einstellen, aber sie sind nicht weniger gewichtig.

In beiden Bereichen entdeckte ich: Wesentliche Erkenntnisse der Forschung aus den letzten Jahrzehnten, Gesetzmäßigkeiten der Physiologie und Psychologie, mit denen als »Lernhilfen« Lernen und Entwicklung sehr zu fördern wären, sind weithin unbekannt und ungenutzt, in der Schulpraxis und -politik wie in der gängigen Schuldiskussion – von sinnvoller Vernetzung ganz zu schweigen. Das ist zwar schwer vorstellbar, aber so sind die Fakten. Damit hatte ich schon eine besondere Art von Modernitätsrückstand entdeckt, die vermutete Quelle für Wissensdefizite und sicher eine der Wurzeln der Schulmisere.

Hinzu kamen Erkundungen im Bereich der Unternehmensberatung und der Kommunikationswissenschaft. So betont z. B. der Wirtschaftswissenschaftler Gerald Lembke: »Letztlich lassen sich alle Probleme auf das Thema Kommunikation herunterbrechen. Eine lernende Organisation passt sich an und hat die Kommunikation als zentrales Element.«[2] Das ist für mich überzeugend. Aber wo ist Schule in ihrer Ganzheit eine »lernende Organisation«? Und wo ist im Schulbereich »Kommunikation als zentrales Element« zu entdecken? Unter den Lehrerkollegen, mit Schülern, Eltern und der Schulaufsicht, unter Politikern, innerhalb der Parteien und in der Öffentlichkeit? Hier werden weitere Defizite erkennbar.

    sung durch, dem Buch »Ich bin doof, und du bist schuld – Schulreform und Effizienz durch Wissenstransfer und Fehlerdiskussion« (Berlin/Hannover 1999). Das vorliegende Buch liefert die Quintessenz.
[2] Gerald Lembke in *SZ* vom 10.7.2008, S. 21.

2 Aufklärung als Prozess

Damit ist mein Ansatz gut begründet: Ich ziele auf Aufklärung, und ich versuche, diese in verschiedenen Kapiteln zu leisten.

Im ersten Kapitel, »Lernhilfen aus der Grundlagenforschung«, lege ich das Informationsmaterial vor. Das sind die schon angesprochenen empirisch gesicherten Erkenntnisse zu den Problembereichen von Lernen und Persönlichkeitsentwicklung, die ich aus einem guten Dutzend von Disziplinen aus der erfahrungswissenschaftlichen Forschung zusammengetragen habe. Ich mache sie hier der Öffentlichkeit bekannt und so für alle Interessenten diskutierbar und nutzbar. Eine solche Zusammenstellung ist meines Wissens die erste ihrer Art. Sie enthält eine Vielzahl von »Lernhilfen« und kann auf vielfältige Weise genutzt werden. Die neuen Erkenntnisse

- geben einen umfassenden Einblick, nach welchen Gesetzmäßigkeiten vor allem der Physiologie und der Psychologie Lernen und Lernfortschritt, Behalten und Vergessen zustande kommen. Sie machen direkt und indirekt erkennbar, mit welchen Maßnahmen man auf den verschiedenen Ebenen – im Unterricht, dazu schul- und gesellschaftspolitisch, schul- und unterrichtsorganisatorisch und individuell-pädagogisch – Lernprozesse erleichtern, Schüler unterstützen und ihren Lernerfolg steigern oder erschweren kann. Dabei wird deutlich, dass man mit konsequenter Nutzung solcher Erkenntnisse, dem »Wissenstransfer«, die Qualität aller Schularbeit und die Effizienz im Ganzen deutlich steigern kann. Das ergibt Einblicke in die Zusammenhänge von Lernen, Schule und Gesellschaft, die man bisher nicht hatte. Es eröffnet bestmögliche Aussichten für erfolgreiche Reformen und zeichnet den Weg der Schule in die Zukunft vor.

- machen durch Einzelheiten und neue Fachbegriffe auch neue Ziele und Teilziele, Maßstäbe und Werte erkennbar, die weit über die bisher bekannten und diskutierten hinausreichen. Sie fordern dazu heraus, über all dies neu nachzudenken, und legen mit dem neuen Fachvokabular die Grundlage, darüber jenseits alter Formeln und Worthülsen miteinander zu sprechen, sich gemeinsam der neuen Erkenntnisse zu vergewissern und sich ihnen zu öffnen. Dieses Sprechen kann ein neues Bewusstsein schaffen, ein neues Gemeinschafts- und Wir-Gefühl. Es lenkt hin zu einer Änderung von Vorstellungen und Verhaltensweisen, führt zur Bereitschaft zu Konsens und Kooperation und zu notwendigen Veränderungen in Politik und Gesellschaft, Familie und Schule.

- fordern, da sie im Unterschied zu den bisherigen Vorstellungen und Praktiken empirisch gesichert sind, zwingend zum Aufgreifen, Nutzen und

Handeln heraus. Es erscheint unstatthaft, sie nicht zu nutzen und sie so den Schülern und uns Bürgern vorzuenthalten. Wir leben hinsichtlich der medizinischen Versorgung und dem allgemeinen Bewusstsein nicht mehr unter den Verhältnissen von ca. 1950, deshalb sollten wir auch im pädagogisch-psychologischen Bereich diese Zeiten, den Modernitätsrückstand, nicht konservieren. Fürsorge und Vorsorge verlangen Initiativen. Die Schüler brauchen Hilfe, und die internationale Bildungskonkurrenz übt ihren Druck aus.

- laden jeden Lehrer und jedes Kollegium dazu ein, sie sich sofort für ihren Unterricht zunutze zu machen, d.h. sich auf die neuen Ziele und Werte einzustellen und in ihrem Sinne zu arbeiten. Je mehr das in Absprache mit Fachkollegen, dem Schulleiter oder gar der Mehrheit des Kollegiums und mit Information der Eltern geschieht, desto leichter gelingt die Umstellung und umso deutlicher und eher sind die Ergebnisse zu erwarten.

Die ersten Schritte und ihre Erfolge sprechen sich in der Öffentlichkeit schnell herum, in der Region und weit über sie hinaus, und es finden sich Nachahmer. Eltern werden durch ihre Kinder und in Elternversammlungen informiert. Sie werden in Gespräche einbezogen und tragen Informationen weiter, die Medien tun das Ihrige dazu. Die Parteien, die Schulaufsicht und die Kultusminister greifen das Neue auf, weil auch sie auf ihre Weise ihren Erfolg haben und davon profitieren wollen. So laufen Information und Kommunikation, das ist der Weg für die Modernisierung der Schule und zugleich unserer demokratischen Gesellschaft.

Im darauf folgenden, sehr viel umfangreicheren Kapitel »Handlungsanweisungen aus der exemplarischen Klärung von Teilaspekten« nutze ich die Erkenntnisse zur Durchleuchtung der Praxis und zum Gewinn von »Handlungsanweisungen«, d.h. ich greife exemplarisch einzelne Entdeckungen aus unterschiedlichen Forschungsgebieten auf, wende sie auf gängige Vorstellungen oder Praktiken an und benutze sie für die Bewertung als Maßstäbe. Dabei zeige ich, dass es für die deutschen Schüler eine ganze Menge von »Belastungen« gibt, die als solche bisher unerkannt und undiskutiert geblieben sind. Ich diskutiere sie und mache damit auch den Weg zu ihrem Abbau erkennbar. Aus diesen einzelnen Untersuchungsergebnissen versuche ich dann jeweils die Handlungsanweisungen abzuleiten und zu formulieren. Dass sie praktisch überall auf dasselbe hinauslaufen, nämlich Aufklärung und Lernen als Ziel und als Mittel, spricht, meine ich, für die Richtigkeit in Ansatz und Vorgehen wie in den Ergebnissen.

Bei allem bemühe ich mich, über kleinteiliges Spezialistenwissen hinauszukommen und durchgehende Verbindungslinien darzulegen, d. h. ich versuche, in der Praxis von Schule und Erziehung die Wirkung von Regelungen und Vorstellungen und von dem vielen, was »von oben« oder »von außen« in die Schule hineingetragen wird, erkennbar zu machen. Das ist der Versuch zu einer ganzheitlichen oder mindestens übergreifenden Betrachtungsweise. Dergleichen ist bisher im Schulbereich kaum üblich und tatsächlich auch ein sehr ambitioniertes Unterfangen. Aber Schule existiert in einer »Ganzheit« und kann nur verbessert werden, wenn man diese »Ganzheit« in den Blick nimmt. Exemplarisches Arbeiten ist dafür unabdingbar, will man sich nicht im Uferlosen verlieren. Auf manche Details muss daher verzichtet werden. Aber wenn in gravierenden Punkten Aufklärung geschaffen, Durch- und Überblick ermöglicht und Nachdenken sowie ein breites Gespräch mit neuem Vokabular angeregt werden können, wäre das schon ein großer Gewinn.

In der Summierung zeigt das alles die Schulpraxis und die Schulpolitik von einer relativ unbekannten Seite. In der Behandlung läuft das vielfach auf eine Diskussion um Wissensdefizite, Irrtümer, Fehlschlüsse, Versäumnisse, Schwachpunkte und Führungsfehler hinaus – gerade solche auf der höchsten Ebene. Solche »Fehlerdiskussion« ist bei uns bisher im Schulbereich nicht üblich. Aber in der Arbeitswelt hat sie sich als Mittel auf allen Ebenen seit Langem bewährt. Sie hat mit zu den Leistungs- und Produktivitätssteigerungen geführt, von denen wir alle als Mitglieder der Gesellschaft profitieren. Fehlerdiskussion hat ja auch einen großen Vorteil: Sie zeigt genau, was fehlerhaft, unproduktiv oder belastend ist und was man unbedingt meiden sollte. Gerade daraufhin kann man sich sehr genau der Richtung vergewissern, in der Fortschritt und Erfolg zu suchen sind. Dazu gehört auch das Umgekehrte: Werden Fehler und Belastungen nicht hinterfragt, bleiben sie bestehen und wirken als Bremsen weiter, je länger, desto mehr. Das ist wie ein Schwimmen gegen den Strom. Es kostet Kraft, schafft Unmut und bringt wenig Ertrag. Fehlerdiskussion ist die Möglichkeit zu allgemeiner Vergewisserung, sie macht das Erfordernis von neuen Weichenstellungen erkennbar. Das passt zu jeder Sache und gut in eine Demokratie.

Am Ende gibt die Auseinandersetzung mit den Ergebnissen aus anderen Untersuchungen, z. B. von Gabriele Behler (ehemalige Kultusministerin von Nordrhein-Westfalen) und Helmut Fend (österreichischer Pädagogikprofessor), Absicherung und Bestätigung. Alles passt zusammen. Politiker und Lehrer, Eltern und Bürger sind eingeladen, sich mit diesen Informationen zu befassen, das Gespräch zur Sache zu suchen und zu führen und daraus das Beste zu machen.

In den Schlusskapiteln versuche ich die Verallgemeinerung, die Schlussfolgerungen für das Ganze. Dazu diskutiere ich, was die Schule der Zukunft kennzeichnen sollte, und suche mich im Rahmen von Recht und Gesetz zu vergewissern.

3 Zum »Gewinnen« und zum »Win-win-Prinzip«

Im Wort »Gewinner« vermischen sich sachliche und emotionale Komponenten. Das soll auch so sein. Denn beide Komponenten sind in der Schularbeit wirksam. Sie sind aus dem Schülerleben und dem -erleben nicht wegzudenken. Ich versuche darum, beide Komponenten in gleicher Weise ernst und wichtig zu nehmen.

Mit dem Hinweis auf das »Win-win-Prinzip« mache ich schon sprachlich deutlich, dass bei den fälligen Reformen letztlich beide Seiten oder gar alle Beteiligten gewinnen sollten. Die Politiker sollen das Sagen haben und behalten, aber sie sollen, bitte, auch konsequent dafür sorgen, dass die Schüler endlich Gewinner werden und sich als solche fühlen können. Erst mit ihnen zusammen können und sollen auch die Lehrer, Eltern, Kultusminister, Parteien und alle Bürger gewinnen. Der Weg dahin ist der Weg der Aufklärung, der Kommunikation und der Kooperation. Dergleichen gehört ja ohnehin zu den Kennzeichen eines Rechts- und Sozialstaats. Nur dort, wo alles klar ist, sind die Rechte aller und jedes Einzelnen gesichert, sind die Weichen allgemein zuverlässig zu stellen, sind Schulqualität, Effizienz und Zufriedenheit zu erreichen. Nur dann können sich die Schüler als Gewinner fühlen und wir alle mit ihnen. Das ist ein großes Ziel, lohnend und erreichbar.

4 Adressatenkreis

Das Buch habe ich in der Hoffnung geschrieben, der gesamten jungen Generation, meinen Enkeln und Urenkeln und ihren Mitschülern Schule und Lernen zu erleichtern und ihnen zu mehr Verstehen, Können, Erfolg, Erfolgserleben und Zufriedenheit zu verhelfen. Damit wende ich mich vor allem an die Lehrer, Schulleiter und die Lehrerausbilder, zumal die Seminar- und Fachleiter. Sie sind eingeladen, sich über Vielzahl und Vielfalt der Lernhilfen für die Schüler zu informieren, über sie miteinander das Gespräch zu führen und sie in weitem Konsens für Unterricht und Schule zu nutzen. Schulaufsicht und Kultusminister, Schul- und Parteipolitiker sind ebenso eingeladen, sich über die Lernhilfen zu informieren und aus diesem neuen Wissen heraus die Schulpraxis in allen Teilen zu unterstützen und dabei auch das breite Gespräch in der Öffentlichkeit anzuregen und zu fördern. Daneben sind natürlich alle Eltern und gerade die Elternvertreter, die gesetzlichen Elternvertretungen und die Mitglieder von Elternverbänden angesprochen. Sie sollten ja wissen, in welche Richtung sich die Schule entwickelt oder entwickeln sollte, und sollten die Entwicklungen verstehen und mittragen. Auch die Medien sind gebeten, ihren Teil zum Gelingen des Ganzen beizutragen, also die Bürger umfassend zu informieren, sie für das Neue zu öffnen und über den Fortgang der Dinge auf dem Laufenden zu halten. Der Kreis der Leser dieses Buches, der »Mitwisser« und der Unterstützer von Schulreform kann gar nicht groß genug sein, denn die neuen Ziele und Maßstäbe und die Vokabeln dafür sollen nicht auf den Schulbereich beschränkt bleiben. Sie sollen zum Gesprächsstoff für weite Teile der Gesellschaft werden, eine neue Phase des Mit- und Füreinander einleiten und zu einem neuen Wir-Gefühl, einer Gleichgerichtetheit der Bemühungen in Schule und Gesellschaft führen. Alle Seiten sollen sich gegenseitig unterstützen und bestätigen. Aus Kommunikation und gemeinsamer Vergewisserung ergeben sich Konsens, Absprache und Kooperation, Qualitätsarbeit und Effizienz. Das ist es, was unseren Schülern und uns allen zu wünschen ist.

5 Prioritätenproblem

Alle Bemühungen der Kultusminister um Formales, um Bildungsstandards und vergleichbare Schulabschlüsse haben ihren Sinn. Aber mit den »Lernhilfen« kann man den Schülern, gerade in allen Anfängen, Verstehen, Lernen und Behalten sehr erleichtern, kann ihnen zu Erfolg und zu Erfolgserleben verhelfen und bei ihnen die Voraussetzungen schaffen für das Erreichen der inhaltlichen Ziele und der formalen Abschlüsse. Die Nutzung der »Lernhilfen«, der Erkenntnisse aus Pädagogik und Psychologie, hat deshalb zeitlich und sachlich den Vorrang vor allem Formalen. Lernhilfen sind Investitionen in den Menschen.

6 Formulierungen

Zur besseren Lesbarkeit spreche ich in der Regel von Schülern, Lehrern, Schulleitern, Kultusministern und Politikern in der männlichen Form. In diesen Bezeichnungen ist jedoch stets die weibliche Form mitzudenken.

7 Verwendete Abkürzungen

a.a.O. am angegebenen Ort, Hinweis auf vorgenannte Quelle
DPhV Deutscher Philologenverband
dhs *Die höhere Schule, Zeitschrift des Deutschen Philologenverbandes,* jetzt *Profil*
Ebd. Hinweis auf die letztgenannte Seite
FAZ *Frankfurter Allgemeine Zeitung*
HAZ *Hannoversche Allgemeine Zeitung*
LVZ *Leipziger Volkszeitung*
OZ *Ostsee-Zeitung*
phvn Philologenverband Niedersachsen, Zeitschrift *Gymnasium in Niedersachsen*
SZ *Süddeutsche Zeitung*

2. Kapitel: Lernhilfen aus der Grundlagenforschung

1 Die Zitate aus der Literatur

Die Zitate, die ich hier vorlege, machen überwiegend Gesetzmäßigkeiten in Lernen und Entwicklung erkennbar. Eine solche Zusammenstellung ist für alle Ebenen von Schule etwas Ungewohntes, sie müsste darum eigentlich auch gleich auf reges Interesse stoßen, denn sie enthält umfassende Informationen und soll helfen, die Qualität von Schule, von Unterricht und Erziehung zu sichern und die Effizienz möglichst zu erhöhen.

Alle wichtigen Erkenntnisse sind m. E. gebracht, Vollständigkeit ist jedoch nicht angestrebt; Ergänzungen sind immer erwünscht, mit der Forschung geht es ja auch immer weiter. Aber ein Zwischenergebnis drängt sich schon hier geradezu auf: Wenn man eine Reihe von diesen Forschungsergebnissen kennengelernt und ihre Intention verstanden hat, merkt man, dass sie alle irgendwie in die gleiche Richtung zielen. Keines tanzt aus der Reihe oder betont gar Gegenläufiges. Alle bestätigen und bestärken sich gegenseitig. Damit ist schon so etwas wie Kontrolle möglich oder ein Kontrollindikator gegeben. Es sieht so aus, als zeige die Evolution hier unübersehbar so etwas wie Linie, Richtung, Gesetzmäßigkeit, hin in ein für uns unbekanntes und unbestimmbares »Vorwärts«.

Ich bringe die Befunde überwiegend in Zitatform. Dabei nehme ich die Erschwernisse, die mit der Fachsprache verbunden sind, um der Authentizität willen hin. Nur gelegentlich füge ich gleich Erläuterungen hinzu. Mit den Überschriften versuche ich die Orientierung zu erleichtern. Ich zitiere auch aus älterer Literatur – Wahrheiten veralten eben nicht. Zwei plus zwei wird immer vier bleiben. Jedes Zitat ist genau gekennzeichnet, damit es jederzeit für eine Auseinandersetzung auffindbar ist. Die Abfolge sagt nichts über Wert oder Gewicht der Erkenntnisse aus.

2 Gesetzmäßigkeiten in Lernen und Entwicklung[3]

2.1 Das Gedächtnis und seine Funktionsweise

»Lernen ist ein dreistufiger Speichervorgang.«[4] Man unterscheidet:

- das Ultrakurzzeitgedächtnis (UKG) – »Alle durch die Sinneswahrnehmungen, durch Auge, Ohr oder Haut ankommenden Impulse kreisen zunächst in Form elektrischer Ströme und Schwingungen in unserem Gehirn, wo sie nach 10–20 Sekunden wieder abklingen.«[5] Der Filter hat eine Schutzfunktion;
- das Kurzzeitgedächtnis (KZG) – es kann etwa 20 Minuten dauern und ist noch unstofflich und durch starken Schock zu löschen[6];
- das Langzeitgedächtnis (LZG) – es ist an die feste Einlagerung von Proteinen gebunden, also ein stofflicher Vorgang.[7] Gespeichertes kann auch durch Elektroschocks nicht gelöscht werden.

Vergessen kann sein:

- »das Ausklingen des UKG und des KZG;
- das (zeitweilige) »Nicht-Wiederfinden von Informationen«[8].

Biologische Lernhilfen für das Speichern im LZG:

- Einmalige intensive Erlebnisse (Autounfall) bleiben lebenslang gespeichert.
- Allen Lernstoff sollten wir mehrfach wiederholt aufnehmen, quasi zu einem inneren Erlebnis machen.
- »Je mehr Arten der Erklärung angeboten, je mehr Kanäle der Wahrnehmung benutzt werden, desto vielfältiger wird das Wissen verankert und auch verstanden.«[9]

---

[3] Diese und alle folgende Zitate wurden – der Einheitlichkeit zuliebe – unabhängig von ihrem Entstehungsdatum den Regeln der neuen deutschen Rechtschreibung angepasst. Alle Fettungen sind nicht in den Originalzitaten enthalten, sondern wurden hier zur besseren Orientierung eingefügt.
[4] Fr. Vester 1998, S. 65.
[5] A.a.O., S. 47.
[6] A.a.O., S. 55.
[7] A.a.O., S. 62.
[8] A.a.O., S. 67.
[9] A.a.O., S. 42.

- »Je mehr bekannte Assoziationen und Möglichkeiten einer vielfältigen Zuordnung schon da sind – umso besser ist der Stoff aus dem LZG abrufbar«[10]
- »Je besser wir für Lernen die positiven Hormonreaktionen aktivieren, Freude, Erfolgserlebnisse, Neugier, Spiel, Spaß, umso leichter und besser ist das Behalten.«[11]
- »Eine dichte Verknüpfung aller Fakten eines Unterrichts, eines Buches etc. vermittelt Erfolgserlebnisse und fördert das Behalten wie auch das kreative Kombinieren ohne zusätzlichen Aufwand.«[12]
- Der Fehler ist eine Orientierungshilfe. »Man sollte ihn vom Frustrationserlebnis zum Erfolgserlebnis umwandeln.«[13]

Möglichkeiten von Lernstörungen:

- Durch Einschüchterung, Angstmachen, Stoffüberfülle etc. kann man Denk- und Lernblockaden auslösen.[14]
- Lernen kann durch nachfolgende ähnliche Informationen gestört werden (sog. Interferenz oder retroaktive Hemmung).[15] Ähnliches Lernmaterial stört präaktiv das, was folgt, und retroaktiv das, was vorher gelernt wurde; vermeidbar durch genügend große Pausen dazwischen und den Wechsel der Anforderungsformen.

Möglichkeiten der Kreativitätsförderung:

- »Je mehr Eindrücke wir speichern, desto eher melden sich Gedankenverbindungen und desto größer ist die Chance, aus deren Wechselspiel heraus neue Ideen zu bilden. Wer also viel erlebt, dem wird mehr einfallen.«[16]

2.2 Üben und Übungsertrag[17]

- »Intelligente Menschen lernen schneller. Ohne Üben nützt ihnen ihre Intelligenz aber nichts. Wenn ich als weniger intelligenter Mensch bestimmte

---

[10] A.a.O., S. 68 und 108.
[11] A.a.O., S. 125.
[12] A.a.O., S. 143.
[13] A.a.O., S. 137.
[14] A.a.O., S. 116.
[15] A.a.O., S. 47 und H. Roth bei K. Strunz (Hg.), S. 235.
[16] A.a.O., S. 88.
[17] Elsbeth Stern 2003, S. 15ff.

Dinge viel übe, ziehe ich mit einem intelligenteren gleich oder überrunde ihn sogar.«[18]

- »Manche Dinge [beim Lernen] müssen automatisiert werden.«[19]
- »Lerntechniken lernt man nur, indem man anspruchsvolle Dinge lernt.«[20]

2.3 Lernbedingungen und Lernertrag[21]

- »Neben Ruhe und Muße unterstützen gleichartige Informationen innerhalb von 24 bis 48 Stunden die Verankerung im LZG. Häufige Störfeuer von außen – etwa übermäßiger Fernsehkonsum – sind dagegen hinderlich.«[22]
- »Bei erfolgreichem Lernen – etwa wenn wir einen komplexen Zusammenhang begriffen oder ein Problem eigenständig gelöst haben – schüttet das Gehirn den Botenstoff Dopamin aus. Das Glückshormon verursacht ein Gefühl freudiger Erregung und den Wunsch nach immer neuen Erkenntnissen.«[23]
- »Das körpereigene Belohnungssystem funktioniert jedoch nur, wenn wir selbst davon überzeugt sind, etwas Wichtiges gelernt zu haben.«[24]
- »Stetige Fortschritte macht nur, wer Erfolg und Misserfolg in einem ausgewogenen Verhältnis erlebt. Sofern die Misserfolge nicht überhand nehmen, treiben sie das Belohnungssystem erst richtig an.«[25]

2.4 Lernprozesse aus neurobiologischer Sicht[26]

- »Psychosoziale Kompetenz ist eine Form von Wissen, die auf eigener Erfahrung beruht. Um sie zu erwerben, brauchen junge Menschen Vorbilder, also Menschen, die diese Fähigkeit besitzen und sie Kindern und Jugendlichen vorleben. Ohne solche Vorbilder und Erfahrungen ist dem sich unter Kindern und Jugendlichen ausbreitenden Defizit an psychosozialer Kompetenz nur schwer beizukommen.«[27]
- »Die wichtigsten Erfahrungen, die einen heranwachsenden Menschen prägen und die in Form komplexer neuronaler Verknüpfungen und synaptischer

---

[18] A.a.O., S. 16.
[19] Ebd.
[20] Ebd.
[21] Henning Scheich 2003, S. 9ff.
[22] A.a.O., S. 10.
[23] Ebd.
[24] Ebd.
[25] Ebd.
[26] G. Hüther in phvn 1/2005, S. 14ff.
[27] A.a.O., S. 15.

Verschaltungen in seinem Gehirn verankert werden, sind Erfahrungen, die in lebendigen Beziehungen mit anderen Menschen gemacht werden.«[28]

- »Alles, worauf ein Kind später stolz ist, was es als Persönlichkeit ausmacht, was es weiß und kann ebenso wie das, was es wünscht und träumt, und nicht zuletzt das, was es als seine Muttersprache erwirbt, verdankt es dem Umstand, dass andere Menschen ihm bei der Benutzung und Ausformung seines Gehirns geholfen haben. Ohne erwachsene Vorbilder hätte ein Kind womöglich noch nicht einmal aufrecht gehen gelernt.«[29]
- »Und wie bei uns Erwachsenen ist auch die Bereitschaft von Kindern, sich auf etwas Neues einzulassen, etwas Neues auszuprobieren, umso größer, je sicherer sie sind und je größer das Vertrauen ist, mit dem sie sich in die Welt hinauswagen.«[30]
- »Deshalb suchen alle Kinder enge Beziehungen zu Menschen, die ihnen Sicherheit bieten und ihnen bei der Lösung von Problemen behilflich sind, die ihnen nicht nur sagen, sondern selbst vorleben, worauf es im Leben ankommt, und ihnen auf diese Weise Orientierung bei der Entdeckung ihrer eigenen Möglichkeiten zur Gestaltung ihres Lebens bieten. Vertrauen ist das Fundament, auf dem alle unsere Entwicklungs-, Bildungs- und Sozialisierungsprozesse aufgebaut werden.«[31]
- »Dieses Vertrauen muss auf drei Ebenen entwickelt werden:
    - in die eigenen Möglichkeiten, Fähigkeiten und Fertigkeiten zur Bewältigung von Problemen,
    - in die Lösbarkeit schwieriger Situationen gemeinsam mit anderen Menschen,
    - in die Sinnhaftigkeit der Welt und das eigene Geborgen- und Gehaltensein in der Welt.«[32]
- »Lehrer und Erzieher, die selbst verunsichert sind oder ständig verunsichert werden, bieten die schlechtesten Voraussetzungen dafür, dass dieses Vertrauen wachsen kann. Was Kinder stark und offen macht, hängt von der Stärke und Offenheit der Erwachsenen ab, unter deren Obhut sie aufwachsen.«[33]

---

[28] Ebd.
[29] A.a.O., S. 15–16.
[30] A.a.O., S. 17.
[31] Ebd.
[32] Ebd.
[33] Ebd.

- »Kinder brauchen Orientierungshilfen, also äußere Vorbilder und innere Leitbilder, die ihnen Halt bieten und an denen sie ihre Entscheidungen ausrichten.«[34]
- »Es ist nachzuweisen, dass Angst, Stress, Überreizung und äußerer Druck die Herausformung komplexer Verschaltungen im kindlichen Gehirn ebenso behindern wie Unterforderung, mangelnde Anregungen, Verwöhnung oder Vernachlässigung.«[35]
- »Hirnforscher können nicht die Verhältnisse ändern, auch nicht dafür sorgen, dass Kinder und Jugendliche bei der nächsten PISA-Studie auf die Frage, wie gut sie sich in ihren Lernanstrengungen durch ihre jeweiligen Lehrer unterstützt fühlen, anders als bisher antworten: nämlich (im Durchschnitt) schlecht.«[36]

2.5 »Sensible Phasen« für das Lernen

Hans Aebli[37] trägt dazu vor: »Offensichtlich gibt es eine Zeit, in der der Mensch und das Tier bestimmte verpasste Lernmöglichkeiten nicht mehr oder nur mit großer Mühe nachzuholen vermögen. Es scheint – mit anderen Worten – in der Geschichte der Organismen Perioden zu geben, in denen bestimmte Lernprozesse leichter als in anderen möglich sind [...]. Es kann nach einer Phase der Unreife eine ›kritische‹ oder ›sensible‹ Periode folgen, in der der Lernprozess – z. T. sehr leicht – gelingt, während in einer dritten Phase die Lernmöglichkeit wieder abnimmt [...] Verglichen mit den vorangehenden und nachfolgenden Perioden sind die Organismen in dieser Zeit einfach in erhöhtem Maße bereit, auf Stimulation und Übung hin zu lernen. Die pädagogische Schlussfolgerung liegt nahe: In diesen Perioden muss der Organismus die Anregungen und Übungsmöglichkeiten erhalten, deren er bedarf.«[38] Das deckt sich ganz mit der alten Volksweisheit »Was Hänschen nicht lernt, lernt Hans nimmermehr«.

Eine kleine Auswertung:
- Schüler, die Schwierigkeiten haben mit Lesen, Schreiben und Rechnen, fallen zumeist bereits in den ersten Wochen nach Schulanfang auf. Man sollte sie darum möglichst schon nach diesen ersten »Erprobungswochen« aus ihrem Klassenverband herausholen und ihnen in Kleinstgruppen oder individuell die nötigen Fertigkeiten beibringen, sie liebevoll begleiten und

---

[34] Ebd.
[35] Ebd.
[36] Ebd.
[37] H. Aebli in H. Roth (Hg.) 1969, S. 151ff.
[38] A.a.O., S. 178–179.

ihr Selbstwertgefühl stützen. Damit ist in dieser sensiblen Phase mit viel geringerem Aufwand viel mehr zu erreichen als mit Sonderunterricht in den höheren Klassen oder später in Kursen der Volkshochschule. Der Gefahr eines Schulabbruchs wäre optimal vorgebaut.

- Im Fremdsprachenunterricht sollten Vokabeln und Elementargrammatik zuverlässig in den Anfangsjahren gelernt werden, zweckmäßig im Zusammenhang mit ihren Inhalten. Der Wiederholung eines Schuljahres ist kaum wirkungsvoller vorzubauen als mit soliden Kenntnissen aus dem Anfangsunterricht.

2.6 Motivation[39]

- »Das Diskrepanzmodell: Mäßige Abweichungen vom Gewohnten und Erwarteten sind angenehm und haben den motivierenden Effekt, sich mit der Sache abzugeben. Weicht dagegen das augenblickliche Erleben zu sehr vom Gewohnten oder Erwarteten ab, so ist es unangenehm getönt, es kommt zur Abwendung, zu Furcht, ja zum Schrecken.«[40]
- »Die Motivationsgenese hängt entscheidend auch von dem durchschnittlichen Diskrepanzgrad in der Schwierigkeits- oder Ähnlichkeitsstaffelung ab.«[41]
- »Bandura und Mitarbeiter haben gezeigt, dass Kinder das beobachtete Verhalten eines erwachsenen Vorbildes ohne vorherige Bekräftigung übernehmen; und außerdem, dass eine ›stellvertretende Bekräftigung‹, d. h die Beobachtung, dass das Vorbild für sein Verhalten belohnt wird, nicht weniger wirksam ist, als wenn man selbst belohnt würde.«[42]
- »Wenn auch Bandura und Walters sich für den Terminus Imitationslernen entschieden haben, wollen wir von Identifikationslernen sprechen [...] Unter Identifikation ist das Bestreben zu verstehen, einem anderen Menschen, den man als Vorbild ansieht, möglichst ähnlich und gleich zu werden.«[43]
- »Nicht nur die liebende Zuwendung des Erwachsenen, sondern auch seine Machtvollkommenheit und seine Tüchtigkeit sind begehrenswerte Zielzustände, deren Erreichung das Kind durch Identifikationsverhalten bereits vorwegnimmt.«[44]

---

[39] Th. Herrmann 1966.
[40] A.a.O., S. 134.
[41] A.a.O., S. 135.
[42] Ebd.
[43] A.a.O., S. 136.
[44] Ebd.

- »In Kulturen, die nachsichtiger und verwöhnender erziehen, scheint Identifikationslernen die Motivationsgenese tiefer zu beeinflussen als Sanktionslernen. Die positiven Vorbilder von Tüchtigkeit im Erwachsenenalter sind wirkungsvoller als belohnende und strafende Sanktionen.«[45]
- »Ein demokratisches Familienklima mit Wärme und Raum für persönliche Selbstbestimmung ist günstig für die Entwicklung gesunder Selbstbehauptung.«[46]
- »Die Eltern hochmotivierter Söhne setzen übereinstimmend ein hohes Anspruchsniveau für die Leistungstüchtigkeit ihrer Söhne. Sie bringen auch mehr Wärme, besonders in Form freudiger Gelöstheit und lobender Anerkennung, in die Leistungssituation, die Mutter noch ausgesprochener als der Vater. Die Mutter ist es auch, die verärgert und mit heftigem Tadel auf Misserfolg reagiert und sich in die Leistungsbemühungen ihres Sohnes einschaltet, eher autoritär und dominant. Der Vater des hochmotivierten Sohnes ist im Gegenteil sehr zurückhaltend und wohlwollend distanziert. Alle Züge dieses erzieherischen Verhaltens sind bei den Eltern niedrigmotivierter Söhne im umgekehrten Sinne ausgeprägt.«[47]
- »Am meisten zur Übernahme elterlicher Wertungen bei der Gewissensbildung tragen Liebe und kurzzeitiger Liebesentzug bei. Das wird bei den Eltern hochmotivierter Söhne noch dadurch sichergestellt, dass sich Vater und Mutter in ihren positiven und negativen Sanktionen keineswegs immer einig sind, sondern häufig bei gleichem Anlass voneinander abweichen. Dadurch kommt das für die Motivationsgenese so wirkungsvolle Bekräftigungsprinzip von Liebe und Liebesentzug im unterschiedlichen Verhalten beider Eltern innerhalb derselben Situation zur Geltung.«[48]
- »Die Wirksamkeit einer wohlwollenden Distanziertheit steht auf einem neuen Blatt der Lerntheorie, nämlich dem des Identifikationslernens an Vorbildern.«[49]
- »Durch Identifikationslernen können ganzheitliche Verhaltensmuster eines Vorbildes relativ leicht zu eigen gemacht werden. So können auch völlig neuartige Verhaltensweisen durch bloße Beobachtung mit einem Schlage zu eigen gemacht werden. Entscheidend sind die Eigenschaften, die das Vorbild für den Beobachter besitzt, Wärme, Freigebigkeit im Belohnen,

[45] A.a.O., S. 149.
[46] Ebd.
[47] Ebd.
[48] A.a.O., S. 150.
[49] A.a.O., S. 152.

hohes Sozialprestige, Machtvollkommenheit und Einflussmächtigkeit in der Kontrolle von Bedürfnisbefriedigungsmitteln, aber auch Leistungstüchtigkeit: Alles dies begünstigt Identifikationslernen.«[50]

- »Die Schaffung dosierter Diskrepanzerlebnisse durch geeignete Schwierigkeitsabstufung der Problementfaltung ist das beste Mittel, um die kognitiven Funktionsabläufe aus sich selbst heraus zu motivieren (oder schlicht gesagt, die Aufmerksamkeit zu fesseln).«[51]
- »Die Reflexiven prüfen erst die möglichen Hypothesen durch, die Impulsiven schießen dagegen zu schnell los. Die vorschnelle und deshalb fehlerhafte Reaktionsweise der impulsiven (intellektuell nicht weniger begabten) Kinder trifft man gehäuft bei solchen Kindergruppen an, für die Durchsetzungsschwierigkeiten und Selbstwertprobleme die Regel sind.«[52]
- »Charakteristisch für eine differenzierungshemmende Erziehung wurde u. a. angesehen: Viel Zwang oder zu viel Verwöhnung; Gefühl, als Mutter überfordert oder überlastet zu sein; Überbesorgtheit; großen Wert auf Bravheit, Sauberkeit, abhängige und initiativelose Folgsamkeit legen.«[53]
- »Ein mehr gewährenlassender Erziehungsstil fördert die ›schöpferische Produktivität‹ von hochbegabten Kindern.«[54]

2.7 Motiviertheit und Motiviertheitstypen[55]

2.7.1 Zitate

- »Die Gruppe mit extrem hoher Zielsetzung hat eine signifikant höhere Gesamtmotivation, die Erfolgsmotivierten (EM), als die andere Gruppe, die aus Furcht vor Misserfolg ein niedriges Ziel setzt, die Misserfolgsmotivierten (MM).«[56]
- »EM sind stärker auf Erledigung bedacht; MM lassen die Arbeit länger liegen bzw. unterbrechen ihre Fertigstellung häufiger.«[57]
- »EM besitzen eine Aufgabenhaltung, die auch unter geringem Situationsdruck nach baldiger Zielerreichung strebt und fördernd auf den Problem-

[50] A.a.O., S. 159.
[51] A.a.O., S. 160.
[52] Ebd.
[53] A.a.O., S. 161.
[54] A.a.O., S. 162.
[55] H. Heckhausen 1963.
[56] A.a.O., S. 111.
[57] A.a.O., S. 237.

lösungsprozess (Kräfteeinsatz, Fleiß, Ausdauer, Konzentration) wirkt. MM neigen eher dazu, bei fehlendem Situationsdruck ›aus dem Felde zu gehen‹.«[58]
- »Offenbar richten sich MM mehr auf den kurz bevorstehenden Termin.«[59]
- Zusatz: Heckhausen unterscheidet hier nach dem Lernverhalten bzw. nach den Wunschzielen zwei Menschentypen mit verschiedenen Persönlichkeitsmerkmalen. Zu dem Phänomen als solchem, dem so unterschiedlichen Herangehen an Aufgaben, hat er sich offenbar nicht um frühere Forschungsergebnisse gekümmert. Er hat sie jedenfalls unerwähnt gelassen. Ich versuche, diese Lücke zu schließen.

2.7.2 Der »Terminlerner«[60]

»Viele Schüler lernen auf Zeit, und das Eigentümliche ist, dass das Gedächtnis darauf eingeht. Ein solches ›Terminlernen‹ für die nächste Stunde oder für eine Prüfung hat die verhängnisvolle Folge, dass hinterher ein rascher Abfall des Wissens erfolgt [...] Auf Zeit lernt nur derjenige, dem es in erster Linie um die gute Note geht oder darum, einer Bestrafung auszuweichen. Wer aber durch die Sache gefesselt ist, wem die Beherrschung des Stoffes einen Wert bedeutet, einen Selbstwert oder auch nur einen Dienstwert im Interesse anderer geistiger Belange, dem ist es auch um einen Dauerbesitz des Stoffes zu tun. Also kommt es darauf an, das rechte Interesse für das zu Lernende zu wecken, eine alte pädagogische Weisheit.«[61]

Ein »Termin« in diesem Sinne kann alles sein, was als Zielpunkt für Lernen gelten kann: die nächste Unterrichtsstunde, ein angesagter Test oder eine Klassenarbeit, jede Prüfung, ein Zeugnis- und der Versetzungstermin.

Der »Abfall des Wissens« nach diesem Termin ist leicht zu erklären: Der Behaltenswille war nur auf diesen Termin hin ausgerichtet. Das Gedächtnis hat gelernt, sich darauf einzustellen, und kann dann ungeahnte Mengen von Stoff speichern. Zum anderen war die Zahl der Wiederholungen zu gering, als dass der Lernstoff Eingang in das LZG hätte finden können. Es hat nicht das wünschenswerte »Überlernen« stattfinden können.[62]

Terminlernen ist für schwächer Begabte der sichere Weg in den Misserfolg. Eine große Versuchung ist es gerade für sehr begabte Schüler. Sie kommen jahrelang in allen Fächern mit wenig Lernen gut durch und fühlen sich sicher und bestätigt. Aber spätestens in der Oberstufe fehlen ihnen bei anspruchs-

---
[58] Ebd.
[59] A.a.O., S. 209.
[60] H. Roth in K. Strunz (Hg.) 1964, S. 208ff.
[61] A.a.O., S. 232.
[62] A.a.O., S. 235.

volleren Aufgaben, z. B. im Umgehen mit Lernhierarchien, plötzlich wichtige Einzelkenntnisse. Sie kommen in Klassenarbeiten über ein »ausreichend« kaum hinaus und fangen daraufhin an, an der eigenen Begabung und an sich selbst zu zweifeln. Das kann sich noch jahrelang danach auswirken. Die Versäumnisse von einst können sie selbst nicht sehen. Mit rechtzeitigem Unter-vier-Augen-Gespräch mit der Diagnose und folgendem Nachhilfeunterricht im Elementarwissen ist zumeist noch Abhilfe zu schaffen.

2.7.3 Der »Saisonarbeiter«

Diesen Begriff habe ich nirgendwo in der wissenschaftlichen Literatur gefunden, aber bei den Praktikern der »alten Schule« – vielleicht bis zum Geburtsjahrgang 1932? – war er ganz geläufig. Mit ihm wurden abfällig diejenigen Schüler bezeichnet, die sich im jeweiligen ersten Schulhalbjahr an Lernen und Mitarbeit kaum interessiert oder richtig »faul« zeigten, sich aber danach plötzlich mit unerwartetem Lerneifer präsentierten und ein letztlich noch mindestens tragbares Ergebnis im Versetzungszeugnis herauszuholen versuchten. Die Lehrer ärgerten sich immer über diesen Schülertyp, denn er entwertete, was sie im ersten Halbjahr machten. Er bedeutete für die Mitschüler zudem immer eine Art Verlockung und »Vorbild an Lernabstinenz«.

Ein Lehrer, der auf sich hielt, musste also stets versuchen, diesen Typ »zur Strecke zu bringen«. Im ersten Unterrichtsjahr konnte das kaum gelingen, weil man den »Saisonarbeiter« erst einmal als solchen identifizieren musste. Und von Kollegen vorgewarnt wurde man selten. Der gewitzte Lehrer konnte also erst im zweiten Halbjahr des zweiten Unterrichtsjahrs agieren. Er versuchte dann vor allem, in Tests und Klassenarbeiten Stoffteile aus den ersten Halbjahren unterzubringen und den Saisonarbeiter auch im Mündlichen öfter mit solchen Fragen hereinzulegen; denn die Wissensdefizite mussten ja vom Schriftlichen wie vom Mündlichen her zu belegen sein. Die wichtigste Maßnahme war jedoch, dass der Lehrer bei der Feststellung der »Zwischenzensuren«, die jeweils um die Osterzeit herum fällig sind, sich nicht zu einem zweifelhaften Hochloben hinreißen ließ, sondern vorsichtshalber auf »mangelhaft« bestand. Das führte zur entsprechenden Benachrichtigung der Eltern mit der Formel »Die Versetzung ist noch nicht gesichert«.

Nur nach einer solchen Benachrichtigung war nach den alten Bestimmungen in Niedersachsen die Nichtversetzung möglich. Sie konnte damit bei dem betreffenden Schüler zu einer außerordentlichen Lernbelebung führen. Und ob am Ende die Versetzung geschafft wurde oder nicht – der Schüler hatte dabei auf jeden Fall eine Menge gelernt. Das zeigt: Man muss den Schülern unbedingt amtlicherseits – als Lernhilfe – Zwischenziele setzen, die Zwischenzeugnisse und die Hürde der Versetzung. Und man muss den Lehrern

Instrumente (Sanktionen) in die Hände geben, mit denen sie ihre Forderungen erkennbar und erreichbar machen können.

2.7.4 Die psychologischen Hintergründe

Über die psychologischen Hintergründe der verschiedenen Motiviertheitstypen von Heckhausen ist meines Wissens nichts publiziert. Einige Überlegungen dazu scheinen mir jedoch möglich und sinnvoll:

- Der EM fängt mit dem Lernen sofort an. Entweder tut er das aus eigenem Interesse an der Sache, was wohl umso seltener vorkommt, je jünger das Kind ist und je anspruchsvoller die Aufgabe wirkt, oder in der Angst, durch Hinausschieben könne er die Aufgabe vielleicht nicht so zuverlässig erledigen und auch unter Zeitdruck geraten. Sein Wunschziel ist dabei offenbar, zumeist wohl unbewusst, die zuverlässige Beherrschung des Lernstoffs. Er möchte Herr der Dinge sein, Durchblick und Überblick haben. Dahinter steht wohl auch die Angst, sich mit halbem Wissen unsicher zu fühlen, die Dinge nicht mehr steuern zu können oder gar von ihnen überrollt zu werden. Das persönliche Bedürfnis nach Sicherheit verlangt Solidität im Lernen und Lernergebnis. Das führt über den Erfolg auch zu Erfolgs- und zu Selbstbewusstsein – und vielleicht zum Erfolgsmenschen. Das kann sich dann später auch in der Angemessenheit bei allen Sachentscheidungen zeigen.

- Der MM schiebt Lernaufgaben anfangs beiseite, denn er sieht in ihnen etwas Lästiges, was ihn von anderen, reizvolleren Dingen abhält. Wenn er sich dann doch zum Lernen bequemt, aus Angst vor Misserfolg und Ärger, steht er zumeist unter Zeitdruck und hat subjektiv große »Massen« an Lernstoff zu bewältigen. Da kann es eben nur darauf ankommen, das Ziel überhaupt zu erreichen, notfalls »mit hängender Zunge«. Die »Optik« ist gesucht, der »schöne Schein«; die Qualität der Lernerledigung und der endgültige Lernertrag werden zur Nebensache. Darum ist auch damit zu rechnen, dass alle daraus folgenden Entscheidungen nicht besonders umsichtig getroffen werden und weniger sachgemäß sind.

Es sieht so aus, als nehme der MM die Realitäten, die sich immer irgendwie als gerade unpassende Anforderung darstellen, nie ganz ernst. Vielleicht erkennt er sie überhaupt nicht in ihrem Gewicht, überschätzt seine eigenen Fähigkeiten und denkt, immer mit allen Anforderungen zurechtkommen zu können. Ein Defizit an Realitätssinn und eine Schwäche in der Bewältigung (ungeliebter) Realitäten sind anzunehmen.

2.7.5 Lerndefizite und Lernfehler bei unrealistischem Menschenbild

In der Maria-Montessori-Pädagogik rühmt man sich gern, die Schüler besonders gut zu freien und selbständigen Menschen zu erziehen. In der Praxis der Schule in Leipzig werden darum z. B. gern die Hausaufgaben über eine Woche hin gestellt, also von einem Freitag zum nächsten. Die Theorie dahinter besagt, dass der Schüler dann jeden Tag sein Quantum machen und dabei zuverlässig seine Lernfortschritte erzielen werde. Die Wirklichkeit sieht allerdings meist anders aus: Einige Schüler, maximal bis zu 10 Prozent, setzen sich sofort an die Arbeit, sind schnell damit fertig und können fortan gleich das Gelernte nutzen. Der Könnensvorsprung stärkt auch das Selbstbewusstsein und erhöht das Prestige in der Klasse. Die meisten Schüler setzen sich dagegen erst ein bis zwei Tage vor dem Termin an die Hausaufgaben. Sie stöhnen dann über die Menge und die Anforderungen, kommen nur langsam voran und erschweren sich damit selbst unnötig die Erledigung. Oder die Eltern nehmen sich irgendwann der Sache an und schimpfen über die Bummelei. Dann gibt es Tränen, Widerworte, Familienszenen. Der Lerneffekt ist wegen der reduzierten Übungsmöglichkeiten und des Widerwillens nicht entfernt so groß, wie er sein sollte.

Einer meiner Enkel ist nach zwei Jahren von einer solchen Grundschule abgemeldet worden. Die anderen Eltern nickten zustimmend, als sie von den Gründen hörten. Der Junge fand sich in der neuen Klasse schnell gut zurecht. Er empfand es als große Hilfe, wenn kleine Hausaufgabenmengen von einem Tag zum nächsten aufgegeben und an diesem auch sofort kontrolliert wurden. Manche Defizite von vorher musste er noch aufarbeiten, schaffte aber gut den Übergang ins Gymnasium.

Das Fazit: Wo Lehrer sich an Ideen oder Theorien ausrichten statt an den Realitäten und den Bedürfnissen ihrer Schüler, haben Letztere immer das Nachsehen.

2.7.6 Bestätigung bei der Volksweisheit

Zu unserem Phänomen gibt es auch Sprichwörter: »Was du heute kannst besorgen, das verschiebe nicht auf morgen!« und »Morgen, morgen, nur nicht heute, sagen alle faulen Leute« und »Morgenstund' hat Gold im Mund«. Dazu gehören weiter »Aller Anfang ist schwer« und der bekannte Horaz-Vers »Die Hälfte des Ganzen hat schon, wer anfängt. Wag es, vernünftig zu sein! Fang an!«[63]

Alle diese Sprüche zeigen, dass es sich bei unserer Thematik nicht um ein Phänomen handelt, das nur im Zusammenhang mit Lernen auftritt, sondern

---

[63] Horaz Epist., S. 1, 2, 40.

um ein allgemein Menschliches. Es zeigt sich bei jeder Art von Anforderung oder Aufgabenstellung und macht sich besonders in der Scheu vor dem Anfangen bemerkbar, im Bemühen, dieses hinauszuschieben. Der Volksmund hat offenbar schon seit je daran Anstoß genommen und den Zögernden die Wege zu ebnen versucht. Aber richtig gelungen ist das wohl nie. Es gibt nach wie vor unterschiedliche Typen. Jeder Mensch muss mit sich und seinem Typ fertig werden, die Gesellschaft ist davon mitbetroffen.

Aus persönlichen Beobachtungen schließe ich, dass die Neigung zum einen oder anderen Typ vor allem familiär, also erblich bedingt ist. Heckhausen geht dieser Frage leider nicht nach. Aber für Lehrer ist das Umgehen mit diesen Gegebenheiten ein wichtiger Punkt.

2.8 Schlussfolgerungen aus der Humanethologie[64]

- »Tages-, Wochen- und Jahresrhythmik sollten in der Schule berücksichtigt werden«[65], »außerdem die Vermeidung von Stressoren aus der Lernumgebung«.[66]
- »Der Übergang vom desorientierten in den orientierten Zustand, das berühmte ›Aha-Erlebnis‹, ist dermaßen gefühlsbetont, dass man auch hierin den Ausdruck einer angeborenen Veranlagung zum ›Gewinnen von Orientiertheit‹ vermuten kann.«[67]
- »Tun und Unterlassen, also das ›Gängeln‹, bedeuten genauso wie ›antiautoritäres Laufenlassen‹ Beeinflussung, Erziehung, ja Indoktrination.«[68]
- »Der autoritäre Stil ruft Rivalitäten, Aggressionen, Drang nach Beachtung, Schuldzuschieben, Sündenbock-Denken, aber auch höhere Leistungen hervor. Der demokratische Stil ist in der Lage, Außenseiter zu integrieren, und zeigt bei geringeren Leistungsnormen eine stärkere Individualisierung und das Gefühl sozialer Geborgenheit.«[69]
- »So weit man sich in Ost und West umblickt, erkennt man Rangordnungssysteme. Selbst dort, wo aus ideologischen Gründen die ›gleichberechtigte‹ Gesellschaft ausgerufen wird, stellt sich in Sekundenschnelle nach der Machtübernahme ein Rangordnungssystem ein.«[70]

---

[64] G. Winkel 1979.
[65] A.a.O., S. 78ff.
[66] A.a.O., S. 99ff.
[67] A.a.O., S. 83.
[68] A.a.O., S. 126.
[69] Ebd.
[70] A.a.O., S. 133.

- »Absolute Rangordnungen, also das statische System, zu dämpfen und relative Rangordnungen, also das dynamische System, zu fördern, ist die wichtigste Aufgabe von Schule und Gesellschaft.«[71]
- »Man sollte nicht versuchen, menschliche Rangordnungen zu verteufeln oder völlig abzubauen, was z.B. beim anbiedernden Duzen zwischen Lehrern und Schülern leicht eintritt. Kumpanei mit Erwachsenen ist für den Schüler ›lebensgefährlich‹, indem der Sozialisationsprozess fehlgeleitet wird. Die Menschen erhalten infolge einer Rangordnung soziale Sicherheit.«[72]
- »Der Lehrer sollte Schülern bis zur Vorpubertät mit Selbstverständlichkeit Aufträge erteilen, Anweisungen geben und bestimmte Arbeiten abverlangen, ohne dieses jederzeit begründen zu müssen. Zu frühe und weite Wahlmöglichkeiten bei der Stoffauswahl, beim Abfassen der Hausaufgaben oder bei der Belegung von Kursen verunsichern und machen nicht selbständiger.«[73]
- »Der Lehrer muss Vorbild in sozial-integrativem Verhalten sein. Dazu muss er eigenes Verhalten reflektiert, bewältigt und praktische Verhaltensstrategien erprobt haben, z.B. richtige Reaktion auf Arbeitsverweigerung durch den Schüler o. Ä.«[74]
- »Der Lehrer sollte in der Weise Vorbild sein, dass er nicht nur in seinem persönlichen Verhalten ›Leitbild‹ ist, sondern sich auch mit dem Unterrichtsstoff identifiziert.«[75]
- »Er muss das vertretene Lehrgut auch innerlich vertreten, z.B. Höflichkeit, Ordnung, Pünktlichkeit, Sachlichkeit.«[76]
- »Während der Pubertät ist der Einfluss des Beispiels größer als Belehrungen.«[77]
- »Das Kollegium sollte untereinander in einem entspannten Verhältnis stehen und möglichst eine gemeinsame pädagogische Zielvorstellung vertreten.«[78]
- »Das Kind weiß nicht, was gut und böse ist, es fragt an. Im Anfragever-

---

[71] A.a.O., S. 136.
[72] A.a.O., S. 142.
[73] Ebd.
[74] A.a.O., S. 129.
[75] A.a.O., S. 167.
[76] A.a.O., S. 143.
[77] Ebd.; vgl. das Sprichwort »Du redest mehr durch das, was du bist, als durch das, was du sagst«.
[78] A.a.O., S. 167.

halten werden die Wertsysteme gebildet und bestätigt. Eine Gesellschaft, die das Anfrageverhalten nicht beantwortet, desorientiert und macht eine Ich-Entwicklung viel schwerer, anstatt sie zu erleichtern.«[79]

- »Traditionen sind das Skelett einer Kultur. Wie immer sie auch beschaffen sein mögen, sie stiften Ordnung und geben dem Kulturträger Sicherheit. Traditionen und Vorbilder sind die wichtigsten Faktoren, die beim Rangeinordnungsprozess wirksam sind.«[80]

- »Eine Vielzahl von Sozialisationsagenturen wirken heute auf Kinder und Jugendliche ein. Vieles wird dem Zufall überlassen. Damit verliert die Gesellschaft ihren Maßstab, und die Möglichkeit ergibt sich, dass die kulturelle Evolution in unserem Kulturkreis selbst in Gefahr gerät. Die Frage ist, ob es gelingt, auch grundlegende gemeinsame Inhalte zu finden.«[81]

- »Mit Gewissen bezeichnen wir im Allgemeinen jene Instanz der menschlichen Person, die den Menschen an bestimmte Verhaltensweisen bindet, ihn auffordert, anweist, zwingt oder ›ruft‹, das zu tun, was von einer größeren Gruppe von Menschen unter bestimmten geschichtlichen, gesellschaftlichen, kulturellen und politischen Bedingungen als gut, normengerecht, wünschenswert und zur Menschlichkeit gehörend anerkannt wird. Ohne die Dimension des Gewissens ist menschliches Zusammenleben nicht möglich.«[82]

- »Gegen Ende der Kindheit kommt die Gewissensbildung zu einem ersten, jedoch nur vorläufigen Abschluss. Das Gewissen bleibt jedoch ständig weiter der Verunsicherung, Gefährdung und Bedrohung ausgesetzt. Während der Reifezeit wird dann das Gewissen immer mehr ›verinnerlicht‹.«[83]

- »Es ist nicht Aufgabe der Schule, die Aggressivität wegzuerziehen, wohl aber, die Aggressionen erträglich zu machen, Konflikte zu ertragen und vernunftgemäß zu lösen. Es gilt, das Ich im Kinde und Jugendlichen zu respektieren und zu stärken und somit die Aggression, die sowohl spontan als auch reaktiv bedingt sein kann, in bestimmte überschaubare Bahnen zu lenken und sie kulturell zu überformen.«[84]

- »Archetypen sind immer psychische Gegebenheiten. Sie sind in allen Religionen, Mythologien, Fabeln und Sagen zu finden und wirken in der

---

[79] A.a.O., S. 137.
[80] A.a.O., S. 138.
[81] A.a.O., S. 141.
[82] A.a.O., S. 160
[83] A.a.O., S. 152.
[84] A.a.O., S. 165.

Dichtkunst, der Malerei oder den Verhaltensnormen des täglichen Lebens. Sie sind auch in jedem wirksamen Ideal enthalten. Zu Archetypen gehören die Faustfigur, das göttliche Kind und das Mutterbild.«[85]

- »Jung nimmt an, dass die Ausübung einer Religion die bewusste Antwort des Menschen auf unbewusste seelische Strukturen ist. Diese seelischen Strukturen müssen erblich vorprogrammiert sein, da sie unabhängig voneinander bei vielen Völkern der Erde auftauchen.«[86]
- »Erkennt man das Vorhandensein unbewusster, vorgeprägter Seelenschichten an, muss man auch die Möglichkeit ins Auge fassen, dass sich viele Dinge unseres kulturellen Inventars, z. B. Mythen und Märchen, besonders im religiösen Bereich so lange gehalten haben, weil sie eine ordnende, stabilisierende Funktion im Seelenleben des Menschen haben. Ein ausgeglichenes Seelenleben ist für den Menschen sicher förderlich. Die Schule darf deshalb nicht nur das kognitive Lernen pflegen, sondern muss dem Kind auch Inhalte anbieten, die ihm die Entfaltung unbewusster Seelenbereiche ermöglichen, muss also die religiöse Bildung angemessen wichten und werten.«[87]
- »Der Mensch muss sich als Lebewesen normalerweise darauf verlassen, dass Signale und Informationen der Artgenossen wahr und richtig sind. Diejenigen Menschen, deren Worte keinen sicheren Realitätsbezug haben, erschweren das Gruppenleben. Das achte Gebot ›Du sollst nicht lügen‹ fügt sich deshalb sinngemäß in die allgemeine biologische Notwendigkeit wahrer Verständigung ein.«[88]
- »Das vierte Gebot ›Du sollst Vater und Mutter ehren‹ bezieht sich ohne Zweifel nicht nur auf die Eltern als enge leibliche Verwandte; es schließt auch die Achtung für die Wertsysteme der vorigen Generation ein. Die Alten ehren bedeutet deshalb gleichzeitig, Traditionen zu achten. Tradition ist laut Brockhaus ›das Weitergeben von Kenntnissen und Fertigkeiten, des Kulturbesitzes und der Moralanschauung auf die folgenden Generationen durch mündliche oder schriftliche Überlieferung‹. Die Sonderstellung betagter Artgenossen und das Vorhandensein von Traditionen haben bereits Vorläufer in tierischen Sozietäten.«[89]

---

[85] A.a.O., S. 269.
[86] A.a.O., S. 275.
[87] A.a.O., S. 300.
[88] A.a.O., S. 286.
[89] A.a.O., S. 290.

2.9 Erkenntnisse aus der Psychoanalyse

- »Heute wie früher liegt die wichtigste und schwierigste Aufgabe der Erziehung darin, dem Kind dabei zu helfen, einen Sinn im Leben zu finden [...] Um einen tieferen Sinn zu finden, muss man fähig werden, die engen Grenzen einer egozentrischen Existenz zu überschreiten und darauf zu vertrauen, dass man einen bedeutsamen Beitrag zum Leben leisten wird – wenn auch nicht gleich, so doch in Zukunft.«[90]
- »Die Märchen vermitteln wichtige Botschaften auf bewusster, vorbewusster und unbewusster Ebene [...]. Da es in ihnen um universelle menschliche Probleme geht und ganz besonders um solche, die das kindliche Gemüt beschäftigen, fördern sie die Entfaltung des aufkeimenden Ichs; zugleich lösen sie vorbewusste und unbewusste Spannungen.«[91]
- »Freuds Rezept lautet: Nur durch mutiges Kämpfen gegen scheinbar überwältigende Widrigkeiten kann es dem Menschen gelingen, seinem Leben einen Sinn abzugewinnen.«[92]
- »Nur wenn er in die Welt hinauszieht, kann sich der Märchenheld, das Kind, dort finden; und dabei findet er auch den anderen Menschen, mit dem er vergnügt bis an sein Ende leben kann. Das Märchen leitet das Kind bewusst und unbewusst an, seine infantilen Abhängigkeitswünsche zu überwinden und ein befriedigenderes, unabhängiges Leben zu erringen.«[93]
- »Psychoanalytisch gesehen geht es im Märchen um die schwierige Auseinandersetzung, die keinem von uns erspart bleibt: Sollen wir dem Lustprinzip nachgeben, das uns zu sofortiger Erfüllung unserer Wünsche und zu gewaltsamer Rache für unsere Frustrationen auch an denen, die nichts damit zu tun haben, treibt – oder sollen wir unser Leben nach dem Realitätsprinzip ausrichten, das von uns verlangt, dass wir bereit sind, viele Frustrationen auf uns zu nehmen, um bleibende Belohnungen zu erringen?«[94]
- »Der typische Mythos behandelt Über-Ich-Forderungen im Konflikt mit Es-motivierter Handlung und mit dem Selbsterhaltungstrieb des Ich.«[95]
- »Die Mythen dienen nicht zur Bildung der Gesamtpersönlichkeit, sondern nur zur Formung des Über-Ich.«[96]

[90] Br. Bettelheim 1977, S. 9.
[91] A.a.O., S. 11.
[92] A.a.O., S. 13.
[93] A.a.O., S. 16.
[94] A.a.O., S. 36.
[95] A.a.O., S. 40.
[96] A.a.O., S. 43.

2.10 Forderungen aus Arbeitsmedizin und Arbeitspsychologie[97]

»Der arbeitende Mensch hat ganz bestimmte Mindestanforderungen an seinen Beruf und an seine Arbeit, legitime Forderungen, deren Erfüllung unabdingbar ist für sein Wohlbefinden in der Welt. Diese Wünsche, die wegen ihrer Wichtigkeit für die innere Harmonie der Persönlichkeit die Intensität einer Grundsehnsucht haben, sind die

- Sehnsucht nach Geborgenheit,
- Sehnsucht nach Bestätigung durch die eigene Lebensleistung,
- Sehnsucht nach Freiheit.«[98]

2.11 Neurotische Bequemlichkeitshaltung und ihre Behandlung[99]

»Wenn ein Kind in seiner frühen Entwicklung bereits vermeiden lernte, diese Form von Kenntniserwerb zu pflegen und zu üben, dann ist es sehr bald gleichaltrigen Kameraden gegenüber im Hintertreffen. Im Allgemeinen macht man sich nicht recht klar, welch hohes Maß an Bildung und Kenntnissen, an Fähigkeiten handwerklicher und abstrakter Art der Mensch unbemerkt und auch unabhängig von seiner Spezialausbildung mitlernt. Von einem bestimmten Alter ab bekommen die offen gebliebenen Kenntnislücken für die Lebensplanungen eines Menschen ein entscheidendes Gewicht. Mit mangelnden Kenntnissen kann keine Selbständigkeit aufgebaut werden. Eine neurotische Bequemlichkeitshaltung wird sowieso immer nur sehr schwer aufgegeben. Selbst wenn es jedoch gelingt, diese speziellen neurotischen Schwierigkeiten aufzuarbeiten, so ist damit immer noch nicht der Mangel an Wissen und Kenntnissen aufgefüllt, der durch die neurotische Bequemlichkeitshaltung entstanden ist. Der innere Einsatz, den ein Kind nachholend zu leisten hat, wenn es auch nur fünf oder sechs Schuljahre vertrödelte, ist immer ganz enorm und darf bei der prognostischen Beurteilung auf keinen Fall unterschätzt werden. Unter Umständen muss auch der therapeutische Zugriff mit einkalkulieren, dass ohne kluge Assistenz hinsichtlich reiner Lernleistungen ein Heilerfolg nicht erreicht werden kann.«[100]

---

[97] H. Sopp 1958.
[98] A.a.O., S. 108.
[99] A. Dührssen 1978.
[100] A.a.O., S. 151.

2.12 Vom Begriff zum Regellernen und zu Regelhierarchien[101]

- »Gewöhnlich werden Regeln am Ende eines Unterrichtsabschnitts formuliert, seltener am Anfang.«[102]
- »Kennen der Begriffe bedeutet, dass man in der Lage ist, jedes Element der von ihnen bezeichneten Klassen zu identifizieren.«[103]
- »Begriffe sind Voraussetzungen für das Lernen von Regeln.«[104] »Ist eine Regel gelernt, kann sie sich mit einer weiteren Regel verbinden, um den Erwerb einer Regel auf noch höherer Ebene zu unterstützen. Der gesamte in dieser Weise organisierte Bestand von Regeln bildet eine Lernhierarchie, die einen durchschnittlich effizienten Zugang zum Erwerb eines organisierten Bestandes intellektueller Fertigkeiten beschreibt.«[105]
- »Viele der in Schulen gelehrten Gegenstände haben den Charakter organisierter Bestände von intellektuellen Fertigkeiten und lassen sich daher als Regelhierarchien darstellen. Die Regeln der Syntax und Interpunktion im Deutschen entsprechen offenbar diesen Merkmalen. Alle Naturwissenschaften sind ebenso wie die Mathematik aus Gruppen von Regeln, die aufeinander aufbauen, zusammengesetzt.«[106]
- »Das Individuum muss zuerst einige einfachere Regeln beherrschen, bevor es in Problemlösesituationen eine neue Regel höherer Ordnung erwerben kann.«[107]
- »Problemlösen besteht nicht einfach in der Anwendung zuvor erlernter Regeln. Es handelt sich auch um einen Prozess des Neulernens. Die Lernenden werden in eine Problemsituation versetzt. Im Versuch, eine Lösung zu finden, erinnern sie sich an zuvor erworbene Regeln. Im Verlauf dieses Denkprozesses können die Lernenden eine Reihe von Hypothesen entwickeln und auf ihre Verwendbarkeit prüfen. Wenn sie eine bestimmte Regelkombination finden, welche die Situation trifft, haben sie nicht nur ›das Problem gelöst‹, sondern auch etwas Neues gelernt, eine Regel höherer Ordnung erkannt.«[108]
- »Vermutlich findet Modelllernen bei älteren Kindern und Erwachsenen auch statt, wenn das Vorbild lediglich beschrieben wird, etwa in einer Bio-

---

[101] R. M. Gagné 1980.
[102] A.a.O., S. 138.
[103] Ebd.
[104] A.a.O., S. 141.
[105] Ebd.
[106] A.a.O., S. 143.
[107] Ebd.
[108] A.a.O., S. 152.

grafie, einem historischen Text oder einem Roman. Man kann also auf vielen Wegen Bedingungen für Einstellungswandel aufgrund von Modelllernen herstellen.«[109]

2.13 Erkenntnisse zum »guten Lehrer« und zum »guten Unterricht«

2.13.1 Franz E. Weinert und Andreas Helmke[110]

- »In den Profilen erfolgreicher und weniger erfolgreicher Lehrer zeigen sich die größten Differenzen in der Klarheit und Strukturiertheit des Unterrichts, in der Effektivität der Klassenführung, in der Förderung aufgabenbezogener Schüleraktivitäten (mit der Folge eines gesteigerten Aktivitätsniveaus), in der individualisierten Unterstützung der Lernenden und in der Variabilität der Unterrichtsformen – durchweg mit Vorteilen der erfolgreichen Lehrer.«[111]
- »Die pädagogischen Vorzüge guter Lehrer liegen nach unseren Befunden eher in kognitiven als in sozioemotionalen Aspekten der Unterrichtsgestaltung.«[112]

2.13.2 Franz E. Weinert 1996[113]

- »Umso erstaunlicher ist es, dass vorliegende empirische Studien die erwarteten Zusammenhänge zwischen Klassengröße, Unterrichtsqualität und durchschnittlichem Leistungsniveau nicht bestätigen konnten.«[114]
- »Nur die Kombination von diagnostischen und didaktischen Kompetenzen auf Seiten des Lehrers führte zu überdurchschnittlichen Schülerleistungen.«[115]
- »In der pädagogisch-psychologischen Forschung werden sehr verschiedene Facetten menschlicher, pädagogischer und didaktisch-professioneller Qualitäten des guten Lehrers erkennbar: Die Nichtersetzbarkeit positiver zwischenmenschlicher Beziehungen zwischen Lehrer und Schüler, ein persönliches Lehrprofil, in dem wichtige didaktische Funktionen erfolgreich praktiziert werden können, professionell erworbene Lehr-Lernformen statt eines rigiden Grundmusters, das oft rechtfertigend als persönliche

---

[109] A.a.O., S. 134.
[110] Fr. E. Weinert u. a. 1996, S. 223–233.
[111] A.a.O., S. 230.
[112] A.a.O., S. 231.
[113] Fr. E. Weinert 1996.
[114] A.a.O., S. 143.
[115] A.a.O., S. 144.

didaktische Handschrift ausgegeben wird, in Fleisch und Blut übergegangene Kompetenzen der Diagnose und der didaktischen Förderung unterschiedlicher Schüler in ihren individuellen Lernvorgängen und schließlich die langfristig wirksame Vermittlung einer Lern- und Arbeitshaltung, die auf solidem Wissen, persönlicher Initiative und einer wirksamen Selbst-Motivation gründet.«[116]

- »Zum Entsetzen vieler Reformpädagogen erwies sich in den meisten seriösen Studien eine Lehrform als überdurchschnittlich effektiv, die gelegentlich als ›direkte Instruktion‹ bezeichnet wird. Der Lehrer sorgt in diesem Fall dafür, dass sich die Schüler auf die wichtigen Lerninhalte konzentrieren, dass sie genügend Lernzeit auf deren Aneignung verwenden, dass sie die neuen Informationen aktiv und konstruktiv verarbeiten, dass sie auftretende Lernschwierigkeiten schnell und undramatisch überwinden können und dass genügend Übung und Anwendung des Gelernten stattfindet [...] . Direkte Instruktion verbessert die Leistungen fast aller Schüler, erhöht deren Selbstvertrauen in die eigene Tüchtigkeit und reduziert ihre Leistungsängstlichkeit.«[117]

- »Entscheidend für den guten Lehrer ist, dass mit Hilfe des im Laufe einer langen Zeit erworbenen und im Gedächtnis gespeicherten Wissens während des Unterrichts unter extremem Handlungsdruck vom Lehrer mentale Situationsmodelle gebildet werden können, die es ihm oder ihr gestatten, aus der Vielzahl der Informationen im Klassenzimmer die relevanten auszuwählen und zu verarbeiten, Entscheidungen verschiedenster Art zu treffen, Probleme zu erkennen, zu lösen und auf diese Weise pädagogisch sensibel, aber auch erfolgreich zu handeln.«[118]

- »Im Unterschied zu Experten in praktisch allen anderen Inhaltsdomänen zeigt sich bei Lehrern keine systematische Verbesserung ihrer Expertise als Funktion der Berufsdauer.«[119]

2.13.3 Franz E. Weinert 1998[120]

- »Im Vergleich zu einer ›Leistungssituation‹ sind ›Lernsituationen‹ in der Regel entspannter, offener, sach-, informations- und problemzentrierter. Man möchte etwas wissen, entdecken, erfassen; Fehler brauchen nicht ver-

---

[116] A.a.O., S. 145.
[117] A.a.O., S. 147.
[118] A.a.O., S. 149.
[119] Ebd.
[120] Fr. E. Weinert 1998, S. 101–125.

mieden zu werden, wenn man aus ihnen lernen kann; andere Schüler sind nicht Konkurrenten, sondern Lernpartner; der Lehrer erscheint nicht als Prüfinstanz, sondern in seiner Funktion als pädagogisch-psychologischer Berater.«[121]

- »Lehrer können – oft unbewusst und völlig ungewollt – ihren Unterricht in eine Kette von Pseudoleistungssituationen transformieren und auf diese Weise das Lernen behindern. Aufgabe eines guten Unterrichts ist es, Lern- und Leistungssituationen im Bewusstsein der Schüler so zu separieren, dass eine produktive Lernkultur entstehen kann.«[122]

- »Neben einem zu verständnisarmen und zu wenig lernorientierten Unterricht ist die Leistungsheterogenität vieler Schulklassen ein weiteres pädagogisch-psychologisches Problem [...] In sehr heterogenen Klassen besteht permanent die Gefahr eines Schereneffekts.«[123]

- »Es lässt sich die wissenschaftlich fundierte Schlussfolgerung ziehen, dass Lernen sowohl sachsystematisch als auch situiert erfolgen muss [...] Neben einem wohlorganisierten disziplinären Wissenserwerb bedarf es von Anfang an einer Nutzung des erworbenen Wissens in lebensnahen, transdisziplinären, sozialen und problemorientierten Kontexten.«[124]

- »Für die Bewältigung einer Aufgabe qualifiziert zu sein, heißt nicht nur, über das erforderliche deklarative Wissen zu verfügen, sondern bedeutet auch, ein kognitives Netzwerk erworben zu haben, in dem bewusst zugängliche Kenntnisse, hochautomatisierte Fertigkeiten, intelligente Strategien der Wissensnutzung, ein Gespür dafür, was und wie gut man etwas weiß, eine positiv-realistische Selbsteinschätzung und schließlich eine den eigenen Kompetenzen innewohnende Handlungs- und Lernmotivation miteinander verbunden sind.«[125]

- »Fähigkeiten des Lernen Lernens, Schlüsselqualifikationen und formale Kompetenzen der Informationsverarbeitung müssen auf unterschiedlichen Allgemeinheitsebenen und im engen Verbund mit der Vermittlung inhaltlichen Wissens verbunden werden.«[126]

- »Bildung und Erziehung sind auch in der Schule nicht separiert und psy-

---

[121] A.a.O., S. 109.
[122] A.a.O., S. 110.
[123] Ebd.
[124] A.a.O., S. 111.
[125] Ebd.
[126] A.a.O., S. 118.

chologisch gar nicht separierbar, sondern eng miteinander verbunden und zu einem erheblichen Teil voneinander abhängig.«[127]

- »Das Vehikel notwendiger Reformen des schulischen Lernens und Lehrens ist die Verbesserung des Unterrichts durch den Erwerb zusätzlicher pädagogischer Expertise bei Lehrern aller Schularten.«[128]
- »Bei den nötigen diagnostischen Fertigkeiten geht es um die fortlaufende Registrierung der Lern- und Leistungsfortschritte, aber auch der Lernschwierigkeiten und Leistungsmängel der einzelnen Schüler innerhalb einer Klasse.«[129]
- »Die direkte Unterweisung ist anspruchsvoller als der fragend-entwickelnde Unterricht: Der Lehrer legt die Lernziele fest, er stellt Fragen unterschiedlichen Schwierigkeitsgrades, so dass sich möglichst alle Schüler beteiligen können, er kontrolliert permanent die Verständnisfortschritte und sorgt dafür, dass Kenntnislücken und Wissensmängel schnell und gezielt beseitigt werden. Der Stillarbeit und der dabei zu leistenden hochgradig individualisierten Unterstützung der Lernenden durch den Lehrer kommt eine besondere Bedeutung zu. Diese Form des Unterrichts ist für die Erreichung anspruchsvoller Leistungsziele durch möglichst viele Schüler die wirksamste Methode.«[130]

2.14 Zeitliche Belastung und Belastbarkeit von Schülern

2.14.1 Regeln für die Verbesserung des produktiven Denkens

Als »allgemeine Regeln für die Verbesserung des produktiven Denkens« nennt Rudolf Bergius[131] mit Berufung auf Johnson die

- »Verbesserung der Arbeitsbedingungen: ausreichende Sauerstoffzufuhr, gute Schallisolierung des Arbeitsraums [...],
- Planung: bestimmte Arbeitszeiten für das Bearbeiten besonders schwieriger Probleme; in 45-Minuten-Perioden arbeiten [...]. Wechsel zwischen produktiver und kritischer Tätigkeit.«[132]

---

[127] Ebd.
[128] A.a.O., S. 120.
[129] A.a.O., S. 122.
[130] A.a.O., S. 123.
[131] R. Bergius in H. Roth (Hg.) 1969, S. 229ff.
[132] A.a.O., S. 256.

2.14.2 Anpassung der Anforderungen an die physiologische Leistungsbereitschaft

Die »Schwankungen der physiologischen Leistungsbereitschaft im 24-Stunden-Rhythmus« wurden erkennbar bei der Auswertung einer Vielzahl von Anschreibungen in einem Gaswerk. Aus der typischen Häufung von Fehleranschreibungen schloss man auf die jeweilige Leistungsbereitschaft des Menschen (Erwachsenen). Ihre Kurve steigt morgens ab ca. 7 Uhr an zu ihrem ausgedehnten Hoch am Vormittag, fällt dann in ein leichtes »Mittagstief« ab ca. 13.30 Uhr und steigt ab ca. 16 Uhr zu dem etwas schwächer ausgeprägten zweiten Hoch, dem Nachmittagshoch, das gegen Abend langsam abnimmt.[133]

Tabelle 1

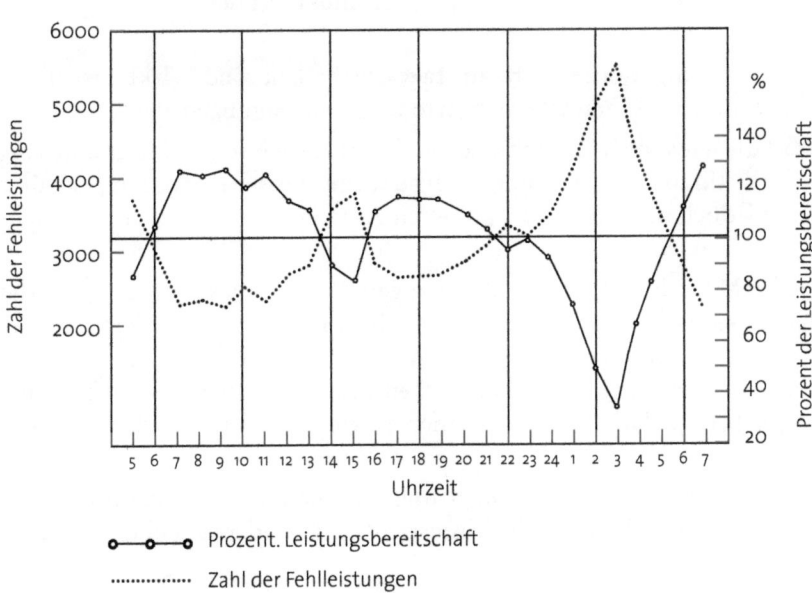

Aus: Mitteilungen des Niedersächsischen Landesgesundheitsrates, Heft 13, herausgegeben vom Niedersächsischen Sozialministerium, Hannover 1956

[133] Aus Burandt 1974, S. 30.

Das Leistungstief liegt morgens gegen 3 Uhr. Zur Nutzung dieser Kurve heißt es:

- »Die Schwankungen der physiologischen Leistungsbereitschaft im Verlauf des Tages haben in Industriebetrieben bereits zu praktischen Schlussfolgerungen geführt derart, dass in manchen Betrieben die Geschwindigkeit des Fließbandes im Verlauf des Tages an die menschliche Leistungsdisposition angeglichen wurde. Im Mittelpunkt aller dieser arbeitsphysiologischen Untersuchungen stand immer der Industriearbeiter, und Grundgedanke aller dieser Untersuchungen war die Anpassung der Arbeit an den Menschen, um bei Schonung seiner Arbeitskraft eine möglichst hohe Leistung zu erzielen [...].«[134]
- »Den tageszeitlichen Veränderungen der physiologischen Funktionen scheint eine geistige Leistungsbereitschaft parallel zu gehen.«[135]
- Bei Nachmittagsunterricht im Leistungstief »entsteht eine erheblich größere Beanspruchung. Es bedarf nämlich einer stärkeren Anstrengung des Kindes, um trotz der negativen Phase seiner Leistungsbereitschaft dem Unterricht folgen zu können [...] Es muss größere Leistungsreserven einsetzen.«[136]
- »Kurze Drillperioden, z. B. in Tagesabständen, sind wirkungsvoller als über Stunden fortgesetzte massierte Lernanstrengungen.«[137]
- »Es fällt selbst dem Erwachsenen außerordentlich schwer, über eine längere Zeit stillzusitzen. Die damit verbundene statische Belastung ist für das Kind jedoch mit einer noch größeren Anstrengung als für den Erwachsenen verbunden.«[138]
- »Jeder Mensch verfügt nur über ein ganz bestimmtes Maß an körperlich-geistig-seelischer Kraft oder, wenn ich es bildlich ausdrücken darf, über ein ganz bestimmtes Kräfte-Portemonnaie [...] Aus ihm muss der Mensch alle Anforderungen sowohl des Lebensraumes als auch des Arbeitsraumes begleichen, [...] und gibt er im einen zu viel aus, bleibt für den anderen zu wenig.«[139]
- »Statt zu einer ständigen Vermehrung der Unterrichtsstunden zu kommen, wird es notwendig sein, die Unterrichtszeit wieder erheblich zu kürzen.

---

[134] Th. Hellbrügge 1956, S. 11.
[135] A.a.O., S. 15.
[136] A.a.O., S. 15–17.
[137] H. Roth in K. Strunz (Hg.) 1964, 208ff., Zitat 236.
[138] Th. Hellbrügge 1956, S. 7.
[139] W. Hische 1956, S. 12.

Diese Kürzung braucht keineswegs mit einer Leistungsverminderung einherzugehen, wenn es gelingt, die Unterrichtszeit zweckentsprechend zu gestalten.«[140]

2.14.3 Morgenschläfer und Abendschläfer

Die moderne Forschung zum Schlafverhalten unterscheidet zwei Schläfertypen: den Morgenschläfer, der abends nicht ins Bett findet und morgens Mühe hat, wach zu werden, und den Abendschläfer, der abends früh ins Bett geht und morgens immer gleich putzmunter ist. Christoph Randler vom Institut für Biologie der Universität Leipzig hat dazu herausgefunden: »Frühaufsteher haben deutlich bessere Zensuren. Das bedeute keinesfalls, dass diese intelligenter seien oder etwa disziplinierter gelernt hätten. Es heißt nur, dass diese jungen Leute das Glück hatten, in jenen Stunden des Tages herausgefordert zu werden, in denen sie munter waren. Die Mehrzahl der Schüler und Studenten sei so früh morgens einfach noch nicht wach. Das Fazit: Der Schulbeginn ist für die Durchschnittsschüler schlichtweg zu früh. Das Ganze nehme gesellschaftliche Dimensionen an, da sich Abiturienten schließlich mit ihrem Zeugnis für wichtige Lebensstationen bewerben müssten.«[141]

2.14.4 Die Schwankungen der physiologischen Leistungsbereitschaft

Die Auswertung der Kurve in Tabelle 1 (siehe S. 41) zeigt:
- Der Stundenplan sollte von 45-Minuten-Perioden ausgehen.
- Er sollte die anspruchsvolleren Lernfächer vor allem in den Vormittagsstunden unterbringen.
- Er muss für ausreichenden Wechsel in der Art der Lernanforderungen/Fächer im Tagesablauf sorgen; denn »Abwechslung erfreut und hilft« (variatio delectat).
- Er muss eine physiologisch sinnvolle Pausenordnung enthalten.
- Blockstunden sind nur ausnahmsweise anzusetzen, z. B. im Kunstunterricht, für Orchester und bei besonderen Projekten; denn
- Lernintensität und Lerndauer schließen sich gegenseitig aus.
- Lernen zwecks Behaltens verlangt eine Vielzahl von Wiederholungen, möglichst im Tagesabstand.
- »Zusammenhängende Freizeit bietet unstreitig den größten Erholungswert.«[142]

---

[140] Th. Hellbrügge u. a. 1960, S. 231.
[141] »Biologie – Frühaufsteher besser beim Abitur«, in *LVZ* vom 5./6.8.2006, S. M2, Einzelheiten in *Biological Rhythm Research*; neu umfassend T. Roenneberg 2010.
[142] W. Hische 1950, S. 102.

- Der Unterricht sollte grundsätzlich keinesfalls vor 8 Uhr beginnen, und die sogenannten nullten Stunden (davor) sollten nur im Ausnahmefall und nur für (freiwillige) Arbeitsgemeinschaften zulässig sein.

2.15 Aufgaben und Ziele von Schule und Bildung[143]

- Die derzeitige Situation »verstärkte das Verlangen, den Aufgaben der Sinn- und Werteorientierung und Förderung von moralischer Sensibilität, Solidarität, Gemeinsinn und Verantwortungsbewusstsein wieder mehr Aufmerksamkeit zuzuwenden und nach neuen Wegen hierfür zu suchen«[144].

- »Bildung sollte den Einzelnen in die Lage versetzen, ›im Jahrhundert der Ideologien‹ [Bracher 1982, R. B.] jeglicher Ideologie zu wehren, sich selbst behaupten, verantwortlich das eigene Leben gestalten zu können, d. h. sich um das Gemeinwohl zu sorgen.«[145]

- »Schule sollte sich Zeit [Muße!?, R. B.] für die Gewinnung notwendiger Distanz, Zeit für aufklärende und vertiefende Auseinandersetzungen und für die Förderung entsprechender Reflexivität und des mit ihr notwendig verbundenen moralischen Bewusstseins nehmen. Ohne solche Distanz und die damit erst möglich werdende Besinnung entwickeln sich keine Reflexivität und auch keine Moral.«[146]

- »Die Förderung von Welt- und Sinnorientierung und von Verantwortungsbewusstsein gelingt am besten an herausragenden inhaltlichen Themen, Problematiken und Ereignissen exemplarischen Charakters, die betroffen machen, zum Nachdenken und zur inneren Einkehr veranlassen. Die bei ihrer Aneignung zu gewinnenden Einsichten, Sichtweisen und Perspektiven verhelfen ja gerade dazu, den notwendigen Abstand zu den eigenen Problemen und denen der gegenwärtigen Welt und ihrer so aufdringlichen, durch Massenmedien meist übersteigerten und vereinseitigten Realität zu gewinnen; sie sind ebenso hilfreich darin, die Besonderheiten eigener und fremder Problemsituationen und ihrer Bedingungszusammenhänge differenziert zu sehen und sie rational besser zu begreifen. Sie können ›Modelle‹ zur Klärung der eigenen Wirklichkeit sein und darüber hinaus Anstöße und Anregungen für Antworten auf gegenwärtige gesellschaftliche Problemlagen, Konflikte und Menschheitsprobleme und Ansätze für mögliche Lösungen aufzeigen.«[147]

[143] K. Aurin in J. Gruber u. a. (Hg.) 1991, S. 23ff.
[144] A.a.O., S. 31.
[145] A.a.O., S. 34.
[146] A.a.O., S. 26.
[147] A.a.O., S. 39.

2.16 Wissenschaft als Maßstab – Konrad Lorenz

- »Da für den Wissenschaftler Erkenntnisse die höchsten aller Werte darstellen, sieht er die tiefsten aller Unwerte in allem, was sich ihrer Verbreitung hindernd in den Weg stellt.« [148]
- »Mehr als jedes andere Kulturgut ist die wissenschaftliche Wahrheit das kollektive Eigentum der ganzen Menschheit. Sie ist es deshalb, weil sie nicht von Menschenhirnen gemacht ist.« [149]
- »Ich glaube an den Sieg der Wahrheit. Ich glaube, dass das Wissen um die Natur und ihre Gesetze mehr und mehr zum Allgemeingut der Menschen werden wird […] Ich glaube an die Macht der menschlichen Vernunft.« [150]

2.17 Führung und Erfolg

- »Eine gute Führung ist essentiell, damit Unternehmen ihre Ziele erreichen können […] Unternehmen, die in jeder internationalisierten Wirtschaft bestehen wollen, müssen auf eine Vielfalt von strategischen Ansätzen setzen und jederzeit bereit sein, sie erneut flexibel anzupassen […] Drei Elemente sind in jedem Fall zu beachten:
  - Größenvorteile müssen das richtige Verhältnis zwischen Größe und Komplexität finden […].
  - Innovation: Unternehmen, die kontinuierlich auf die Entwicklung neuer/verbesserter Produkte setzen, verzeichnen die besten Wachstumsraten […].
  - Führung: Ein klarer Führungsstil mit eindeutigen Zielen trägt laut einer Studie zu 73 Prozent dazu bei, den Unternehmenserfolg – besonders in Zeiten des Wandels – zu sichern. Das zweitwichtigste Element ist offene und transparente Kommunikation (41 Prozent). Denn die Mitarbeiter müssen hinter einer Strategie stehen, damit sie erfolgreich umgesetzt werden kann. Studien belegen, dass die Beschäftigten noch mehr als optimale Prozessabläufe zu Wachstum und Erfolg eines Unternehmens beitragen.
  - Fazit: Eine erfolgreiche Strategie braucht eine klare Vision. Trotz der Komplexität des Umfelds ist sie im Kern einfach und vorausschauend. Sie setzt auf integrierte Lösungen und ist wettbewerbsorientiert. Zudem ist sie handlungsorientiert, praktisch umsetzbar und fundiert mit Zahlen

---

[148] Lorenz 1963, S. 378.
[149] A.a.O., S. 382.
[150] A.a.O., S. 386 u. 388.

unterlegt. Sie beinhaltet überraschende Ansätze und motiviert die Mitarbeiter, die wesentlich zum Unternehmenserfolg beitragen.«[151]

2.18 Loben ist viel schwerer als tadeln[152]

»Um schimpfen und schelten zu können, bedarf es keines besonderen Willensentschlusses. Denn im Regelfalle erfolgt die Affektentladung unmittelbar und braucht höchstens vom Verstande her gebremst zu werden. Loben aber bedarf eines Entschlusses. Viele Vorgesetzte bestätigen, dass sie an sich lieber lobten als tadelten, jedoch stünde dem Aussprechen einer Leistungsanerkennung eine besondere Art von Schamgefühl im Wege.«[153]

2.19 Glück ist – eine Definition der Arbeitspsychologie

»Glück ist zum erheblichen Teile nichts anderes, als seine Anlagen in Leistung umsetzen können. Die so geschaffene Harmonie zwischen Menschen und Arbeit lässt auch den Menschen harmonisch werden und sein.«[154]

2.20 Stofflernen als Prozess mit Lernzielerreichung

Schulisches Lernen hat verschiedene Erscheinungsformen und unterschiedliche Ziele. Eine dieser Formen ist, zumal in allen Anfängen, das Stofflernen. Bei ihm ist das Behalten und Präsenthaben von Wissen das Ziel. Für Forscher gilt das als einfach, darum geben sie in der Literatur dazu kaum Erklärungen. Aber Schülern fällt das immer schwer, und darum forderte H. Roth schon vor Jahrzehnten, ihnen »den harten Weg des Lernens zu erleichtern«[155] und dabei ebenso »das Lernen – gerade auch für die Elite – leistungsfähiger zu gestalten«[156]. Seine Hinweise sollen hier verwendet werden.

- Für den Prozess von Stofflernen und die Lernzielerreichung ist das Gedichtlernen[157] ein Musterfall.

- Im Gedicht geben die Abfolge der Wörter, Rhythmus, Reim und Klang, Satzbau und inhaltliches Fortschreiten so etwas wie eine Kette an, in der jedes Glied unverwechselbar und fast zwingend auf das nächstfolgende hin-

---

[151] B. Schwenker 2006, S. 5.
[152] H. Sopp 1958, S. 935.
[153] A.a.O., S. 113.
[154] W. Hische 1950, S. 23.
[155] H. Roth bei K. Strunz (Hg.) 1964, S. 211.
[156] A.a.O., S. 212.
[157] A.a.O., S. 223 und 233.

weist, vom Anfang bis zum Ende hin. Das erleichtert Lernen und Behalten. Alle Einzelheiten stützen sich gegenseitig in ihren Zusammenhängen.

- Man lernt ein Gedicht dadurch, dass man es mehrmals liest und es – möglichst – laut vor sich hin spricht, bis man die ersten Zeilen sicher beherrscht. Dann geht man weiter, bis man das Ganze Wort für Wort als »Dauerbesitz«[158] hat.
- Der Art nach ist das ein sozusagen »mechanisches Lernen«[159]. Dergleichen gibt es auch sonst, z. B. beim Schreibenlernen auf der Schreibmaschine oder dem PC und beim Klavierspielen.[160] »Schwierige Stellen können isoliert geübt und später wieder in den Gesamtzusammenhang eingegliedert werden«. Man lernt alles immer nur in einer Richtung, von vorn nach hinten. Das ist eine Erleichterung. Hat man ein Klavierstück auswendig gelernt, laufen die Finger »wie von allein«, automatisch. Nachdenken darüber kann nur stören.
- Zum Lernen gehört als Technik und Lernziel das »Überlernen«[161], von Anfang an die Sicherheit im Beherrschen zu 100 Prozent – oder mehr. Beherrscht man ein Gedicht bloß zu etwa 80 Prozent, reicht das eben nicht, und das ist unbefriedigend. Man möchte das Erlebnis des Könnens haben. Nur das befriedigt, gibt Selbstbestätigung und Motivation zu mehr.
- Dabei spielt auch eine Neigung zum »Gutmachen« eine Rolle: Der Erfolg, »die untadelig saubere Ausführung ist von höchst segensreichem Einfluss auf unsere Arbeitsstimmung«[162].
- Bei jedem Lernen spielt der Zeitfaktor eine Rolle. Begrenzung der Lernmenge ist immer nötig. Intensives Auswendiglernen – und Üben – sollten nicht zu lange ausgedehnt werden. »Was über 10 oder 15 Minuten hinausgeht, ist reine Arbeitsverschwendung.«[163] Pausen und Abwechslung sind unverzichtbar. Intensität und Dauer schließen sich gegenseitig aus.
- Was gelernt ist, sollte am selben Tage noch mehrmals wiederholt werden und ebenso in den folgenden Tagen. Dieses Wiederholen ist für das Einprägen ins LZG unerlässlich. Abschreiben (als Beteiligung im Motorischen) kann das Lernen sehr unterstützen. »Durch das Üben erfährt das Gedächtnis eine Entlastung und der Bildungsbesitz eine Vertiefung.«[164]

[158] A.a.O., S. 232.
[159] A.a.O., S. 240.
[160] A.a.O., S. 233.
[161] A.a.O., S. 234.
[162] Kern-Clostermann 1961, S. 45.
[163] A.a.O., S. 87, ebenso H. Roth, S. 236.
[164] H. Roth, S. 235.

- Das gilt auch allgemein für Vokabellernen, und gerade z. B. im Lateinischen: Sind im Vokabelverzeichnis mehrere Bedeutungen angegeben, sollte man diese alle in dieser festen Reihenfolge lernen und aufsagen, wie ein »Klein-Gedicht«, eine Wortgleichung oder eben wie eine Wörterkette. Richtig Gelerntes steht dann – jederzeit – auf Abruf, praktisch »automatisch« oder automatisiert, zur Verfügung. Das bedeutet Denkentlastung und Zeitgewinn.

- Wahrscheinlich folgt alles Stofflernen, also »das Lernen von Vokabeln, von mathematischen oder chemischen Formeln und von Geschichtszahlen den gleichen Gesetzen und beruht vermutlich auch – von der speziellen Vernetzung abgesehen – auf gleichartigen physiologischen Vorgängen«[165]. Hat ein Kind diese Leistungsform erst einmal bei sich erfahren, bei Liedern und Gedichten und beim kleinen Einmaleins, kann es für sie auch in der Übertragung gewonnen werden.

- Alles Anwenden mit Nachdenken und Kombinieren sind Prozesse ganz anderer Art. Sie sind dann gefragt, wenn es in der Textbehandlung um die Erschließung von Wortbedeutungen geht, also die Frage, welche von den gelernten Bedeutungen im Zusammenhang passt oder ob gar eine neue, nicht gelernte aus dem Zusammenhang zu erschließen und zu verwenden ist. Da werden Einfühlung in den Zusammenhang, Flexibilität und problemlösendes Denken verlangt und trainiert.

- Im neusprachlichen Unterricht sucht man »ganzheitliches Lernen«. Da »eignet man sich nicht nur einzelne Vokabeln an, sondern darüber hinaus Wortzusammenstellungen und kleine Sätze«[166], zumal Redensarten. »Da hat das Lernen einen viel stärker assoziativen Einschlag.« Aber die Vokabeln lernt man gleich in beide Richtungen, aus der Fremdsprache und in sie hinein.

- Für das Lernen von Regeln etc. empfehlen sich Merksätze oder -verse, die nicht besonderen Tiefsinn haben müssen, aber gern Spaß machen dürfen.[167]

[165] Bruno Hassenstein, Institut für Biologie I, Freiburg/Br., in einem persönlichen Schreiben vom 2.8.1983 an den Verf. auf eine Anfrage hin, die ursprünglich an Manfred Eigen, den Nobelpreisträger in Göttingen, gerichtet war. Eigen leitete das Schreiben an Hassenstein, »den besten Kenner«, weiter. Hassenstein fährt fort: »Ich bin sogar davon überzeugt, dass auch der Mathematiker während seiner wissenschaftlichen Denktätigkeit mit dem gleichen Mittel, nämlich der Bildung von Assoziationen, arbeitet [...] Wie Sie bin ich der Meinung, dass Fr. Vesters Buch im Wesentlichen das Richtige trifft. Es handelt sich um eine besonders anschauliche Zusammenfassung des heutigen Wissens.«

[166] H. Roth, S. 234–235.

[167] Das alte »Hausmittel« Vokabelheft unters Kopfkissen gilt noch immer: Am Abend vor einer Klausur, Prüfung oder dergleichen schaut man sich den (vorher sorgsam

3 Gültigkeit und Nutzung der Erkenntnisse

Die aufgeführten Befunde sind sich in ihrem Gewicht nicht gleich. Die Gruppen bis ca. 2.14 enthalten Gesetzmäßigkeiten, die als solche empirisch gesichert und »Patenten« vergleichbar sind, also Gütigkeit besitzen und nicht anzuzweifeln sind. Die folgenden Gruppen enthalten vor allem abgeleitete Erkenntnisse, Schlussfolgerungen aus dem Gesicherten. Aber in dem Maße, wie sie transparent und konsequent abgeleitet sind, haben sie ihre eigene Dignität und den Anspruch, als wahr und zuverlässig akzeptiert zu werden. Im pädagogischen Bereich kann man ja nicht alles im streng naturwissenschaftlichen Sinne nach- oder beweisen. Man kann – mit H. Roth – vieles nur wahrscheinlich und plausibel machen, muss also mit »Theorien der sog. mittleren Reichweite« arbeiten. Aber es besteht kein Zweifel, dass man auch auf diese Weise in der Pädagogik »Wirklichkeit auf Wahrheit befragen« kann.[168]

Für die Nutzung so vieler Befunde, wie sie hier vorgelegt werden, scheinen spezielle Erfahrungen noch nicht gedruckt vorzuliegen. So befinden wir uns auf Neuland. Im Grunde geht es darum, den Wissenstransfer in den gesamten Schulbereich hineinzuholen und ihn dort auf allen Ebenen fruchtbar zu machen. Ich verbinde ihn in meinen nun folgenden Beispielen sofort mit der Fehlerdiskussion, verbinde also zwei verschiedene Verfahren miteinander. Damit komme ich zu Ergebnissen, die als wissenschaftlich gesichert gelten können. Die hatte man bisher nicht. Man kann sie jetzt sofort für Verbesserungen nutzen. Das ist eine echte Neuerung oder »Entdeckung«. Sie markiert den Unterschied zu den tradierten Verfahrensweisen der Nutzung des »pädagogischen Erfahrungswissens«, mit dem man jahrtausendelang gearbeitet hat, den Abschied von »trial and error«. Die Nutzung von Wissen ermöglicht einen Qualitätssprung hin zu wissenschaftlich fundierter Schulreform. Das lässt von vornherein ein Höchstmaß an Effizienz erwarten.

gelernten) Lernstoff – Vokabeln, Formeln, Geschichtszahlen – noch einmal an, bevor man sich zum Schlafen legt. Was das Gehirn als letztes Wichtiges wahrnimmt, das prägt es sich über Nacht besonders gut ein.
[168] Nachweise bei Burandt 1974, S. 143–144.

3. Kapitel: Handlungsanweisungen aus der exemplarischen Klärung von Teilaspekten

1 Sinn dieses Kapitels

In diesem Kapitel möchte ich zweierlei erreichen: Ich versuche, an Beispielen klarzumachen, wie ich die versprochene Aufklärung leisten will, wie ich zu meinen Ergebnissen und Schlussfolgerungen komme und wie diese aussehen. Daneben versuche ich an diesen Beispielen zugleich exemplarisch zu zeigen, wie man mit den neuen Erkenntnissen umgehen und sie nutzen kann. Dazu greife ich in loser Abfolge einzelne wissenschaftliche Erkenntnisse aus einem oder mehreren Forschungsbereichen auf, die im Pädagogischen Ziele oder Maßstäbe bezeichnen können. Ich stelle sie in den Raum der Schule und diskutiere, was sie über die Verhältnisse und gerade über die Arbeitsbedingungen in der Schule aussagen können. Dabei stellt sich jedes Mal schnell heraus, dass die Schule von allen diesen Erkenntnissen und Zusammenhängen nichts weiß und dass die Nutzung der neuen Erkenntnisse die Arbeit in der Schule sehr müsste erleichtern und voranbringen können. Damit haben wir schon so etwas wie einzelne »Handlungsanweisungen«.

Die verschiedenen Teilbereiche stehen inhaltlich nicht in einem engeren Zusammenhang, Auswahl und Abfolge der Themen haben sich zufällig ergeben. Aber die Ergebnisse bestätigen sich gegenseitig. Jedes neue Ergebnis macht klar, dass die Defizite in einem inneren Zusammenhang stehen. Sie alle resultieren aus Wissensdefiziten. Der Mangel an Aufklärung ist überall derselbe. Alle Einzelheiten zusammen ergeben einen ganz neuen Blick auf die Schule, die Arbeitsbedingungen und die Erfolgschancen in ihr. Der Bedarf an Aufklärung und Information ist unübersehbar, er ist riesengroß. Aber mit den Bemühungen um »exemplarische Klärung von Teilaspekten« kann man gut vorankommen. Aus der Summierung der Teilklärungen ergeben sich dann die »Handlungsanweisungen«.

Offen für Aufklärung und Gespräche betreten wir Neuland für uns alle, aber ohne diese Schritte dorthin ist Modernisierung nicht möglich. Für die neuen Anfänge braucht man so etwas wie Neugier, Lernfreudigkeit und

Unternehmungsgeist und den Willen zu Kommunikation und Kooperation.

Die Beispiele, die ich bringe, sind nur »Beispiele«, Modelle. Es gibt neben ihnen sicher eine Vielzahl anderer Möglichkeiten. Jedermann ist eingeladen, sich in die Materie zu vertiefen und weitere Möglichkeiten herauszufinden und zur Diskussion zu stellen. Schulreform neuer Art ist ja nicht als ein einmaliger Akt der Verfügung der Obrigkeit zu denken, sondern als Teil und Teilergebnis eines großen Gesprächs aller »Verantwortlichen«, Beteiligten und Interessierten miteinander. Dazu gehört das fortgesetzte Bemühen um Verbesserung. Das ist die »rollende Reform«.

2 Aus der Arbeitsmedizin: Grundsehnsüchte des Menschen bei seiner Arbeit

2.1 Der Rahmen – Zitate und Auswertung

2.1.1 Fakten

Menschen leben seit je mit vielem, was sie als »Belastung« oder als »belastend« empfinden. Das können die politischen Verhältnisse und die klimatischen Bedingungen sein wie die Gegebenheiten im Beruf, in Familie und Nachbarschaft und überall sonst. Dementsprechend haben die Menschen immer wieder versucht, sich gegen solche als Belastung empfundenen Bedingungen zu wehren, sie abzumildern oder sich ihnen irgendwie zu entziehen. Das ist ein weites und hoch spannendes Feld. Ich gehe jedoch nur auf Belastungen ein, die sich im Beruflichen ergeben; und von da aus komme ich auf die Belastungen, die sich in der Schule und durch die Schule ergeben, für die Schüler und Lehrer und nicht zuletzt auch für die Kultusminister und für uns Bürger.

Bei solchen Belastungen können ganz unterschiedliche körperliche und geistig-seelische Komponenten zusammenwirken. Eine zentrale Rolle spielen die Erfahrungen mit Erfüllung und Versagen im Beruf, die Erfüllung der »Grundsehnsüchte«. In diese Zusammenhänge führt uns Hellmut Sopp zuverlässig ein. Er war nach Medizinstudium und psychiatrischer Ausbildung lange als selbständiger Industrieberater in Düsseldorf tätig. Seine Thesen sind:

»Der arbeitende Mensch hat ganz bestimmte Mindestanforderungen an seinen Beruf und an seine Arbeit, legitime Forderungen, deren Erfüllung unabdingbar ist für sein Wohlbefinden in dieser Welt. Diese Wünsche, die wegen ihrer Wichtigkeit für die innere Harmonie der Persönlichkeit die Intensität einer Grundsehnsucht haben, sind

- die Sehnsucht nach Geborgenheit,
- die Sehnsucht nach Bestätigung durch die eigene Lebensleistung,
- die Sehnsucht nach Freiheit.«[169]

»Wohlbefindensstörungen treten besonders dann auf, wenn die Mindestansprüche des Menschen [...] in der Sphäre des Beruflichen nicht erfüllt werden. Sie manifestieren sich in vielfältigen Symptomen, deren wichtigste körperlicher Art sind und das Erscheinungsbild der ›Krankheit‹ haben«.[170] »Tatsächlich ergab die Auszählung eines sehr großen medizinischen Materials, dass die Streuung in der Krankheitshäufigkeit betriebsspezifisch ist und nicht einem statistisch zu erwartenden Verteilungstyp folgt. Der Krankenstand wird damit zu einer Objektivierungsmöglichkeit für die Bewertung zahlreicher innerbetrieblicher und allgemeinberuflicher Probleme.«[171]

2.1.2 Die Anwendung im Schulbereich

Sopps Befunde aus der Arbeitswelt zeigen:

Neben den »Arbeitsbedingungen« im geläufigen äußeren Sinne spielen für den Arbeitsvollzug und den Arbeitsertrag noch eine Vielzahl weiterer Faktoren eine Rolle. Der Mensch braucht für einen annähernd optimalen Arbeitsertrag ein bestimmtes »Wohlbefinden« an seinem Arbeitsplatz und braucht dafür die Erfüllung einiger Mindestanforderungen, die Erfüllung bestimmter »Grundsehnsüchte«.

Der Krankenstand – und was wohl auch sonst damit in Beziehung gebracht werden könnte – ist Indikator für den Grad der Erfüllung dieser Mindestanforderungen. Er zeigt auf seine Weise, wie das Betriebsklima ist und mit welchen Mitteln gegebenenfalls das »Wohlbefinden« der Mitarbeiter und der Unternehmensertrag gesteigert werden könnten.

Diese Befunde passen wahrscheinlich auf jedes Unternehmen. Sie werden in der Arbeitswelt wohl weithin beachtet. Im Schulbereich sind sie meines Wissens unbekannt. Sie müssen aber auch in ihm gültig sein, und zwar für alle Beteiligten, für die Schüler und Lehrer wie für die Mitarbeiter in der Schulaufsicht und für den Minister selbst. Darum soll hier der Frage nach den Grundsehnsüchten und dem Grad ihrer Erfüllung bei diesen Personengruppen exemplarisch nachgegangen werden.

---

[169] H. Sopp 1958, GGT 935, S. 108.
[170] A.a.O., S. 165.
[171] A.a.O., S. 166.

2.2 Grundsehnsüchte der Schüler

2.2.1 Diskussion und Kriterien für die Feststellung von Belastungen

2.2.1.1 Zur Behandlung des Problems

Ich gehe dieses Thema von drei Seiten aus an. Ich beginne mit der Belastung der Schüler in der Schule und der Diskussion dazu. Dann spreche ich über die Grundsehnsüchte der Schüler im Einzelnen und muss ihre Nichterfüllung feststellen. Zuletzt gehe ich auf Entlastungsreaktionen bei Belastung ein, anfangs ganz allgemein, danach bei Schülern speziell. Das führt zu grundlegenden gesellschaftlichen Problemen und macht erkennbar, wie sehr das ungelöste Autoritätsproblem der Gesellschaft in die Schule hineinwirkt.

2.2.1.2 Schülerbelastung – altes Thema, neue Kriterien

Über zu hohe Belastung von Kindern und Jugendlichen durch die Schule wird immer wieder geklagt, vor allem von Seiten der Kinderärzte. Seit den 1950er-Jahren hat z. B. besonders Theodor Hellbrügge in München seine Thesen dazu in der Öffentlichkeit vertreten.[172] Aber diese interessierte sich kaum dafür. Etwas ganz Neues stellte darum die Veranstaltung mit dem Thema »Die Arbeitszeit der Schüler – eine Anhörung zur Belastung und Beanspruchung von Jugendlichen durch Schule und Umwelt« dar, zu der der damalige Kultusminister Horst Horrmann, CDU, für den 22. und 23. Juni 1989 nach Hannover einlud. Das Ziel nannte er selbst: »Schule muss menschlicher, freundlicher und attraktiver gestaltet werden, ohne dass die unverzichtbaren kognitiven Leistungen vernachlässigt werden.«[173] Diese Anhörung brachte vieles zur Sprache; doch die vom Minister erhofften Anregungen und Hinweise, wie Schule die Arbeitsbelastung von Schülern abbauen könne, kamen nicht. Für eine solche Fragestellung gab – und gibt – es noch nicht die nötigen Experten.

Nach dieser Veranstaltung habe ich in der Auswertung dazu nach Maßstäben und einem Messsystem für solche Belastung gesucht und dann Kriterien dafür aufgelistet. Das ergab Belastung

- nach Kriterien der Medizin, also körperliche (Sitzbelastung), nervöse (unphysiologisches Zeitmanagement in Stundenorganisation, Pausenordnung, Stunden- und Wochenplangestaltung), geistige (Zeitdruck, Schulweg, Störfaktoren im Unterricht) und physiologische Belastung (Nichtberücksichtigung des Grundrhythmus der physiologischen Leistungsbereitschaft);

---

[172] Th. Hellbrügge 1956, S. 6ff.
[173] Kultusminister, Nds. 1990, S. 16.

- aus einem Defizit an Sachklärung (Unklarheit und Gegeneinander der Erziehungsziele und der Werte, z. B. zum Stichwort »Realitätserziehung« nach Bruno Bettelheim);
- nach Kriterien der Lernforschung (Hoffnung und Furcht in der Leistungserziehung, Bedeutung von Aggression, die »vaterlose Gesellschaft«, »Terminlernen«);
- nach Kriterien aus den Sozial-, Human- und Arbeitswissenschaften (Missachtung der Grundsehnsüchte, Wirkungen von Gruppenklima und Betriebsatmosphäre);
- aufgrund von Unterrichtsfehlern und Frust von *Lehrern* (Missachtung von Regellernen und von Lernhierarchien, unzureichende Förderung in der Sprachbeherrschung und im Methodischen, Frust);
- durch Maßnahmen der *Schulorganisation*.[174]

In der Folgezeit wurden diese Probleme nicht aufgegriffen und weiterbehandelt. Aber wenn wir heute und gerade nach PISA den Ertrag von Schule ganz neu steigern wollen, müssen wir natürlich zuerst einmal klären, welche Arten von Belastung im Schulbereich vorhanden oder jedenfalls feststellbar sind und mit welchen Maßnahmen sie abgebaut werden können. Das ist ein überaus umfangreiches Programm. Es kann sehr abgekürzt werden, wenn man von den Grundsehnsüchten nach H. Sopp und ihrer Nichterfüllung bei den Schülern ausgeht.

2.2.2 Nichterfüllung der Grundsehnsüchte bei Schülern

2.2.2.1 Sehnsucht nach »Geborgenheit«

Hierzu stellt Wolfgang Bergmann, »einer der profiliertesten Kindertherapeuten Deutschlands«[175], fest: »Das deutsche Erziehungsmilieu ist seit einiger Zeit von Kälte gegen Kinder gekennzeichnet [...] eine der Ursachen davon ist das bis auf wichtige Ausnahmen kaum verständliche Versagen der Erziehungswissenschaften.«[176] Leider geht er den Ursachen für die »Kälte« selbst nicht nach, weder für das »Erziehungsmilieu« im Familienbereich noch für das im Schulbereich. Täte er es, müsste er überall auf die Spuren der Vorstellungen und Praktiken der antiautoritären Erziehung stoßen; denn zu ihren Kennzeichen in der landläufigen Ausprägung gehören doch z. B. Distanz,

---

[174] R. Burandt 1990, S. 88ff.
[175] *Chrismon* 8/2007, S. 24.
[176] W. Bergmann in M. Brumlik (Hg.) 2007, S. 33.

Verzicht auf Kontrolle und auf Helfen, das Allein-machen-Lassen und das Allein-Lassen. In diesem Punkt werden also Schwächen oder gar Grunddefizite der üblichen antiautoritären Erziehung erkennbar.

Bergmann fordert »einen neuen Lehrertyp, autoritär, aber nicht spießig [...] Der muss den Schülern deutlich machen: Wo ich bin, herrscht eine bestimmte Ordnung [...] Ordnung ist auch Geborgenheit, aber zugleich soll diese Ordnung von einem vibrierenden Lebenswillen [...] erschüttert und durchwoben sein [...] Kinder und Jugendliche haben so wenig Verlässlichkeit in sich und um sich herum. Keiner weiß so richtig, wo es langgeht, auch Papa und Mama nicht, und die meisten Lehrer erst recht nicht.«[177]

2.2.2.2 Sehnsucht nach Bestätigung durch eigene Lebensleistung

In diesem Punkt geht es vor allem um Erfolgserfahrung. Dazu Bergmann: »Ein guter Lehrer muss dem lustlos-nervösen Kind Hoffnung auf sich selbst geben [...] Dafür benötigt er Klarheit und Eindeutigkeit, Autorität eben. Pädagogische ›Einfühlung‹ hilft den Schülern gar nicht. Sie wollen jemanden, an dem sie nicht vorbeikommen.«[178] Die Zahlen der Sitzenbleiber und der Schulabgänger ohne Abschluss zeigen, dass Schule, Familie und Gesellschaft nicht hinreichend fördern und Erfolg erzielen.

2.2.2.3 Sehnsucht nach Freiheit

Ich beginne nochmals mit Bergmann: »Holt interessante Menschen in die Schulen [...] Künstler, Musiker [...] Noch lieber sind mir die Bildhauer!«[179] Tatsächlich wird eine solche Zuhilfenahme von Außenstehenden öfter empfohlen – aber löst das die Probleme? Wir haben den Fachunterricht und die Fachlehrer, für Mathematik und Englisch, Latein und Physik, Religion und Politik. Können wir auf solche Lehrer und ihre Ausbildung verzichten? Dass Leute »von außen« es besser machen könnten, ist von der Sache her wenig wahrscheinlich. Die Schule sollte darum sicher nicht vor allem Leute von außen hereinholen, sondern die vorhandenen Lehrer sollten das Außen mit in ihren Unterricht einbeziehen. Man muss dazu bei den Lehrern nur das entsprechende Wissen und Können steigern und ihnen helfen, ihr Potenzial wirklich umfassend einzusetzen.

»Freiheit in der Schule« steht weithin in Verbindung mit Angstfreiheit. Wenn ein Schüler von seinem Lehrer zuverlässig gefordert und gefördert worden ist und er alle nur möglichen Hilfen erhalten hat, müsste er im Fach-

---

[177] A.a.O., S. 25.
[178] Ebd., dazu auch ders. 2008.
[179] Ebd.

lichen, mittleres »Potenzial« vorausgesetzt, relativ sicher sein und allen Herausforderungen gelassen entgegensehen können. Ob es um einen Test, eine Klassenarbeit oder die Abiturarbeit geht, um ein neues mathematisches oder grammatisches Problem, um Lehrerwechsel oder den Wechsel an eine andere Schule – der Schüler sollte sich in seinem Wissen und Können immer hinreichend abgesichert fühlen können; die neuen Herausforderungen sollten immer abschätzbar und zumutbar sein. Der Schüler müsste damit frei sein für den laufenden Unterricht, für jede neue Aufgabe und für jede neue Art von Kooperation. Zur »Sehnsucht nach Freiheit« gehört wesentlich das Bedürfnis nach freier, ungeplanter Zeit für eigenes Gestalten, für Spielen und Erholung. Solche Spannen müssen umso länger sein, je jünger der Schüler ist, und für sie zählt offenbar immer nur wirklich zusammenhängende Freizeit. Solche Freizeit wird neuerdings vielfach eingeschränkt durch die Ganztagsschule und z. B. auch durch komplizierte Stundenpläne mit wechselnden Frei- oder Springstunden.

2.2.2.4 Die Mängelbilanz

Diese Auflistung ist exemplarisch. Sie macht die Situation trotzdem hinreichend klar:

- Die Grundsehnsüchte der Schüler werden bei uns in der Schule von heute im Ganzen nicht erfüllt, sie werden nicht einmal »gesehen«.
- Die Arbeitsbedingungen bedeuten für die Schüler teilweise eine starke Belastung.
- Bei den Schülern prägt sich die Neigung zu Auflehnung und zu Entlastungsreaktionen entsprechend stark aus, und das führt auch wieder zu nicht unerheblichen Einbußen im persönlichen Arbeitsertrag und zur Minderung der Effizienz.
- Die Kultusminister interessieren sich kaum für die Grundsehnsüchte der Schüler, für Entlastung und für entsprechende Verbesserung der Arbeitsbedingungen.
- Die Kultusminister haben als Reaktion auf PISA vor allem vermehrte Kontrollen und Vergleichsarbeiten angekündigt. Aber gegen den verordneten Schul-TÜV, z. B. in Schleswig-Holstein, ziehen Lehrer gern die entsprechende »Show« ab. Damit vernebeln sie im Selbstschutz die wirkliche Situation noch zusätzlich. Sie geben der Obrigkeit falsche Erfolgsvorstellungen und bestärken sie gar noch im Fortfahren mit bürokratischen Maßnahmen. Die in Auftrag gegebenen Bildungsstandards sind noch kaum verfügbar.
- Den Ministern geht es offensichtlich vor allem um Feststellung des Ist-Stan-

des in Wissen und Können, um Messbares und Äußerliches. Sachaufklärung suchen sie nicht. Physiologie und Psychologie und ihre Tiefendimensionen sind nicht gefragt. Hierin zeigt sich typisch tradiertes obrigkeitliches Denken, Ideologie statt Fördern und Fürsorge für den Schüler.

- Erziehungswissenschaftler haben sich bisher offenbar ebenso wenig um diese Fragen gekümmert. Das kann man gut zwischen den Zeilen ablesen in dem von Micha Brumlik herausgegebenen Sammelband »Vom Missbrauch der Disziplin« (Weinheim 2007).
- Neuerdings kommt offenbar der Druck, den die Kultusbürokratie nach PISA auf die Schulen ausübt, in der Praxis an. Die Lehrer geben ihn für gewöhnlich weiter. Das bringt erste Erfolge und spornt wohl vor allem leistungsstärkere Schüler an. Aber auf Dauer kann Druck alleine nichts bringen.[180] Die leistungsschwächeren und sozial schwächeren Schüler kommen dabei nur zu schnell »unter die Räder«, und ihr Frust wird wachsen; denn Lernhilfen werden ja nicht gegeben, Unterstützungssysteme etc. sind kaum eingebaut, Rücksichten werden kaum genommen.

Das ist der Stand der Dinge heute und die Situation der Schüler – und der Lehrer.

2.2.3 Entlastungsreaktionen

2.2.3.1 Typische Entlastungsreaktionen des Menschen bei Belastung

Entlastungsreaktionen gibt es vor allem von dreierlei Art:

- Körper oder Geist spielen nicht mehr mit; Ermüdungs-, Übermüdungs- oder Übersättigungserscheinungen treten auf. Sie verhindern allein schon die gewünschte Informationsaufnahme und Mitarbeit.
- Der Mensch führt Aufträge nur teilweise aus; er macht so wenig wie möglich mit, und das möglichst so, dass dieses Verhalten nicht auffällt.
- Der Mensch opponiert mehr oder weniger offen und stark.

Dabei spielen verschiedene Triebkräfte eine Rolle, im Körperlichen wie im Geistigen: einerseits der natürliche Selbsterhaltungstrieb, das Geizen mit den eigenen Reserven – das kann ebenso bewusst wie unbewusst geschehen –; andererseits der Spieltrieb, der vom Neugierverhalten gesteuert wird. Der versucht es auch gern mit der Machtprobe.

---

[180] Vgl. hier unter Kap. 3, Punkt 7.9.3.

2.2.3.2 Typische Entlastungsreaktionen beim Schüler

Diese Arten von Entlastungsreaktionen gibt es alle beim Schüler in speziellen Erscheinungsformen:

- Das Abschalten erfolgt in der Regel automatisch. Der Schüler »schläft ein« oder denkt an etwas ganz anderes. Er klinkt sich aus dem Unterrichtsgeschehen teilweise oder weitestgehend aus. »Unaufmerksamkeit als das Geschenk der gütigen Natur gegen kindliche Überforderung könne nicht hoch genug gepriesen werden«, zitiert z. B. Theodor Hellbrügge den Münchener Psychiater Emil Kraepelin, der dies 1894 (!) gesagt hat.[181] Abschalten ist sozusagen eine von der Natur eingebaute Art »Notventil« gegen Überforderung. Aber wo denken Lehrer und Bildungspolitiker an so etwas?

- Das Nicht-Mitmachen oder nur Teilweise-Mitmachen ist ein bewusster oder mindestens teilbewusster Akt. Der Schüler beteiligt sich selten oder kaum je am Unterrichtsgespräch. Er meldet sich nie, erledigt die Hausaufgaben nicht oder nur zu kleinen Teilen, lässt sich z. B die schriftlichen Hausaufgaben am Telefon sagen oder per E-Mail von einem Freund zukommen oder schreibt sie noch hastig in der Pause vor der jeweiligen Unterrichtsstunde ab. Für das Mündliche lässt er sich vorsagen, und bei Tests und Klassenarbeiten ist er auf Abschreiben, Zuflüstern oder Zettel-Zuschieben angewiesen. Im Ganzen versucht er noch das Gesicht zu wahren. Alle Formen von Schulschwänzen gehen aber darüber schon hinaus.

- Das Opponieren beginnt bereits mit möglichst lang anhaltender, geräuschvoller Unruhe Einzelner oder ganzer Gruppen am Stundenbeginn. Unruhe lässt sich auch sonst gern mobilisieren. Sie vermag den Unterrichtsdruck und Unterrichtsertrag sehr wirksam zu reduzieren. Dazu gehören jede Art von Flüstern unter Nachbarn und alle leiseren und lauteren Zwischenbemerkungen oder gar Zwischenrufe. Das kann sich steigern bis hin zur erklärten Weigerung von Schülern, etwas Bestimmtes zu lernen, zu sagen oder zu tun. Störender wirken das Schurren mit den Schuhen, das plötzliche Aufstehen oder gar Herumgehen Einzelner im Klassenraum und schließlich jede Art von Aktionen der »Lümmel von der letzten Bank« bis hin zum Körpereinsatz. Wenn z. B. in der 8. bis 12. Klasse eine fest verschworene Gruppe von etwa fünf Schülern die Dinge in die Hand nimmt, die Leistungsstärkeren als »Streber« unter Druck setzt und diese dann beim Lehrer nicht mehr »mitziehen«, haben der Lehrer und der Unterrichtsertrag kaum noch Chancen. Ob und wie weit dabei Kollegen und Schulleitung »helfen« können, hängt vom Betriebsklima und vom Rückgrat des Schulleiters ab.

[181] Th. Hellbrügge 1956, S. 7.

- Etwas ganz Neues ist die »Lehrerbenotung im Internet«. Mit ihr »nimmt die Diffamierung von Lehrern schon beängstigende Ausmaße an [...] da werden die Persönlichkeitsrechte von Lehrkräften systematisch mit den Füßen getreten«[182]. Die Juli/August-Ausgabe von *Profil* aus dem Jahr 2007 ist entsprechend zur Hälfte voll mit Beispielen und mit Äußerungen dazu. Politiker, Medien und das Landgericht in Köln haben sich bisher nicht vor die Lehrer gestellt. Aber: Kann damit der Schule und den Schülern letztlich gedient sein – und geholfen werden? »Der Deutsche Philologenverband nannte es unverständlich, dass in Deutschland die Lehrer von der Politik alleingelassen werden. Anders sei dies in Großbritannien, wo derzeit die Regierung eine breit angelegte Kampagne gegen Anti-Lehrer-Mobbing im Internet durchführte.«[183] »In der Schweiz ist der Start eines *spick-mich. de*-ähnlichen Lehrerbewertungs-Internetportals nach stürmischen Protesten von Lehrer- und Eltern(!)verbänden sowie aller Parteien vor fünf Jahren gestoppt worden.«[184] »2009 musste der DPhV-Bundesvorsitzende Heinz-Peter Meidinger monieren, dass auch für den Bundesgerichtshof ›für Lehrer die Persönlichkeitsschutzrechte nicht im gleichen Umfang wie für Normalbürger gelten [...]‹. Er äußerte die Hoffnung, dass der Fall vor dem Bundesverfassungsgericht eine andere Bewertung erfahren werde.«[185]

Die beiden Beispiele aus dem Ausland zeigen, dass die dortige Gesellschaft sich als »Arbeitgeber« für die Lehrer als die »Mitarbeiter« zuständig und für ihren Schutz verantwortlich fühlt; und mit der Sorge für sie bemüht man sich zugleich, auch den Schülererfolg und den -ertrag im Ganzen zu sichern. Hier zeigen sich öffentliche Solidarisierung mit den Lehrern, das Bemühen um »Fürsorge« für sie wie für die Schüler und eine Art »Wir-Gefühl«. Bei uns, klagen die Philologen, gibt es das alles nicht. Der Schluss liegt nahe, dass in diesem allgemeinen Verhalten auch eine Teilausprägung der Schulmisere zu sehen ist oder, anders herum, dass die Schulmisere mit eine Folge der Neigung zu diesem Verhalten ist.

Mit wohlverstandenen »Entlastungsreaktionen« von Schülern wegen »Belastung« hat das alles nichts zu tun.

2.2.3.3 Zusammenhänge und Folgen
Die drei Arten von Entlastungsreaktionen wirken recht unterschiedlich, sie hängen jedoch eng miteinander zusammen. Sie bauen aufeinander auf:

---

[182] H.-P. Meidinger in *Profil* 7/8 (2007), S. 5.
[183] Ebd.
[184] A.a.O., S. 3.
[185] In *Profil* 7/8 (2009), S. 8.

Wenn ein Schüler merkt, dass er öfter abschalten kann, ohne vom Lehrer ermahnt und konsequent wieder ins Unterrichtsgespräch hineingezogen zu werden, zieht er für sich den Schluss, dass der Unterrichtsstoff wirklich schwer oder eben sehr langweilig ist und einem das Aufpassen schon vergällen kann. Vor allem aber findet er zum einen, dass der Lehrer den Stoff nicht anziehend unterrichten kann, er also ein »schlechter Lehrer« ist, und zum anderen, dass der Lehrer mindestens an ihm selbst, dem Schüler, kein besonderes Interesse hat. Er hat ihn jedenfalls nicht »im Auge« und sein persönlicher Lernerfolg muss ihm ziemlich gleichgültig sein. Das spricht auch für einen »schlechten Lehrer«, der nur Missachtung verdient. Insgeheim jedoch wurmt die ganze Sache den Schüler, weil er sich persönlich nicht angenommen fühlt. Das bringt ihn auf den Gedanken, den Lehrer noch weiter auf die Probe zu stellen. Er fängt an, sich planvoll dessen Forderungen zu entziehen. Er bemüht sich, ihn auf jede Weise über seine Faulheit und seine Wissenslücken hinwegzutäuschen. Er erprobt so seine eigenen Stärken, seine »Macht«. Und damit erweist er vor sich selbst – und vor seinen Freunden – die »Unfähigkeit« des Lehrers. Damit ist er bereits in der zweiten Art von Entlastungsreaktionen. In ihr gibt es eine riesige Vielzahl von Varianten und Stärkegraden.

Der Übergang zur dritten Art ist fließend. Kritisch wird es, je länger die Wissens- und Könnensdefizite des Schülers unentdeckt und unangesprochen bleiben und er immer weiter von Klasse zu Klasse versetzt wird; denn dann sind seine Wissenslücken kaum aufholbar groß. Er ist auch kaum noch zum Lernen bereit und muss immer stärker und offener seine Zuflucht zu Widerstand und gar Gewalt nehmen. Diese Aufeinanderfolge ist einleuchtend und zwingend.

2.2.3.4 »Normale« Machtproben, Neugier und Spieltrieb

Schüler agieren und reagieren natürlich nicht nur bei Belastung, sondern auch von sich aus. Wesentliche Triebkräfte dabei sind die Neugier und der Spieltrieb. Das zielt vor allem in zwei Richtungen:

- Zum einen geht es um die Selbsterprobung des Individuums, um das Testen der eigenen Kräfte und Fähigkeiten. Dahinter steht meist weniger die Frage: Was kann ich alles durch Lernen für mich herausholen, an Kräften bei mir erleben und aus mir machen?, sondern viel öfter die Frage: Wie schaffe ich es, mit allerkleinsten Lernbemühungen durchzukommen und den Lehrer – und meine Eltern – über meine Faulheit und meine Wissensdefizite hinwegzutäuschen? Das ist eine besondere Variante von Versteckspielen und von Bemühen um Ökonomie.

- Zum anderen ist es ein Testen des Lehrers, seiner Persönlichkeit, der

Erwachsenengeneration (deren Vertreter der Lehrer ist) und seines Berufes. Was zeigt er an Fachwissen, an pädagogischem Geschick, an Aufmerksamkeit und Schlagfertigkeit, an persönlichem Interesse an seinem Fach wie am einzelnen Schüler? Kann er erklären, überzeugen, gewinnen, gar begeistern? Hat er etwas Sportliches an sich? Was hat er an Reaktionsweisen und Durchsetzungsvermögen? Durchschaut er die Schüler und greift er durch? Oder ist er lahm und sieht über Probleme und Problemschüler lieber hinweg? Oder bemerkt er gar nichts? Ist er ein »Weichei«? Ein Kumpeltyp?

Das ist ein Spiel mit unendlich vielen Facetten, und Spielen ist immer reizvoll und immer erlaubt. Es muss nur im Rahmen bleiben. Was aber und wo ist der Rahmen? Hinter all diesem Spielen steht zumeist auch gleich die Machtfrage: Kann ich den Lehrer täuschen? Bin ich damit stärker als er – und klüger? Kann ich ihn womöglich allein oder mit Mitschülern zusammen lahmlegen, den Unterricht sprengen? Im Grunde seines Herzens wünscht sich der Schüler, dass sich der Lehrer durchsetzt, sich als »stark« erweist, als Könner im Fachlichen wie im Pädagogischen, als Mensch, dem man sich anvertrauen kann. Der Lehrer möge ihn sozusagen an die Hand nehmen, ihn zu Interessantem und durch dick und dünn zum Erfolg führen, zu Wissen und Können, zu Selbstvertrauen und eigener Stärke. Das betont auch W. Bergmann, hier in Kap. 3, Punkt 3. Und Klagen, dass sich Schüler bei uns von ihren Lehrern nicht hinreichend unterstützt fühlen, ergab eine PISA-Befragung, vgl. Kap. 4 in 4.3.1 und 4.3.2.

Wo der Lehrer das nicht weiß, das nicht leisten kann oder nicht leisten »darf«, weil z. B. der Katalog der Ordnungs- und Erziehungsmaßnahmen der Schule irgendwie dagegen steht, da haben Lernen, Schüler und Lehrer wenig Chancen; denn sich selbst zu bremsen, womöglich aus Einsicht – das kann der Schüler nicht. Das wäre wider die Natur. Und solange keiner aus Vollmacht, also mit »guter Autorität« nach W. Bergmann, gegensteuern kann und will, gibt es kein Halten. Da geht schulisch alles »den Bach runter«.

Solche Machtspiele hat es wohl immer gegeben, seit es Schule und Lehrer und überhaupt »Autoritäten« gibt. Aber heute und schon lange hat diese Auseinandersetzung im Schulbereich ganz ungeahnte Dimensionen angenommen. Da hat es selbst ein »starker Lehrer« sehr schwer, sein persönliches Profil erkennbar zu machen, es zu leben und sich »durchzusetzen«.

2.2.4 Das ungelöste Autoritätsproblem in Gesellschaft und Schule

Mit allen diesen Erkenntnissen sind wir an einen zentralen Punkt gekommen. Hier treffen sich verschiedene Neigungen oder besser »Kräfte«:

Wir sehen, wie die Entlastungsreaktionen und -bedürfnisse der Schüler sich treffen mit den sozusagen »normalen« und tradierten Spielen um Schule und Lernen. Sie gehen geradezu nahtlos ineinander über und verstärken sich gegenseitig. Das bedeutet eine weitere Erschwernis für Lernen und Lehren.

Daneben wird deutlich, dass diese Spiele in der Schule und um den Lehrer herum zumeist die Fortsetzung derselben Spiele in der Familie darstellen. In ihr geht es ja ähnlich um Lernen und Folgen, um Durchsetzung, Verweigerung und Autorität in allen ihren Spielarten. Kinder können sich in der Schule kaum viel anders verhalten, als sie es zu Hause geübt haben und im Alltag der Gesellschaft erleben. Wachsen sie auf mit wenig realitätsgerechten Vorstellungen von Lernen und von Autorität, ist mit dem Verhalten in der Schule zugleich der Schulerfolg stark gefährdet. So große Unklarheiten und Meinungsverschiedenheiten über Erziehung und Autorität, über Lernen, Ziele und Maßstäbe hat es in einer Gesellschaft bisher wohl noch nie gegeben. Die entsprechende Verunsicherung dringt bei uns uneingeschränkt überall durch. Für die Schüler heute sind darum die Voraussetzungen, am Lernen Gefallen zu finden und Lernerfolge zu erzielen, so schlecht wie noch nie für eine Generation vor ihnen.

Hier wird deutlich: Lehrer, Lernen und Schule sind nicht als isolierte Teilstücke im Gesellschaftsrahmen zu sehen. Sie sind vielmehr auf das Engste mit der Gesellschaft verbunden und durch sie bestimmt, durch ihre Vorstellungen von Erziehung und Unterricht, durch ihre Normen und Werte. Schule ist so weitgehend nur Spiegelbild der Gesellschaft. Sie muss mit dem fertig werden, was ihr angeboten, zugeschoben und erlaubt wird. Soll sie es besser machen, als es sonst in der Gesellschaft üblich ist und für richtig gehalten wird, muss man das laut und öffentlich sagen und muss ihr dazu alle erforderlichen Mittel an die Hand geben. »Disziplin« allein reicht bei Weitem nicht aus.[186] Die Unklarheiten und Streitigkeiten in der Gesellschaft und gerade die ungelösten Probleme um Autorität und um die »richtige« antiautoritäre Erziehung schlagen voll auf die Schule durch. Sie reduzieren den Schulertrag, sie wirken jedoch als »Belastung« weit über ihn hinaus, und das für alle Beteiligten, für Schüler, Lehrer und Eltern wie für Kultusminister, Bildungspolitiker und Parteiführer und letztlich für jeden einzelnen Bürger. Wir sind alle gleichermaßen die »Gefangenen« dieser Verhältnisse – und die »Verlierer«. Seit PISA spüren wir das vielleicht irgendwie; wir können das nur noch nicht »sehen« oder wollen es nicht recht wahrhaben. Zeigt sich hierin auch die ungute Neigung zur »Wahrnehmungsverweigerung«[187]?

---

[186] B. Bueb 2006 und M. Brumlik (Hg.) 2007.
[187] Burandt 1999, S. 62; Zitat bei Kap. 3., Punkt 6.4.2.

2.3 Grundsehnsüchte der Lehrer

2.3.1 Zu den ungünstigen Arbeitsbedingungen

Über Grundsehnsüchte der Lehrer, ihre Erfüllung oder Nichterfüllung kann fundiert erst gesprochen werden, wenn man sich über die Arbeitsbedingungen einigermaßen im Klaren ist. Dazu lege ich jetzt aus neueren Untersuchungen zwei Aussagen vor:

Die beiden Psychologen Uwe Schaarschmidt und Ulf Kieschke haben sich intensiver mit dem Thema Lehrergesundheit auseinandergesetzt und darüber ein Buch geschrieben. Dabei haben sie sich auch mit den ungünstigen Arbeitsbedingungen befassen müssen. Zu diesen zählen sie das hohe »Pflichtstundendeputat«[188], das »problematische Schülerverhalten«[189], den Mangel an Unterstützung durch Eltern und Öffentlichkeit[190], wiederholte Lehrerschelte von Politikern[191], das »Sozialklima« in der Schule[192], die Einengung »durch ein Korsett von Reglementierungen, Vorschriften und Bevormundungen, wie das in anderen akademischen Berufen kaum vorstellbar ist«, dazu die »Reformwut«[193] und die unzureichende Fort- und Weiterbildung[194]. Mit all dem summieren sich die Belastungen, die »zu Lasten der Lehrergesundheit, aber auch zu Lasten der Qualität der Lehrerarbeit gehen«[195]. Ein neues »Arbeitszeitmodell« wird gefordert.[196] Über Belastungswirkungen wird eindringlich gesprochen.[197]

Von Joachim Bauer als Neurobiologen lege ich zusätzlich Zitate vor:

- »Kollegien, in denen der eine oder die andere den von außen kommenden ›Spaltungsangeboten‹ erliegt, paralysieren sich so Stück für Stück selbst.«[198]

- »Es muss gewährleistet sein, was ich selbst noch bei keiner Schule erlebt habe: ein funktionierender, den Anforderungen eines Qualitätsmanagements (QM) entsprechender Umgang mit Klagen.«[199]

---

[188] U. Schaarschmidt u. a. 2007, S. 772.
[189] A.a.O., S. 36.
[190] Ebd.
[191] A.a.O., S. 37.
[192] A.a.O., S. 70 und 9.
[193] A.a.O., S. 36.
[194] A.a.O., S. 74.
[195] A.a.O., S. 73.
[196] Ebd.
[197] A.a.O., besonders S. 34–37.
[198] J. Bauer 2007, S. 62.
[199] Ebd., S. 62.

- »Die Unterstützung, die sich Lehrerinnen und Lehrer in einem Kollegium gegenseitig geben sollten, lässt sich allein durch bürokratische Maßnahmen (z. B. die QM-Prozedur) nicht erreichen.«[200]
- »Die folgenreichste Spaltungslinie wird in den meisten Kollegien durch die unterschiedlichen pädagogischen Stile der Lehrkräfte erzeugt: [...] In der Regel klafft der größte Graben zwischen den eher konservativ eingestellten, im Unterricht vorwiegend strikt und bestimmend agierenden Lehrkräften einerseits und den liberaler gesinnten, im Unterricht eher gewährend und etwas lockerer agierenden Lehrkräften andererseits. Zwischen diesen beiden ›Parteien‹ entwickeln sich in unzähligen Schulen regelrechte Grabenkämpfe.«[201]
- »Das dringend nötige gemeinsame Sprechen von Lehrkräften über Schülerinnen und Schüler findet leider viel zu wenig statt.«[202]
- »Was Lehrer krank macht, ist ihr Einzelkämpfertum. ›Viele Lehrer haben Angst, ihren Unterricht zu öffnen und sich anderen anzuvertrauen, wenn es schlecht läuft. Hier ist partnerschaftliches Verhalten der Schulleitung gefragt. Doch so verstandene Personalführung und Teamentwicklung sind leider nicht die Norm.‹«[203]
- »Etwa ein Drittel aller Lehrer scheidet, überwiegend wegen psychischer und psychosomatischer Erkrankungen, viele Jahre vor Erreichen der Altersgrenze vorzeitig aus dem Beruf.«[204]
- »Der Auftritt eines Lehrers/einer Lehrerin in der Klasse gleicht in gewisser Weise dem eines Löwen- oder Tigerbändigers in der Manege. Aber – bildete man Dompteure so aus, wie wir derzeit in Deutschland Lehrer ausbilden, hätten sie keine Chance, lange zu überleben.«[205]

2.3.2 Sehnsucht nach Geborgenheit

- Die meisten Lehrer im Westen sind Beamte auf Lebenszeit. Das beinhaltet eine erhebliche Absicherung im Falle von Krankheit, gegen Arbeitslosigkeit und alle Nöte des Lebens, betrifft aber auch nur das Äußerliche. Das sollte man nicht unterschätzen und ebenso nicht überschätzen. Den Lehrern im Osten fehlt diese Art von Absicherung zumeist.

[200] A.a.O., S. 63.
[201] Ebd.
[202] A.a.O., S. 73.
[203] Ebd., Zitat aus Schaarschmidt, S. 73.
[204] A.a.O., S. 75; über das krank Machende solcher Arbeitsbedingungen berichtet H. Sopp, vgl. hier unter Kap. 3, Punkt 2.1.1.
[205] A.a.O., S. 77.

- Lehrer konnten sich früher in ihrem Wissen und Können geborgen fühlen, dazu in ihrer Übereinstimmung mit ihren Kollegen, im Schutz ihrer Vorgesetzten und in ihrer allgemeinen Akzeptanz in der Gesellschaft. Diese Zeiten sind vorbei. Jeder steht und fällt, muss man fast sagen, für sich allein.
- Die Angriffe auf Lehrer und Benotungen im Internet haben eine neue Runde der Verunsicherung eingeleitet.

2.3.3 Sehnsucht nach Bestätigung durch die eigene Lebensleistung

- Bestätigung erfuhren die Lehrer früher vor allem durch die Lernfortschritte ihrer Schüler und durch die stetige Verbesserung und Intensivierung der Zusammenarbeit mit ihnen. Seit der gesellschaftliche Konsens über Erziehungsziele und -stile ins Rutschen gekommen ist und die Schüler sich z.T. der Mitarbeit verweigern oder sich gar gegen den Lehrer stellen, sind die Erfolgserlebnisse für den Lehrer mager geworden, Frust und Belastung sind sprunghaft gestiegen.
- Die vielfach geäußerte Kritik an den Schulerfolgen und am Engagement der Lehrer hat ihrem Ansehen sehr geschadet; dies erschwert ihnen zusätzlich die Arbeit.

2.3.4 Sehnsucht nach Freiheit

- In der Gestaltung des Unterrichts sind die Freiräume stark eingeschränkt. Vielfach werden Projekte und Unterrichtsformen gefordert, für die die Lehrer nicht ausgebildet sind und die im Ganzen mit weniger Ertrag auch weniger Befriedigung versprechen.
- In der Gesellschaft wird vielfach verlangt, »Leute von außen« in die Schulen zu holen. Das fordert z.B. auch W. Bergmann.[206] Das ist die Abwertung der Lehrer und die Absage an das sonst überall selbstverständliche Prinzip des Arbeitens mit dem »Fachmann«, ein Rückfall in vorwissenschaftliche Denk- und Vorgehensweisen.
- Mit der Einführung der »Eigenverantwortlichen Schule« soll, z.B. in Niedersachsen, der »Schulvorstand« die Verantwortung übernehmen, die Lehrer verlieren die Stimmenmehrheit; das ist auch wieder die Absage an den »Fachmann« und sein Wissen und Können, eine Abwertung und zugleich die Aufwertung des Dilettantismus.[207]

---

[206] Hier unter Kap. 3, Punkt 2.2.3.1.
[207] Bei handwerklichen Tätigkeiten traut man sich das nicht zu!

2.3.5 Mängelbilanz, Mängeldiskussion und Fazit

Die Grundsehnsüchte der Lehrer bleiben weitestgehend unerfüllt. Die Gründe sind prinzipiell dieselben wie schon bei den Schülern festgestellt. Aber es gibt doch eine Reihe von Besonderheiten, die durch den Beruf als solchen, durch die Art der ganz persönlichen Berufsausübung und durch das individuelle Selbstverständnis des Lehrers bestimmt sind. Sie erschweren die Erfüllung der Grundsehnsüchte unter den heutigen Umständen:

- Die Arbeitsbedingungen der Lehrer sind, wie dargestellt, besonders ungünstig. Aber davon will keiner etwas wissen, darüber herrscht Schweigen. Damit zeigen alle Verantwortlichen faktisch ihr Desinteresse an einer Steigerung der Qualität der Schularbeit und an der Erhöhung der Effizienz im Ganzen. Das ist ein bemerkenswerter Fall von Arbeitgeberverhalten – der zudem noch jahrzehntelang besteht und in der Öffentlichkeit kaum kritisiert wird. Da werden Informationen unterdrückt, Vernebelung wird gesucht.

- Die Schüler haben gute Gründe, mit den Verhältnissen im Schulbereich und mit der Unterrichtssituation im Ganzen unzufrieden zu sein und das zum Ausdruck zu bringen. Sie haben für all das nur eben nicht den richtigen Adressaten. Sie haben nur ihre Lehrer vor sich, die sind darum die Opfer; an ihnen müssen sie Frust, Ärger und Zorn auslassen.

- Die Lehrer haben noch weniger als die Schüler ein persönlich fassbares Gegenüber, an das sie sich wenden und an dem sie ihre Entlastungsreaktionen loswerden könnten. Die Schulleitung ist immer der Stärkere. Das gilt ebenso für die Schulaufsicht, den Kultusminister und das Parlament. Dazu sind die alle auch weit weg und kaum angreifbar. So bleiben die Lehrer mit ihrem Frust allein. Sie fressen ihn in sich hinein, werden darüber krank, bescheren den Schülern massiven Stundenausfall, gehen vorzeitig in Pension und kosten den Staat – und uns alle – zusätzliche Millionen. Mit einer solchen Entwicklung ist niemandem gedient.

- Bei dem Ganzen spielen auch einige Ideologien eine Rolle:
  - Am wichtigsten ist wohl die Forderung nach der antiautoritären Erziehung, wie man sie allgemein versteht. Sie verlangt für den Schüler große Freiräume und vom Lehrer und von der Schule vor allem Verzicht auf »Autorität« und auf alle Verhaltensweisen, die damit in Verbindung gebracht werden könnten.
  - Wichtig ist daneben die alte Vorstellung vom Lehrer als »Einzelkämpfer«, die ihn relativ selbständig neben den Kollegen und dem ganzen Kollegium sieht und die wenig Platz hat für intensivere Absprache und

Kooperation und schon gar nicht für gegenseitige Hilfe und gezielte Hilfeleistung durch die Schulleitung.
- Bei den Männern spielt womöglich noch der alte Männlichkeitsanspruch eine Rolle: Jungen weinen nicht! Selbst ist der Mann! Klagen gibt es nicht! Schwäche darf man nicht zeigen, nicht dem Fachkollegen, dem man doch eher imponieren möchte, und schon gar nicht der Schulleitung, der man auch nicht besonderes Wissen und Können meint zutrauen zu dürfen.

Der Lehrer neigt im Ganzen dazu, sich mit seinem Beruf und gerade mit seinem Unterricht zu identifizieren. Wenn etwas schiefgeht, zumal in seinem Unterricht, wird das leicht als persönliche Niederlage empfunden. Es nagt am Berufs- und Selbstverständnis. Darüber spricht man nicht gern. Das sähe nach Entblößung oder Selbstpreisgabe aus, und damit möchte man sich nicht dem Gerede der Kollegen aussetzen, weder derer mit der Stärkefassade noch der anderen, der vermeintlich Schwächeren.

- In der Schule ist es bisher kaum üblich, dass sich Lehrer gegenseitig im Unterricht besuchen und darüber sprechen. Das ist oft zeitlich auch kaum einzurichten. So bleibt alles hinter geschlossenen Türen. Es fehlt die Übung, den eigenen Unterricht dem kollegialen Gespräch zu stellen und Anregungen und Kritik zu akzeptieren. Entsprechend groß sind die Empfindlichkeiten. Das Ganze kann auch nur funktionieren, wenn alle die gleiche Sprache sprechen und von der gleichen Wissensbasis und den gleichen Vorstellungen über Ziele, Verfahren und Werte ausgehen – heute unvorstellbar! Und das zu aller Lasten!
- In den Kollegien ist vielfach noch die Einsicht unterentwickelt, dass man aufeinander angewiesen ist, dass man das Gespräch pflegen, sich gegenseitig unbedingt Hilfestellung geben und fest zusammenstehen muss: Nur dann kann man gegen besonders lernunwillige oder aufsässige Schüler, gegen aufgebrachte Eltern, gegen wenig verständnisvolle Aufsicht und überaus kritikfreudige Medien bestehen und den Auftrag der Fächer und der Schule erfüllen.
- Schulleitungen sind in den wenigsten Fällen dafür vorgebildet, in den immer bunt gemischten Kollegien die widerstreitenden Interessen, Kräfte und Kenntnisse der verschiedenen Lehrer und Lehrergruppen zu einem möglichst hohen Maß an Konsens und Kooperation zusammenzuführen, ein ausgeprägteres Wir-Gefühl anzuregen und alle Kollegen für Geschlossenheit in Auftreten und Handeln zu gewinnen. Schulleitungen sind auch immer in die Hierarchie eingebunden und haben Anweisungen zu befolgen. Supervision ist noch kaum üblich.

- Als Nachwuchs für die Schule und gerade für das Gymnasium finden sich immer noch oder immer wieder gut oder sehr gut begabte junge Leute, die an ihren Fächern interessiert sind und sich engagiert ihren Aufgaben stellen. Ihre Stärke und zugleich ihre Schwäche ist, dass sie sich nur bedingt von diesen Aufgaben distanzieren können und Schlappen persönlich nehmen. Dadurch überfordern sie sich leicht, was bis hin zu Burnout, Krankheit und Frühpensionierung führen kann. Das betrifft überproportional die Frauen.[208]
- Die Ausbildung ist offenbar noch kaum auf die neuen Schulverhältnisse abgestimmt, z. B. mit intensiver Nutzung aller Arten von Hilfen für Lernen und Entwicklung, mit Erfolgskontrollen und Rückmeldung und mit Anteilen von Training zum »Dompteur«, wie Joachim Bauer spottend anmerkt.[209]
- Den Verantwortlichen und der Gesellschaft insgesamt ist infolge der allgemeinen Wissensdefizite zu wenig klar, dass sie den Lehrern weithin den Rücken stützen müssten, noch gar, wie das sinnvoll zu tun sei. Das ist das pädagogisch und politisch gleichermaßen heiße Eisen der »Sanktionen«.

Fasst man das alles zusammen, heißt das: Es fehlt den Lehrern und der Schulaufsicht bis hin zum Minister an einschlägigen Kenntnissen im weiten Bereich der Psychowissenschaften sowie der Sozial- und Arbeits- und Kommunikationswissenschaft, es fehlt an Information, Kommunikation und Kooperation. Mit dem Abbau dieser Defizite wären die Grundsehnsüchte der Lehrer weithin zu erfüllen, damit wäre die Steigerung des Schulertrags einzuleiten.

Diese Diagnose hätten Unternehmensberater mit dem Insiderwissen »Schulpraxis, Schulpolitik und Schulwissenschaften« schon vor Jahrzehnten stellen und den Weg zur Abhilfe weisen können. Aber solche Leute gibt es bis heute nicht, die spezielle Nachfrage fehlte. Wahrscheinlich fehlt es vor allem an Einsicht in das Erfordernis solchen Investierens und in den zu erwartenden Nutzen.

2.3.6 Das Fazit

Die Grundsehnsüchte der Lehrer, ihre »Mindestansprüche in der Sphäre des Beruflichen« nach H. Sopp, können bei allen diesen Gegebenheiten nicht erfüllt werden. Die entsprechenden »Wohlbefindensstörungen« sind in allen ihren Erscheinungsformen zu diagnostizieren und bereits diagnostiziert. Der Arbeitsertrag der Lehrer und die Effizienz von Schule allgemein bleiben damit weit unterhalb des Wünschenswerten und des unter anderen Umständen Erreichbaren. Wissensdefizite und Führungsfehler blockieren den Erfolg.

---

[208] Schaarschmidt u. a. 2007, S. 26.
[209] J. Bauer 2007, S. 77.

2.4 Grundsehnsüchte der Kultusminister

2.4.1 Vom Konsens im »tradierten pädagogischen Erfahrungswissen« ab 1968 in den Dissens

2.4.1.1 Das Fehlen von Erfolgskriterien

Jeder Kultusminister hat den Wunsch nach Erfolg ebenso wie jeder andere Mensch. Er hat es nur sehr viel schwerer, diesen Wunsch erfüllt zu bekommen oder ihn sich selbst zu erfüllen, denn bei uns ist gerade seit 1968 ganz unklar und geradezu strittig, was für ihn »Erfolg« ist oder sein kann. Das kann von den verschiedenen Gesichtspunkten aus sehr unterschiedlich beurteilt werden. Es gibt dafür keinen allgemein akzeptierten Maßstab mehr, und nicht einmal einzelne Erfolgskriterien sind diskutiert und unstrittig. Das sind die Arbeitsbedingungen des Kultusministers. Sind sie damit sinnvoll und – zumutbar?

2.4.1.2 Erschwerte Arbeitsbedingungen ab 1968

Der Kultusminister hat als Anfänger normalerweise wahrscheinlich drei Seelen in seiner Brust und damit drei verschiedene Wünsche: Zum einen ist er ein »Mensch« und hat eigene Zielvorstellungen. Zum anderen hat ihn seine Partei in diese Position geschickt in der Erwartung, er werde ihre Ziele erfüllen; und diesen Wünschen nachzukommen muss auch für ihn ein wichtiger Wunsch sein. Zum Dritten stellen das Amt und seine Aufgaben als solche ihre Ansprüche an den »Minister«. Das erzeugt von vornherein Zielkonflikte.

Ein besonderer Glücksfall wäre es, wenn alle drei Ziele die gleichen wären, also in einem zusammenfielen. Dann könnte der Minister mit dem Anpeilen und Erreichen dieses Ziels alle drei Grundsehnsüchte zugleich erfüllen, und für Schule, Schüler und Gesellschaft wäre ein Höchstmaß an Effizienz zu erwarten. Dafür muss allerdings eine Grundbedingung erfüllt sein: Im ganzen Schulbereich muss alles transparent sein; es darf praktisch nichts unklar oder gar strittig sein. Die Wahl des »Richtigen« oder »Nötigen« muss für ihn selbst wie für die Mehrheit der Beteiligten und der Bürger selbstverständlich sein und so »im allgemeinen Konsens« erfolgen. Ein solcher Konsens ist immer da gegeben, wo das »tradierte pädagogische Erfahrungswissen«, wie es zu nennen ist, noch »Gemeingut« ist, es also ungetrübt die Wissens- und Urteilsbasis für die gesamte Gesellschaft darstellt. Das ist jenes Wissen, das seit jeher von einer Generation an die nächste weitergegeben, von dieser geprüft und womöglich leicht modifiziert wieder an die nächste weitergereicht wird, die komprimierte Erfahrung vieler Generationen. Mit diesem Wissen hat bisher jede Gesellschaft die spezifisch pädagogischen Herausforderungen ihrer Gegenwart gemeistert.

Ein solches Wissen ist mit seinem Konsens bei praktisch allen Völkern in der Welt vorhanden, auch bei unseren Nachbarn und bei den PISA-Siegerstaaten; denn bei ihnen werden alle Fragen von Schule und Erziehung noch weithin auf dieser Basis angegangen und entschieden, und das lässt nur wenig Spielraum für Sonderexperimente.[210]

Bei uns hat es dieses »tradierte pädagogische Erfahrungswissen« natürlich auch gegeben, zwar nicht unter diesem Namen, aber faktisch. Es ist jedoch ab 1968 im Zusammenhang mit den Studentenunruhen zu Recht als vorwissenschaftlich und damit als überholt gekennzeichnet und zusammen mit vielem anderen Tradierten und manchen Werten regelrecht abgerissen worden. Die überfällige »Modernisierung« wurde in Aussicht gestellt, die »Verwissenschaftlichung« als Chance, bei dieser Gelegenheit die Erkenntnisse der modernen Wissenschaft in Schule und Gesellschaft zu tragen und sie für alle auf allen Ebenen nutzbar zu machen und zu nutzen, wurde jedoch verpasst. Dabei lag dafür schon der von Heinrich Roth herausgegebene Sammelband »Begabung und Lernen«[211] bereit. So konnten sich überall pädagogische Moden und verschiedenste Ideologien breitmachen. Seitdem ist in Schule und Erziehung alles unklar und strittig, Ziele und Teilziele wie Verfahren, Maßstäbe, Werte. Es herrscht der Dissens. Joachim Bauer spricht sogar von »regelrechten Grabenkämpfen in unzähligen Schulen«[212]. Das ist die Situation, in der die Kultusminister heute und schon lange ihren Aufgaben nachkommen und die Erfüllung ihrer Grundsehnsüchte suchen müssen.

Ich stelle die entscheidenden Punkte noch einmal gesondert heraus:

- Das »tradierte pädagogische Erfahrungswissen« ist abgeschafft, mit ihm viele Werte und Normen der Vergangenheit. Damit ist eine Leerstelle entstanden.
- Die Erkenntnisse aus der modernen Grundlagenforschung sind der Öffentlichkeit nicht bekannt gemacht worden und können so nicht genutzt werden.[213] Der bewusste Schritt in die Moderne ist nicht einmal ansatzweise versucht.
- Der alte gesellschaftliche Grundkonsens in allen Fragen von Erziehung und Schule hat seine Basis verloren, ein neuer Grundkonsens ist noch nicht gesucht.
- Pädagogische Moden und verschiedene Ideologien haben sich in die Leerstelle eingeschlichen und sich in ihr breitgemacht, sie beanspruchen Gültigkeit.

---

[210] Zu diesem Konsens vgl. hier unter Kap. 3, Punkt 5.3.
[211] H. Roth (Hg.) 1969.
[212] J. Bauer 2007, S. 63.
[213] Material dazu liegt vor in Kapitel 2.

- Die politischen Parteien haben sich schon lange als eigenständiger Machtfaktor im Staat etabliert, sie sind vor allem an der Nutzung und Stabilisierung ihrer Machtposition interessiert.
- Jetzt und schon lange herrschen in allen Fragen von Schule und Erziehung Unklarheit, Unsicherheit und Orientierungslosigkeit; das Fehlen von fundiertem Wissen und von Maßstäben hat Platz gemacht für Ignoranz und Arroganz, für Besserwisserei, Machtansprüche, Intoleranz und Machtdurchsetzung, praktisch für einen Krieg aller gegen alle oder eben der Mächtigen gegen die Schwachen.
- Mit diesen Verhältnissen sind wir nicht nur weit entfernt von allen Ansprüchen der Moderne, sondern sogar noch weit zurück hinter dem »tradierten Erfahrungswissen« der Generationen vor uns und gerade auch unserer Nachbarn. Über teilweise unbefriedigende PISA-Ergebnisse und über die Klagen über Schule und über jugendliche Gewalttäter brauchen wir uns also nicht zu wundern.

2.4.2 Zwänge und Zielkonflikte

Der Kultusminister sitzt so stets zwischen starken Zielkonflikten. Zusätzlich machen sich die Zwänge des jeweils Gegenwärtigen bemerkbar: Das ist der Zeitdruck, das absehbare Ende der Amtszeit spätestens mit dem Ablauf der Wahlperiode. Das sind zum anderen die Erwartungen der Regierungspartei, die sich vom Kultusminister zunehmend mehr die Erfüllung ihrer Vorstellungen und eine Stärkung ihrer Machtposition erhofft. Und das sind zum Dritten die Gesellschaft und die Medien, die gerade wegen ihrer Uninformiertheit immer wieder Neues hören, aber selbst eigentlich nicht dazulernen wollen. Durch all das werden die längerfristigen Aufgaben wie z.B. umfassende Aufklärung und Information und nachhaltige Hilfe für die Schüler immer wieder in den Hintergrund gedrängt. Jeder Kultusminister hält sich entsprechend vor allem im tradierten Rahmen und versucht daneben für die richtige »Optik« zu sorgen, für das Image mit der Rücksicht auf die Mehrheitsmeinung.

2.4.3 Der Kultusminister neuen Typs ohne Zielkonflikt – und mit Erfüllung

Die Gegenposition zu allen anderen vertritt der Kultusminister, der sich von vornherein – ohne Zielkonflikt – als »Dienstleister« versteht, als Helfer für die Schüler, für seine Mitarbeiter und für uns Bürger, der überall das Gespräch und die Information sucht und selbst zu lernen und allgemein das Lernen anzuregen bemüht ist. Seine Fragen lauten so vor allem: Wie kann ich bei meinen Mitarbeitern, im Ministerium, in der Schule, bei den Eltern und in den Medien das vorhandene Wissen und Können, die langjährige Erfahrung und das Sachengagement optimal vernetzen, weiterentwickeln und nutzen? Wie kann ich das neue Lernen in Gang bringen, die Leute dafür interessieren und mit ihnen über die Dinge in vertrauensvolles Gespräch kommen? Wo und wie kann ich Sachkenner von außen heranholen und ihr Wissen und Können für alle fruchtbar machen? Wie kann ich Vorausdenker gewinnen und fördern? Wie kann ich breite Kooperation fördern, gemeinsame Vergewisserung in der Gesellschaft, Konsens und Absprachen? Wie kann ich kreativ den schulischen Fortschritt befördern und die Zukunft für uns alle sichern helfen?

Ein solcher Mensch hat schon im Vorfeld für eigene Fortbildung gesorgt. Er hat von mittelgroßen Unternehmen Angebote zur zeitweiligen Mitarbeit als Assistent der Geschäftsleitung oder des Vorstandes erhalten. Die Parteiführung hat zugeredet. So hat er Probleme und Praxis in der Unternehmensführung, in Mitarbeiterqualifizierung, Mitarbeiter-Vorschlagswesen, Innovationsbemühen, Kundenbetreuung und Kosten-/Gewinnrechnung kennengelernt. Mit diesem Wissen, einem modernen Amtsverständnis und einem zeitgemäßen Menschen- und Weltbild tritt er sein Amt an. Damit kann er bei Schülern und Lehrern für die Erfüllung ihrer Grundsehnsüchte sorgen und zugleich für die eigenen als Person und als »gute Autorität«.

Sein Modell findet Nachahmer und Interessenten. Bald werden Kurse angeboten für Ministeraspiranten und Politaufsteiger, für führende Beamte in Ministerium und Schulaufsicht. So kommt der Wissenstransfer ins Rollen, er wirkt tief in die Gesellschaft hinein und öffnet für uns alle die Zukunft. Aber – auf einen solchen Kultusminister warten wir derzeit immer noch vergebens!

3 Aus der Neurobiologie: »Gelingende Beziehung«, Kommunikation, Kooperation

3.1 »Prinzip Menschlichkeit – Warum wir von Natur aus kooperieren«[214]

3.1.1 Zum Rahmen

Von den Entdeckungen in der Neurobiologie berichtet Joachim Bauer in der Auswertung fremder und eigener Untersuchungsergebnisse in seinem Buch.[215] Mit dem Untertitel macht er klar, was das Neue ist: Wir sind von unserer neu-

---

[214] Bauer 2006.
[215] Bauer ist sowohl für innere Medizin als auch für Psychiatrie habilitiert. Er ist in der Abteilung für psychosomatische Medizin am Universitätsklinikum Freiburg tätig. Für seine neurobiologischen Forschungsarbeiten erhielt er 1996 den renommierten Organon-Preis der Deutschen Gesellschaft für Biologische Psychiatrie.

robiologischen Natur aus auf Kooperation angelegt. Wir wissen das bisher nur noch nicht und verhalten uns im Alltag nicht danach. Wenn wir aber anfangen, uns danach zu verhalten, so ist der Schluss, müssten ungeahnte Kräfte freigesetzt werden können. Dann müssten wir z. B. auch die Grundsehnsüchte aller im Schulbereich Beteiligten mindestens weitgehend erfüllen können; wir müssten überhaupt die Qualität überall sehr steigern können, zumal im gesamten Bereich der Schule. Zum Verständnis von Einzelheiten und Zusammenhängen bringe ich zuerst Zitate aus dem Buch zum Allgemeinen.

3.1.2 Zitate zum Allgemeinen

- »Wir sind – aus neurobiologischer Sicht – auf soziale Resonanz und Kooperation angelegte Wesen. Kern aller menschlichen Motivation ist es, zwischenmenschliche Anerkennung, Wertschätzung, Zuwendung oder Zuneigung zu finden und zu geben.«[216]
- [Eine Reihe von neueren Beobachtungen, R.B] »lässt den Menschen als ein in seinen zentralen Antrieben auf gelingende Beziehung hin orientiertes Wesen erscheinen«[217].
- »Nichts aktiviert die Motivationssysteme so sehr wie der Wunsch, von anderen gesehen zu werden, die Aussicht auf soziale Anerkennung, das Erleben positiver Zuwendung und – erst recht – die Erfahrung von Liebe […] Die Motivationssysteme schalten ab, wenn keine Chance auf soziale Zuwendung besteht.«[218]
- »Das Bemühen des Menschen, als Person gesehen zu werden, steht noch über dem, was landläufig als Selbsterhaltungstrieb bezeichnet wird.«[219]
- »Eine besondere Form sozialer Resonanz ist das gemeinsame Lachen.«[220]
- »Die stärkste und beste Droge für den Menschen ist der andere Mensch.«[221]
- »Die Untersuchung zeigt, wie nachhaltig Erfahrungen von Lieblosigkeit und Vernachlässigung im Körper auf längere Zeit abgespeichert werden und welche Spuren sie in den Motivationssystemen hinterlassen.«[222]
- »Wer Menschen nachhaltig motivieren will […], muss ihnen die Möglichkeit geben, mit anderen zu kooperieren und Beziehungen zu gestalten. Dies hat weit reichende Konsequenzen für die Arbeitswelt, für das Führungs-

---

[216] A.a.O., S. 21.
[217] Ebd.
[218] A.a.O., S. 35.
[219] A.a.O., S. 37.
[220] A.a.O., S. 38.
[221] A.a.O., S. 52.
[222] A.a.O., S. 55ff.

verhalten von Vorgesetzten und Managern, für das Medizinsystem und für die Pädagogik.«[223]
- »Beziehungskrisen und Verluste beeinflussen nicht nur die Motivations-, sondern auch die Stresssysteme des Körpers. Kurzfristige Aktivierungen der Stressantwort haben keine nachteiligen Folgen, im Gegenteil. Ohne Herausforderungen hätten wir keine Möglichkeit, uns vor uns selbst und unseren Mitmenschen zu bewähren, deren Anerkennung zu erhalten und auf diesem Wege unseren Motivationssystemen ein lohnendes Ziel zu bieten.«[224]
- »Intakte soziale Netzwerke schützen die Gesundheit und erhöhen die Lebenserwartung. Ungewollte Einsamkeit macht krank [...] Einsamkeit gehört zu den stärksten Einflussfaktoren, die im Alter den Blutdruck und das Herzattackenrisiko ansteigen lassen.«[225]
- »Aggression steht im Dienste sozialer Beziehungen, sie dient deren Verteidigung. Sie kommt immer dann ins Spiel, wenn Bindungen bedroht sind, wenn sie nicht gelingen oder fehlen.«[226]
- »Der Zusammenhang zwischen Beziehungsgeschehen und Aggression ist auch neurobiologisch nachweisbar.«[227]
- »Vertrauen schafft Vertrauen, Misstrauen und Ablehnung begünstigen Aggression.«[228]
- »Gewalthandlungen – sowohl bei Kindern und Jugendlichen als auch bei Erwachsenen – treten vor allem dann ein, wenn Personen bedeutsame Bindungen abhanden zu kommen drohen oder wenn eine Gemeinschaft sie nicht aufnehmen will oder ausstößt.«[229]
- »Sozial ›konstruierte‹ Lebewesen wie der Mensch reagieren auf den Ausschluss aus der Gemeinschaft nahezu identisch wie auf körperlichen Schmerz. Das Gehirn macht zwischen ›social pain‹ und ›physical pain‹ kaum einen Unterschied.«[230]
- »Gewaltbereitschaft entsteht vor allem dadurch, dass Individuen selbst Gewalt erlebt haben.«[231]
- »Wenn ein immer größerer Teil der Kinder keine verlässlichen Beziehungs-

[223] A.a.O., S. 61.
[224] A.a.O., S. 66–67.
[225] A.a.O., S. 68.
[226] A.a.O., S. 73.
[227] A.a.O., S. 74.
[228] A.a.O., S. 75.
[229] A.a.O., S. 77.
[230] A.a.O., S. 78–79.
[231] A.a.O., S. 81.

erfahrungen machen kann, nur auf Desinteresse stößt und sich als überflüssig erlebt, ist das, was an Jugendgewalt derzeit in allen westlichen Ländern zu beobachten ist, möglicherweise nur ein Vorgeschmack.«[232]

- »Eine zweite Chance, der ewigen Wiederholung der erwähnten Muster [von weitergegebenem Verhalten, R. B.] zu entgehen, ist die Psychotherapie. Sie wirkt nicht nur auf das psychische Erleben, sondern auch auf die neurobiologischen Strukturen des Menschen.«[233]
- »Auf gelingende Beziehungen gerichtete Formen des Umgangs in Wirtschaft und Gesellschaft werden auf längere Sicht nur dann Attraktion und Überzeugungskraft entfalten, wenn die empirisch gesicherten Erkenntnisse zum Thema Kooperation vertieft und vermehrt werden.«[234]
- »Erste Voraussetzung für Beziehung ist Sehen und Gesehenwerden [...] die zweite ist die gemeinsame Aufmerksamkeit: Sich dem zuwenden, wofür sich eine andere Person interessiert [...] die dritte ist die emotionale Resonanz, also die Fähigkeit, zu einem gewissen Grade auf die Stimmung eines anderen einzuschwingen oder andere mit der eigenen Stimmung anzustecken [...] die vierte ist das gemeinsame Handeln [...] die fünfte ist das Verstehen von Motiven und Absichten.«[235]
- »Um jemanden zu verstehen, bedarf es [...] vor allem auch des Gesprächs [...] Jede Beziehung sollte ein zweispuriger Weg sein. Die ›Gegenspur‹ im Auge zu behalten heißt, den anderen zu sehen, erkennen und sich auf ihn einlassen [...] Auch man selbst sollte darauf achten, gesehen, d. h. als Person erkannt zu werden, auch man selbst wünscht sich Interesse, Anteilnahme [...] Dazu muss man den Mut haben zu signalisieren, was man will und welche Vorstellungen und Absichten man hat.«[236]
- »Dort, wo Menschen – z. B. als Führungspersonal, in der Medizin, in der Schulpädagogik, in der Psychotherapie, in der Seelsorge – Verantwortung für andere tragen, sollte die Fähigkeit, Beziehungen zu gestalten, zur Meisterschaft entwickelt sein.«[237]
- »Oberste Maxime [einer gesellschaftlichen Wertordnung, R. B.] muss sein, dass Kooperation und Menschlichkeit vor maximaler Rentabilität rangieren.«[238]
- »Ein durch Transparenz, faires Verhalten und dosiertes Vertrauen gepräg-

---

[232] A.a.O., S. 90–91.
[233] A.a.O., S. 172.
[234] A.a.O., S. 175.
[235] A.a.O., S. 193.
[236] A.a.O., S. 193–194.
[237] A.a.O., S. 196.
[238] A.a.O., S. 203.

ter Führungsstil hat positive Auswirkungen auf die psychische und körperliche Gesundheit von Mitarbeitern und ist zugleich Voraussetzung für die Erzeugung von Motivation. Erlebte Unfairness zerstört bei Mitarbeitern Loyalität und erzeugt stattdessen Aversion und Aggression.«[239]
- »Motivation als Grundhaltung wird in nicht geringem Maße auch dadurch beeinflusst, ob Menschen das Gefühl haben, dass ihre Arbeit bzw. das, wofür sie arbeiten, grundsätzlich sinnvoll ist.«[240]
- »Führung erfordert den Mut, sich zu gesetzten Zielen zu bekennen und persönlich für sie einzutreten [...] Zum Führungsverhalten gehört auch die Kunst, bei Mitarbeitern – aber auch Kollegen – Mitverantwortung für die Beziehungsgestaltung einzufordern.«[241]
- »Wenn es Mitarbeiter oder Kollegen erkennbar auf Konfrontation oder einen Machtkampf abgesehen haben, ist zu klären, ob Selbstkorrekturen auf Seiten der Führungsebene zur Wiederherstellung von Loyalität und Kooperation führen können. Falls nicht, empfiehlt es sich, einen Konflikt offen zu benennen und mit allen Konsequenzen auszutragen.«[242]
- »Für die offensichtliche Misere unseres schulischen Bildungssystems« wird in »einer von Politikern, Verwaltungsfachleuten und den Statistikern der OECD dominierten Diskussion eine Lösung vor allem in bürokratischen Maßnahmen gesucht: Abhilfe schaffen sollen einheitliche Bildungsstandards, bessere Kontrollen des Bildungsgeschehens und ein erhöhter Druck auf die Lehrkräfte, so als hätten die bisher nicht gewusst, wann Kinder welche Bildungsinhalte beherrschen sollten, oder als wären sie bisher nicht bereit gewesen, diese Inhalte zu vermitteln. [...] Einheitliche Bildungsstandards werden das Problem nicht lösen [...]. In den Klassenzimmern unserer Schulen gelingt es vielerorts kaum noch, manchmal überhaupt nicht mehr, eine Situation herzustellen, in der motiviertes Lehren und Lernen möglich wäre. Der Kern der Misere ist die zunehmende Schwierigkeit, die Beziehung zwischen Lehrkräften und den ihnen anvertrauten Kindern und Jugendlichen so zu gestalten, dass ein produktiver Unterricht stattfinden kann. Einer der wichtigsten Gründe dafür ist in der allgemeinen Situation für Kinder und Jugendliche außerhalb der Schule zu suchen. Dies zeigt sich u.a. darin, dass sie in hohem Maße mit gesundheitlichen Problemen und Verhaltensauffälligkeiten zu tun haben.«[243]

---

[239] A.a.O., S. 204.
[240] Ebd.
[241] A.a.O., S. 206.
[242] A.a.O., S. 207.
[243] A.a.O., S. 208–209.

- »Kinder brauchen Bezugspersonen, die sie mögen und die sie erziehen. Bezugspersonen stehen aber oft nicht ausreichend zur Verfügung, insbesondere die Väter.«[244]
- »Über viele Jahre hinweg wurde durch weit verbreitete Fehleinschätzungen erheblicher Schaden angerichtet. Eine in der Nach-68er-Zeit entstandene Legende besagt, Kinder entwickelten sich am besten, wenn man ihnen maximale Freiräume gebe, was meistens bedeutete, dass man sich nur noch wenig um sie kümmerte und sie weitgehend sich selbst überließ.«[245]
- »Zu den kulturellen Formen des Lebens gehören nicht nur die Künste, sondern auch die vielfältigen Formen des sozialen Zusammenwirkens. Sie umfassen die Erziehung unserer Kinder zur Menschlichkeit, die Bildung, ethisches Management im Bereich der Wirtschaft und die Bereitschaft, uns in materieller und gesundheitlicher Not gegenseitig zu unterstützen.«[246]
- »Zu den Irrtümern, die sich bis heute gehalten haben, zählt Charles Darwins Grundannahme, die Evolution habe Konkurrenz, Kampf und Selektion zum zentralen Impetus lebender Systeme gemacht, und alles, was die lebende Natur entstehen lasse, müsse in diesem Rahmen gesehen werden.«[247]
- »Nicht der Kampf ums Dasein, sondern Kooperation, Zugewandtheit, Spiegelung und Resonanz sind das Gravitationsgesetz biologischer Systeme.«[248]

3.1.3 Zitate zum Speziellen aus Joachim Bauers »Lob der Schule«[249]

- »Lebenslust, Motivation und die Bereitschaft, sich für ein Ziel anzustrengen, entstehen in einem Menschen nicht von selbst.«[250]
- »Biologische Systeme – also auch der Mensch – sind keine durch Gene programmierten Selbstläufer [...] Gene sind Kooperatoren und Kommunikatoren.«[251]
- »Entscheidende Voraussetzungen für die biologische Funktionstüchtigkeit unserer Motivationssysteme sind das Interesse, die soziale Anerkennung und die persönliche Wertschätzung, die einem Menschen von anderen entgegengebracht werden.«[252]

---

[244] A.a.O., S. 210.
[245] A.a.O., S. 211.
[246] A.a.O., S. 223.
[247] A.a.O., S. 123. Gerade mit dieser These setzt sich Bauer sehr intensiv in einem ganzen Kapitel S. 95–131 auseinander.
[248] A.a.O., S. 139.
[249] J. Bauer 2007.
[250] A.a.O., S. 16.
[251] A.a.O., S. 17.
[252] A.a.O., S. 19.

- »Kinder und Jugendliche erhalten die für die Motivation so wichtige Anerkennung und Wertschätzung im Rahmen zuverlässiger persönlicher Beziehungen zu ihren Bezugspersonen, in der Regel zu Eltern oder anderen Angehörigen, zu Lehrern und anderen Mentoren.«[253]
- »Kinder wollen auch eine klare Auskunft darüber haben, was wir von ihnen erwarten [...] Wir sollten das hegen und pflegen, was das Leben von ihnen fordern wird: Begeisterungsfähigkeit, Kreativität, Pfiffigkeit, Hilfsbereitschaft, kritisches Denken, Fleiß, Durchhaltevermögen, Unbestechlichkeit, Konfliktbereitschaft, Empathie, Fairness und Sportlichkeit.«[254]
- »An der Art und Weise, wie sie von ihren Eltern und Lehrern wahrgenommen werden, erkennen Kinder und Jugendliche nicht nur, wer sie selbst sind, sondern vor allem auch, wer sie sein könnten, d. h. worin ihre Potenziale und Entwicklungsmöglichkeiten bestehen [...] Sie verwerten beides – sowohl das unmittelbare Vorbild handelnder Erwachsener als auch die Spiegelung ihres eigenen Bildes, die sie von ihren Bezugspersonen erhalten –, um so Stück für Stück ein ›Selbst‹ zu entwickeln und zu einer Persönlichkeit zu werden. Dies ist der Kern dessen, worum es in Erziehung und Bildung geht.«[255]
- »Für einen solchen Prozess müssen erwachsene Bezugspersonen vorhanden sein; sie müssen aber auch als ›Menschen mit Eigenschaften‹ erkennbar werden. Ausstrahlung entwickeln und eine Vorbildfunktion erfüllen kann als Erwachsener aber nur, wer als Person vital auftritt, das Leben liebt, wer weiß, wie man Probleme löst, sich für Ziele begeistern kann und für Lebensstile und Werte eintritt, die er oder sie für richtig hält. Dabei muss sie oder er zugleich menschlich bleiben, darf also keine Gewalt ausüben, andere nicht demütigen und eigene Schwächen nicht verleugnen.«[256]
- »Eltern und Pädagogen mit solchen Eigenschaften erzeugen – über das System der Spiegelzellen – im Kind bzw. im Jugendlichen Resonanz, sie können eine Flamme entfachen und Begeisterung entzünden.«[257]
- »Fleißig zu sein und etwas zu lernen ist kein Vergnügen, sondern mit zahlreichen Momenten erheblicher Unlust verbunden. Es gehört zu den zentralen Aufgaben von Eltern und Lehrern, die anstrengenden Strecken des Übens zu begleiten, dass das Kind nicht auf halber Strecke ›verhungert‹ und aufgibt.«[258]

[253] A.a.O., S. 20.
[254] A.a.O., S. 21.
[255] A.a.O., S. 26–27.
[256] A.a.O., S. 27ff.
[257] A.a.O., S. 28.
[258] A.a.O., S. 38.

- »Hilfe und Ermutigung, Anspruch und Zuwendung sind erstrangige Stimuli für die Motivationssysteme des Kindes.«[259]
- »Was als pädagogisches Prinzip seine vollständige Unbrauchbarkeit erwiesen hat, nämlich das auf Druck basierende hydraulische Prinzip, hat sich in den letzten Jahren zu einem gern benutzten Instrument der Kultusbürokratie entwickelt.«[260]
- »Wahre Autorität ist ein Mysterium. Eine Mischung aus Persönlichkeit, Sensibilität, Wissen, Stimmung.«[261]
- »Der Lehrerberuf verlangt eine Balance zwischen verstehender Zuwendung und Führung [...] Führung bedeutet die Notwendigkeit, Werthaltungen zu vertreten, Ziele zu formulieren, Schüler zu fordern, als Lehrkraft mutig zu diesen Forderungen zu stehen und Kritik zu üben, Schülerinnen und Schülern dabei aber Mut zu machen und sie in ihren Anstrengungen zu unterstützen.«[262]
- »Zwischen diesen beiden Parteien [den eher konservativ eingestellten und den liberaler gesinnten Lehrkräften, R.B.] entwickeln sich in unzähligen Schulen regelrechte Grabenkämpfe.«[263]
- Zusatz: Aufzugreifen ist hier der Grundsatz aus dem Einleitungskapitel: »Letztlich lassen sich alle Probleme auf das Thema Kommunikation herunterbrechen. Eine lernende Organisation passt sich an und hat die Kommunikation als zentrales Element.«

3.1.4 »Begleitung« und »Autorität«, Kommunikation und Kooperation als Forderungen an Erwachsenenverhalten

Die Forderungen aus diesen Zitaten fasse ich in einigen Punkten zusammen:
- Kinder und Jugendliche brauchen für ein optimales Aufwachsen nicht möglichst viel »freie Wildbahn« und persönliches Ungestörtsein, sondern sie brauchen den relativ ständigen und persönlichen Kontakt mit erwachsenen Bezugspersonen, die für sie sorgen, die ihnen die nötigen (Lern-)Impulse zukommen lassen, an die sie sich halten und an denen sie sich orientieren können.
- Eltern und Lehrer haben dabei prinzipiell dieselben Aufgaben. Sie sollen die Beziehung zum einzelnen Kind suchen und sie in ihrer Gegenseitigkeit pflegen. Sie sollen dem Kind Kommunikation und Kooperation anbieten

---

[259] A.a.O., S. 39, vgl. auch Kapitel 3, Punkt 2.2.2.4.
[260] A.a.O., S. 43, z.B. auch mit der Verkürzung der Gymnasialzeit.
[261] A.a.O., S. 52, nach Frank McCourt.
[262] A.a.O., S. 54.
[263] A.a.O., S. 63.

und sie ihm schmackhaft machen. Sie sollen es dabei seine Erfolge erleben und es daran seine Freude haben lassen. Das sind sehr allgemeine Lernprozesse und Lernanforderungen.
- Die speziellen Lernanforderungen in der Schule müssen die Lehrer stellen. Bei der Lernarbeit müssen sie dann die Balance halten zwischen Zuwendung hier und Forderung und Führung da, beides ist auf seine Weise unverzichtbar. Lehrer haben dabei einerseits Mut zu machen zum geforderten Tun und andererseits bei diesem Tun zu helfen und es sozusagen zum Erfolg zu führen.
- Kinder brauchen immer wieder Erwachsene als »Modelle«, im lebendigen Umgang wie in der Ferne, in der Realität wie in der Literatur, an denen sie sich orientieren, an denen sie mindestens teilweise und zeitweise lernen und an denen sie sich gegebenenfalls auch »abarbeiten« und »reiben« können. Das ist Identifikationslernen. Zu ihm gehört auch der Wechsel der Modelle, der Identifikationswechsel.
- Ob man solche Erwachsenen »Autoritäten« nennt oder andere Ausdrücke dafür benutzt, ist nicht wichtig. Entscheidend ist, dass solche Erwachsenen vorhanden sind und sie sich als ganze Person für das Geforderte zur Verfügung stellen.[264] Sie müssen dafür aber auch gesellschaftlich unterstützt werden.
- Will man das alles in einer Formel zusammenfassen, heißt das: Kinder brauchen Anforderungen, Führung und Unterstützung je nach Bedarf gleichermaßen. Sie brauchen »Autorität« oder »Autoritäten« und brauchen lange so etwas wie persönliche Begleitung, und das sowohl als Lernbegleitung als auch als Angebot für Lebensbegleitung.

3.2 Gelingende Beziehung, Kommunikation und Kooperation in Gesellschaft und Politik

Zur gelingenden Beziehung gehören von einer bestimmten Stufe an auch die Sprachbeherrschung und der differenzierte Sprachgebrauch, um über die Kommunikation die Kooperation zuverlässig erreichbar zu machen. Solche Kommunikation hat überall ihren Platz, in Familie, Arbeitsleben und Gesellschaft. So wünschen sich z. B. ein »kommunikatives Miteinander immer mehr Unternehmer für ihre Mitarbeiter. Immerhin 45 Prozent der deutschen Führungskräfte, die das Meinungsforschungsinstitut Gallup im Jahr 2004 befragte, machen Kommunikationsmängel als größtes Produktionshindernis aus.«[265]

[264] Dazu W. Bergmann 2005, vgl. hier unter Kap. 3, Punkt 4.
[265] St. Brunner in *DIE ZEIT* vom 16.10.2008, S. 82.

In der Arbeitsmedizin wird zu den Grundsehnsüchten gezählt das Bedürfnis nach Erfolg bei der Arbeit und nach Bestätigung durch Erfolg.[266] Für alle Arten von Arbeit sind also Erfolgskriterien und eine Leistungsbewertung mit Lob und Kritik nötig. Da reichen aufmunternde Blicke und anerkennendes Nicken nicht. Da muss Gelungenes und weniger Gelungenes klar bezeichnet werden. Kritik kann und soll dem Kritisierten helfen, ein realistisches Bild von sich selbst und von seiner Arbeitsleistung zu gewinnen. Kritik darf aber nie mit dem Heruntermachen der Person enden, sondern soll immer Hilfe sein auf dem Wege zur Verbesserung der Leistung und zum Vertrautwerden mit der Welt der Realitäten. Und Loben, auch in Kleinigkeiten, kann Wunder wirken. Da ist Sparsamkeit am falschen Platze. Man spricht ja auch von »Hochloben«.

Zur Sache berichtet z. B. noch *DIE ZEIT*: »Allein, weil erwartetes Lob und aufmunternde Bemerkungen ausbleiben, so Johannes Siegrist, Schweizer Professor für Medizinsoziologie, würden 10 bis 30 Prozent der Arbeitnehmer unter emotionalem Stress leiden. So wird Arbeitskraft vergeudet.«[267] Die Bedeutung alles dessen für die Wirtschaftlichkeit und für uns alle kann also gar nicht überschätzt werden.

Modell oder Sinnbild für das wünschenswerte Verhalten des »Leistungsträgers« – so soll der »Übergeordnete« in einer Beziehung genannt werden – ist die Mutter, die ihr Baby immer wieder herzt und küsst, es anlächelt, streichelt und es anspricht und damit seine Gegenreaktionen herausfordert – bis hin zur Kommunikation und Kooperation in dem Maße, wie es größer und dazu fähig wird und bis dahin, dass es selbst einst diese Rolle übernimmt.

Das Bemühen um gelingende Beziehung, Kommunikation und Kooperation muss in der engeren und weiteren Familie beginnen. Es muss dann über Kinderhort und Kindergarten in die Schule hineingetragen werden und weiter in Ausbildung und Beruf, in Gesellschaft und Politik. Nur wenn das überall zur Selbstverständlichkeit wird und die Kinder von Anfang an in diese Verhaltensweisen eingewöhnt werden, können sie danach überall anderswo die entsprechenden Signale richtig verstehen und auch in der Schule gleich und angemessen darauf reagieren.

Natürlich sind diese Forderungen keine »Selbstläufer«, weder bei Einzelnen noch in der Gesellschaft. Sie müssen als Ziel allgemein bekannt sein, bewusst gesucht und gepflegt werden. Das verlangt intensive und breite Information und öffentliche Diskussion. Mancher kann das nicht von Natur aus, er muss das erst lernen. Dafür muss es dann auch die entsprechenden Trainingsange-

---

[266] Vgl. hier unter Kap. 3, Punkt 2.
[267] St. Brunner s. o.

bote und die Supervision geben, für Lehrer wie für Schulleiter und für Führungskräfte allgemein.[268]

Dabei ist klar: Ohne das bewusste Zutun und Mitmachen der Gesellschaft ist nicht auszukommen. Schule kann nicht *ohne* oder *gegen* die Gesellschaft existieren, sondern nur *in* und *mit* ihr, und sie kann die erwünschten Erfolge nur *mit ihr* erzielen.

Dem Lehrer kommt bei dieser Entwicklung eine Schlüsselrolle zu. Er muss auf jede Weise versuchen, den Schüler für die Kooperation – und für das Lernen – zu gewinnen. Dazu muss er dem Schüler Mut machen, ihm versichern, dass er die gesetzten Ziele erreichen könne, dass sich das Lernen lohne und er, der Schüler, sich dabei auf den guten Willen des Lehrers und auf sein fachliches Wissen und Können verlassen könne. Der Lehrer hat dann für den Erfolg zu sorgen und den Schüler von den ersten Erfolgen zu den nächsten zu führen, möglichst zu einer unendlichen Kette von Erfolgserlebnissen. Dazu gehören gezielt Lob und Kritik.[269]

In diesem Prozess der Kooperation und dank der Erfolgserlebnisse wächst beim Schüler das Vertrauen zum Lehrer und zugleich auch das Vertrauen in die eigenen Kräfte und Fähigkeiten. Die Grundsehnsucht nach Sicherheit und Geborgenheit am Arbeitsplatz kann er immer wieder als erfüllt erleben. Mit dem Erleben immer neuer Erfolge kann auch die Grundsehnsucht nach Erfolg befriedigt werden. Und wenn der Schüler im Laufe der Lernzeit aufgrund seiner Erfolge und Erfolgserlebnisse immer selbstbewusster und fähig wird, Aufgaben zunehmend selbständig anzugehen und zu lösen, kann er auch das Gefühl von »Können« und von »Freiheit« bei sich spüren. Er hat Sinnerfahrung gemacht und Selbstbestätigung erfahren. So kann er die Grundsehnsucht nach Freiheit als erfüllt erleben.

3.3 Gewinnversprechen für alle

Gelingende Beziehung kommt in erster Linie, darin besteht ja auch ihr Hauptziel, dem Leistungsempfänger zugute, also gerade dem Kind und z. B. dem Schüler. Anfangs wird er solches Verhalten als selbstverständlich hinnehmen. Irgendwann wird ihm jedoch auch bewusst werden, dass und wie ihm geholfen wird. Dann fängt er an, diese Art der Förderung und den Menschen dahinter zu schätzen, der ihm so hilft und sich als Objekt für Beobachtung und Kritik zur Verfügung hält. Und das kann zu Gefühlen der Dankbarkeit und

---

[268] J. Bauer u. a.: »Gesundheitsprophylaxe«, o. J.
[269] Vgl. dazu die altbekannten Ausführungen von J. Johannesson: »Über die Wirkung von Lob und Tadel auf Leistungen und Einstellungen von Schulkindern«, in Fr. E. Weinert (Hg.) 1967, S. 336ff.

zu Anhänglichkeit führen, die er nun mehr oder weniger offen zeigen und mit denen er seinem »Förderer« eine Art »Belohnung« zurückgeben kann.

Den Gewinn für den Leistungsträger gibt es auch. Lehrer haben z. B. mit den Lernfortschritten ihrer Schüler ihrerseits die eigenen Erfolgserlebnisse, erfahren Bestätigung für ihr ganzes Tun, für ihr Engagement wie für ihr Wissen und ihr Können. Sie können damit alle Arten von Grundsehnsüchten als erfüllt erleben, und das beflügelt ungemein. Und wenn nun Zeichen von Anerkennung und Dank von den Schülern hinzukommen, ist das die doppelte Belohnung.

Anerkennung, Dank und Anhänglichkeit der Schüler können auch der ganzen Schule gelten. Das kann sich weiter günstig auf das Betriebsklima auswirken; es dient dem Ruf der Schule, ihrer Leitung und ihrem Programm und damit auch ihrem »Profil«, den die Schule prägenden Fächern. Und das alles kann dem Schulwesen im Ganzen, dem zuständigen Minister und den Bildungspolitikern die Bestätigung geben.

So stellt Bauer seine Forderungen natürlich auch an die Führungspersonen.[270] Für die Kultusminister heißt das: Verbesserungen im Schulbereich können nicht mit obrigkeitlichem Gebaren und Anordnungen und als rein innerschulische Prozesse gelingen, sondern nur im Zusammenhang mit gesamtgesellschaftlichen Lernprozessen. Das heißt, Minister und Lehrer haben gemeinsam die in der Vergangenheit übersehen und die neu hinzugekommenen wissenschaftlichen Erkenntnisse aufzuarbeiten und zu nutzen. Die Bürger müssen durch Information und das breite Gespräch gewonnen werden, sie sollen die Entwicklungen verstehen und mittragen. Ziel ist: mit der Schulreform zusammen die Wissens- und Kommunikationsgesellschaft, Präsenz und Akzeptanz »guter Autorität« und ein neues Miteinander und Füreinander. Jede Annäherung daran hat ihre Belohnung in sich und bedeutet Gewinn für alle.

---

[270] J. Bauer 2006, S. 61, 196, 206, 208.

4 Aus Kindertherapie, Neurobiologie und PISA-Schülerbefragung: Kinderbedürfnisse nach Autorität, Zuwendung und Lernbegleitung

4.1 Entdeckung von Kinderbedürfnissen nach Autorität, Zuwendung und Lernbegleitung

4.1.1 Zitate

Wolfgang Bergmann war Erziehungswissenschaftler, geboren 1948. Er leitete als Kindertherapeut das »Institut für Kinderpsychologie und integrative Lerntherapie« in Hannover. Zu Erziehungsfragen hat er eine Reihe von Büchern geschrieben. Von seinen neueren Beobachtungen berichtet er: »Das deutsche Erziehungsmilieu ist seit einiger Zeit von Kälte gegenüber Kindern gekennzeichnet.«[271] Gleichzeitig möchte er »diesen Beitrag all den Lehrern widmen, die sich aufmerksam und einfühlend ihren Schülern zuwenden«[272]. Von seinen persönlichen Erfahrungen spricht er ausführlich in der Zeitschrift *Chrismon*. Daraus wird im Folgenden zitiert:

- »Bei meiner Patientin [vor zehn Jahren; R B.] habe ich endgültig begriffen, dass die Zeiten der ewigen Autoritätsdebatten endgültig vorbei sind. Kids und Teens verstehen unter Autorität etwas ganz anderes als wir in unserer Kindheit. Autoritäten erscheinen nicht mehr bedrohlich. Man nimmt sie einfach zur Kenntnis, weicht ihnen aus […] und hat zugleich Sehnsucht nach ihnen.«
- »Wir brauchen einen neuen Lehrertyp: autoritär, aber nicht spießig. Leicht ist das nicht. Autorität stützt sich heute ausschließlich auf die eigene Person. Man kann auch Persönlichkeit sagen, Authentizität oder sonst was.«
- »Die Jugendlichen haben einen ernsthaften Wunsch nach Autorität.«
- »Ein guter Lehrer […] benötigt Klarheit und Eindeutigkeit, Autorität eben. Pädagogische ›Einfühlung‹ hilft den Schülern gar nicht. Sie wollen jemanden, an dem sie nicht vorbeikommen. Der in diesem Bildertaumel stabil bleibt.«
- »Also, Türen und Fenster auf. Konkret: Holt interessante Menschen in die Schulen! Beispielsweise Handwerker.«

Und über sich selbst sagt Bergmann: »Ein Schock! Dazu muss man wissen, dass ich in strikt liberal-evangelischem Denken aufgewachsen bin, den drit-

---

[271] In M. Brumlik, HG 2007, S. 33ff.
[272] Ebd. S. 33.

ten antiautoritären Kindergarten mitbegründet habe [1969, R.B.], dann von straffälligen Jugendlichen in einem Berliner Therapieheim mit den härteren Seiten des Lebens konfrontiert wurde.«

4.1.2 Auswertung und Schlussfolgerungen

Aus der Auswertung dieser Ausführungen ergibt sich:

- Bergmann fordert als erfahrener Therapeut Autorität in der Erziehung ein. Er benutzt dieses Wort bewusst sogar mehrfach in seinen Ausführungen. Er folgt damit den Erkenntnissen, die er schon anderswo formuliert hat.[273] Er fordert »moderne Autorität als begrenzte Autorität«[274] in Verbindung »mit Gelassenheit und Großzügigkeit«[275].

- Bergmann spricht zweimal von dem »Schock«, den er selbst bei den Aussagen der Kinder und bei seinen Erfahrungen mit ihnen bekommen hat. Er hat gemerkt, dass die bei uns vorherrschenden und auch von ihm selbst lange Jahre vertretenen Vorstellungen und Praktiken von Erziehung schon länger nicht mehr der Wirklichkeit gerecht werden, also defizitär und einseitig sind. Sein ungläubiges Staunen über diese Entdeckung zeigt er auch in der Überschrift mit der Formulierung »allen Ernstes«.

- Bergmann kritisiert die Kälte und Distanz, die »das deutsche Erziehungsmilieu kennzeichnet«[276], und verlangt demgegenüber Zuwendung, Nähe und Wärme.

- Er macht deutlich, dass er dazugelernt hat. Er vertritt nachdrücklich die Wünsche der Jugendlichen und verlangt von uns allen entsprechendes Lernen und Verhalten.

- Er bleibt leider weitgehend bei den persönlichen Erlebnissen und Beobachtungen im Bereich von Familie und Schule stehen. Darüber hinaus fordert er praktisch nur einen neuen Lehrertyp und will die Schule für neue Menschen öffnen, z.B. für Handwerker. Letzteres mag für die Hauptschule schon lange sinnvoll sein, löst aber die Probleme im Ganzen nicht, z.B. mit PISA. Hier zeigt sich vielmehr die gravierende Missachtung des »Prinzips des Fachmanns«, das arbeitsteiliges Wirtschaften so erfolgreich machen kann. Bergmann nimmt hier auch nicht das größere Ganze in den Blick: Schule, Gesellschaft und Politik in ihren Zusammenhängen. Dabei bleiben Hintergründe unerkannt.

---

[273] W. Bergmann 1958, ähnlich M. Winterhoff 2010.
[274] Bergmann., S. 180.
[275] A.a.O., S. 185.
[276] In M. Brumlik (Hg.) 2007, S. 33.

Die Schlussfolgerungen, die Bergmann (selber m. E. nur teilweise) zieht, sind etwa folgende:

- Kinder und Jugendliche »haben einen ernsthaften Wunsch nach Autorität«[277], sie benötigen Autorität, und das überall, in der Familie wie in der Schule.
- Autorität der neuen Art, »gute Autorität«[278], muss darum in den Vorstellungen und Praktiken der Erwachsenen überall, in Familie, Schule und Gesellschaft, den Platz bekommen, der ihr zusteht und der für unsere Kinder notwendig ist.
- Kinder »brauchen jemanden, an dem sie nicht vorbeikommen«[279], also den Erwachsenen, der Nähe und Zuwendung lebt, aber auch »Macht« hat.
- Das Miesmachen von Autorität und das Bemühen um ihre Abschaffung seit Ende der 1960er-Jahre ist also ein Fehler, über den gesprochen und der bereinigt werden muss.

4.2 Entdeckung derselben Kinderbedürfnisse bei Joachim Bauer

4.2.1 Zitate und Auswertung[280]

Die schon besprochenen Forderungen Bauers gehen in die gleiche Richtung wie die von W. Bergmann. Er kritisiert als Neurobiologe z. B. »die in der Nach-68er-Zeit entstandene Legende, Kinder entwickelten sich am besten, wenn man ihnen maximale Freiräume gebe«[281], und ebenso eine »in den 1980er-Jahren aufgekommene Fehleinschätzung, dass die Entwicklung von Kindern biologisch, durch die Gene, determiniert sei, dass Kinder von allein Kompetenzen entwickeln und daher auf sich selbst gestellt bleiben und mit relativ wenig elterlicher Zuwendung zurechtkommen können«[282]. Darum wirbt er für »gelingende Beziehung und Kooperation«[283], und das nicht nur in seinen Büchern. Er vertritt diese Forderungen auch öffentlich, vor allem in Schulen im Freiburger Raum. Zusammen mit Th. Unterbrink hat er »ein Manual für ein Training entwickelt, welches Lehrerinnen und Lehrern, aber auch Lehramtsstudenten und Referendaren helfen kann, ihre Fähigkeiten im Bereich Beziehungsgestaltung am Arbeitsplatz zu verbessern

---

[277] W. Bergmann in *Chrismon* 8/2007, S. 24.
[278] W. Bergmann 2008.
[279] In *Chrismon* 8/2007, S. 24.
[280] J. Bauer 2007.
[281] J. Bauer 2006, S. 211.
[282] Ebd.; vgl. auch hier bei Kap. 3 3.1.2. In der Sache spricht das auch z. B. gegen das Konzept der »freien und demokratischen Schule«, für die derzeit viel geworben wird.
[283] In beiden Büchern.

und so ihre Gesundheit zu schützen«[284]. So wirbt er massiv und persönlich gegen verbreitete Schwächen in der Beziehungsgestaltung bei Lehrern und Eltern.

4.2.2 Gleichheit der Entdeckungen: Schwachpunkte in der antiautoritären Erziehung

Die Kritik beider Autoren an den bestehenden Verhältnissen und ihre Forderungen nach Veränderung zielen in dieselbe Richtung. Dabei kommen sie von ganz unterschiedlichen Ansatzpunkten her, Bauer aus der neurobiologischen Forschung und Bergmann von seinen Erfahrungen in der Praxis als Kindertherapeut. Beide bestätigen sich gegenseitig.

Beide sehen selbst den enormen Praxisbezug ihrer Erkenntnisse und die Radikalität ihrer Forderungen, formulieren jedoch auf das Ganze hin eher zurückhaltend. Tatsächlich kritisieren sie mit ihren Einzelheiten nichts anderes als die ungünstigen Nebenwirkungen dessen, was bei uns seit Jahrzehnten an Vorstellungen und Praktiken in Familie, Schule und Gesellschaft als gültig angesehen und gefordert wird. Das sind viele Forderungen der antiautoritären Erziehung. Beide Autoren liefern damit den Nachweis für Schwachpunkte oder Grenzen in dieser Erziehungsphilosophie.

Im Ergebnis ist das als revolutionär zu bezeichnen. Es ist nicht weniger revolutionär als Bauers unerbittliche und sehr eingehende Kritik an Darwins Thesen zum »war of nature« und dem »Kampf ums Überleben«[285]. Denn viele Verhaltensweisen, die seit rund 40 Jahren im Erziehungsbereich bei uns und in anderen Ländern als fortschrittlich gelten, müssen von nun an offensichtlich sehr kritisch gesehen und neu hinterfragt werden.

Für das Gewicht dieser Problematik und das verbreitete Interesse an ihr spricht z. B. auch der große Widerhall, den Bernhard Bueb mit seinem Buch gefunden hat.[286] Es enthält tatsächlich in Einzelheiten und im Grundlegenden eine Vielzahl wichtiger Beobachtungen und Hinweise zur Bewältigung von Praxisproblemen. Aber es hat auch seine Einseitigkeiten, greift die größeren Zusammenhänge nicht auf und vermeidet die Auseinandersetzung mit der antiautoritären Erziehung als solcher. So hat das Buch heftige Reaktionen auf der Gegenseite hervorgerufen, nachzulesen vor allem bei Micha Brumlik.[287]

---

[284] J. Bauer: »Gesundheitsprophylaxe«, und dazu in *Profil* 7/8 (2008), S.40.
[285] J. Bauer 2006, S. 98ff.
[286] B. Bueb 2007.
[287] M. Brumlik (Hg.) 2007.

4.3 Die PISA-Entdeckung: Unzureichende Unterstützung unserer Schüler durch ihre Lehrer, Schülerklagen bei Befragung

4.3.1 Zitate und Rahmen

Im Rahmen von PISA gab es zusätzlich zur Auswertung der Leistungen der Schüler noch einige Befragungen zu den Arbeits- und Lernbedingungen. Von diesen berichtet die »Arbeitsgruppe ›Internationale Vergleichsstudie‹«.

- Bei einem der letzten Punkte gibt es z.B. »die Frage, ob und inwieweit die Schüler sich durch ihre Lehrerinnen und Lehrer in ihrem Lernprozess gestützt fühlen«[288]. Bei den Antworten darauf »treten zwischen den Vergleichsländern bemerkenswerte Differenzen zu Tage. Der dafür gebildete Index der Unterstützung durch die Lehrkräfte (bei dem der Ländermittelwert aller OECD-Länder bei 0,02 liegt) wird im Vereinigten Königreich mit 0,50 deutlich (im positiven Sinne) überschritten, von Frankreich mit -0,20 und von Deutschland mit -0,34 dagegen ebenso deutlich unterschritten. In keinem der anderen Vergleichsländer fühlen sich Schülerinnen und Schüler von ihren Lehrenden so wenig unterstützt wie in Deutschland.«

Tabelle II

	Indexwert
Kanada	0,31
Finnland	0,02
Frankreich	-0,20
Schweden	0,21
Vereinigtes Königreich	0,50
Niederlande*	-0,21
Deutschland	-0,34

* Die Beteiligungsgruppe ist zu niedrig, um die Vergleichbarkeit der Werte zu gewährleisten.

- In allen Staaten gibt es für die Schüler eine »Organisation von Unterstützungssystemen«[289].

Die »wachsende Bedeutung von Unterstützungssystemen in allen Referenzstaaten«[290] wird ausdrücklich betont. Deutschland bleibt dabei unerwähnt.

---

[288] Arbeitsgruppe 2003, S. 33: Tabelle.
[289] A.a.O., S. 102–114.
[290] A.a.O., S. 112.

4.3.2 Auswertung

Allein die Formulierung der Frage an die Schüler zeigt zweierlei:

- Man geht unter Pädagogen allgemein von der selbstverständlichen Annahme aus, dass die Schüler in ihrem Lernprozess von den Lehrkräften unterstützt werden und sich dies auch wünschen, es nutzen und zu schätzen wissen.
- Die Frage ist bewusst emotional formuliert: »Ob und inwieweit sich die Lernenden gestützt fühlen.«

Damit wird dem emotionalen Erleben der Schüler in der Schule und dem Schüler-Lehrer-Verhältnis ein besonderes Gewicht beigemessen.

Die Antworten zeigen, dass dieser Grundvorstellung der Pädagogen in den Ländern weithin entsprochen wird, wenn auch in unterschiedlicher Intensität. Die Unterstützung der Schüler gilt also als wichtiges Teilstück im Aufgabenbereich und im eigenen Aufgabenverständnis vieler Lehrer.[291]

In Deutschland wird eine derartige Unterstützung »so wenig« geleistet. In der Formulierung des Schlusssatzes des Berichts zeigt sich tatsächlich so etwas wie Verwunderung über die geringe Unterstützung der Schüler durch die Lehrer hierzulande. Das ist ein Indiz für die Einstellung der Berichterstatter. Aber es bleibt bei einem Indiz, weitere Ausführungen dazu finden sich nicht. Das galt wohl nicht mehr als Teil des Auftrags.

4.3.3 Die Folgen dieser geringen Unterstützung der Schüler und die Ursprünge in der antiautoritären Erziehung

Die Folgen machen wir uns an einigen Punkten klar:

- Für die Schüler wird das Lernen in den verschiedenen Lernprozessen wesentlich erschwert. Für sie wird es schwieriger, voranzukommen und Erfolge zu erringen.
- Schule wird als (unnötig) schwer empfunden, der Lehrer als Druckmacher. Das schafft Unlust und Abneigung gegen Lernen und Lehrer; es verstärkt Animositäten und die Neigung zu Aggression. Schüler und Lehrer kooperieren zu wenig miteinander, sie stehen eher gegeneinander. Derlei erschwert beiden Gruppen das Arbeiten und verwehrt ihnen Teile des möglichen Erfolges.

---

[291] Wo Schüler das Gefühl haben, stärker unterstützt zu werden, müsste ein vergleichsweise gutes Arbeitsklima herrschen, müsste gut kooperiert werden und relativ viel Erfolg errungen und erlebt werden. Die Lernprozesse werden dann wohl weithin lehrergeführt sein.

- Unter diesen Verhältnissen haben alle Schüler zu leiden, am meisten jedoch die lernschwächeren. Diese werden von Anfang an nicht hinreichend gefördert und entwickeln schnell Defizite. So wird ihre Abneigung gegen Schule und die Neigung zu Ausstieg und Schulabbruch eher bestärkt, als dass beidem bewusst entgegengearbeitet würde.
- Die Lehrer versagen sich mit dieser Zurückhaltung von vornherein einem nicht unwesentlichen Teilstück der ihnen eigentlich zugedachten Aufgaben, nämlich ihrer »Lehrerrolle«. Sie bleiben auf Distanz und beschränken sich, statt Zuwendung und Hilfe zu leisten – in der Sprache des Wettlaufs ausgedrückt – auf die Rolle des Startgebers am Anfang und die des Zeitnehmers und Auswerters am Ende der Leistungszeit. Das erschwert die Beziehungspflege im Menschlichen und fördert die Unzufriedenheit auf beiden Seiten.
- Das Nichtmitmachen der Schüler, der allgemeine Mangel an Kooperation, Unterrichtsstörungen und mancherlei Ärger mit den Schülern und ihren Eltern werden von den Lehrern als Belastungen erlebt. Das kann sich auf die Gesundheit negativ auswirken.
- Die Beamten in der Schulaufsicht sind weit entfernt von der Praxis und nehmen diese Probleme kaum wahr.
- Die gängigen Angebote zur Lehrerfortbildung decken diesen Teilbereich nicht ab.
- Die Effizienz der eingesetzten Mittel und Kräfte ist gering.
- Kultusminister und Schulpolitiker versprechen immer wieder eine Förderung namentlich der lernschwächeren Schüler. Aber statt pädagogischer Hilfen erleben Schüler, Lehrer und Eltern nur bürokratische Regelungen.
- Politiker und Meinungsmacher fordern Reformen gerade auf dem Gebiet der Strukturen mit Verlängerung der gemeinsamen Schulzeit für alle. Aber die besonderen Bedürfnisse der Schüler nach persönlicher Unterstützung in den Lernprozessen werden übersehen und bleiben ungestillt.[292]
- In der internationalen Bildungskonkurrenz werden unsere Schüler durch all das von vornherein massiv benachteiligt.

4.3.4 Ein Musterbeispiel für »pädagogische Tatsachenforschung«

Diese Erkenntnisse über ungenügende Unterstützung der Schüler bei uns sind nicht im Zuge der üblichen Grundlagenforschung gewonnen worden. Sie haben sich vielmehr zufällig ergeben als Nebeneffekt bei der Befragung einer großen Zahl von Schülern aus verschiedenen Ländern. Sie sind damit ein Bei-

---

[292] Vgl. die »Grabenkämpfe« in unzähligen Schulen, hier Kap. 3, Punkt 3.1.3.

spiel dafür, wie »pädagogische Tatsachenforschung« zufällig vonstattengehen und welchen Gewinn an Einsichten sie erbringen kann.

4.3.5 »Steigende Nutzung von Nachhilfeunterricht«

Unter dieser Überschrift heißt es in der 15. Shell Jugendstudie »Jugend 2006«: »Fast jeder vierte Schüler nimmt Nachhilfe. Im Vergleich zu 2002 sind es jetzt vor allem mehr weibliche Jugendliche [...] In den neuen Bundesländern ist der Anteil der Jugendlichen, die Nachhilfeunterricht erhalten, indes noch zurückgegangen. Dort ist es in 2006 nur noch jeder neunte. Dort fehlt den Familien offensichtlich oftmals das Geld, um sich Nachhilfeunterricht für ihre Kinder leisten zu können [...]. Entgegen bisherigen Ergebnissen zeigt sich in 2006, dass Jugendliche aus den unteren Schichten jetzt häufiger Nachhilfeunterricht wahrnehmen und auch Hauptschüler öfter diesen Zusatzunterricht beanspruchen [...] In 2006 bleibt die Frage unbeantwortet, welche finanziellen Aufwendungen für diesen Nachhilfeunterricht jeweils nötig sind.«[293] Immerhin wird mit diesen Zahlenangaben die Hilfsbedürftigkeit von Schülern deutlich.

4.4 Schülermisserfolg bei antiautoritärer und autoritärer Erziehung

4.4.1 Einzelheiten und Zusammenhänge

Die Erfahrungen und Folgerungen von W. Bergmann sind eindeutig. Aber es ist sinnvoll, dafür von der Seite der Schulpraxis her noch gesondert die Vergewisserung zu suchen. Das geschieht an Beispielen von Schülermisserfolg bei antiautoritärer wie bei autoritärer Familienerziehung und bei entsprechendem Lehrerverhalten.

4.4.1.1 Misserfolg bei antiautoritärer Familienerziehung

Kinder, die in der Familie weitgehend nach den Vorstellungen der antiautoritären Erziehung aufwachsen, sind darauf trainiert, keine Autorität anzuerkennen, auch nicht die eines Lehrers, oder irgendwelche Sach- oder Lernanforderungen. Sie sind wenig geneigt, sich Ordnungen und Lernzwängen zu fügen und Aufgaben zu erfüllen, die ihnen nicht besonders reizvoll erscheinen. Sie werden darum das systematische Lernen von Anfang an nicht sonderlich ernst nehmen. Sie lernen z. B. die Grundrechenarten und die auf ihnen aufbauenden Rechenoperationen nur unzureichend. In der weiterführenden Schule lernen sie dann im Unterricht der Fremdsprachen von Anfang an nicht genug Vokabeln und Grammatik. Und in den anderen Fächern verhalten sie sich kaum anders.

[293] Shell Deutschland Holding 2006, S. 70.

Die Kinder lernen damit insgesamt weder das Fachspezifische noch das Allgemeine, weder das Lernen an sich noch die dazugehörigen Arbeits- und Lerntechniken. Sie können auch nicht nötige Verhaltensweisen wie Fleiß, Aufmerksamkeit, Konzentrationsfähigkeit, Verstehen und Mitdenken trainieren. Sie entwickeln kaum so etwas wie ein Maßstabs- und Wertebewusstsein und kein Verständnis für den Lehrer und seine Aufgaben. Denn der Lehrer gilt ja als Vertreter der Erwachsenenwelt, ihrer Sachbereiche, Werte und Normen.

Solche Kinder erfahren damit in der Schule von Anfang an entsprechend wenig Erfolg und Motivation. Sie finden bei den Lehrern und ihren Mitschülern kaum Verständnis und entwickeln sich in der Gruppe leicht zu Außenseitern. Ihr Scheitern dokumentiert sich in der Nichtversetzung. Werden daraufhin die Defizite nicht behoben, was nur ein gezielter Nachhilfeunterricht zu leisten vermag, folgt das nächste Sitzenbleiben und früher oder später der Verweis von der Schule. Solche Schulabgänger finden kaum eine Lehrstelle und haben geringe Chancen auf eine befriedigende Zukunft.

Das ist auch von anderer Seite her plausibel zu machen: Antiautoritär erzogene Kinder lernen schon früh, Anstrengungen wie z.B. das Lernen zu vermeiden. Sie entwickeln dabei leicht die typische »Bequemlichkeitshaltung«. Eine solche kann sogar neurotisch werden und ist dann nur sehr schwer zu therapieren. A. Dührssen spricht ausdrücklich gerade darüber.[294]

Wir sehen: Antiautoritäre Erziehung ist, als Prinzip oder aus »gutem Glauben« in der Familie durchgezogen, für Kinder in einer »normalen« Schule und in unserer Gesellschaft nicht hilfreich, sondern geradezu schädlich. Eine Schule, die auf diese Erziehungsmethode setzt und damit auf Autorität für Lehrer, Ordnungen, Lernanforderungen und Lernhierarchien verzichtet, ist schlechterdings nicht vorstellbar. Antiautoritäre Erziehung stößt auch in der Gemeinschaft schnell an ihre Grenzen. Das wird umso deutlicher, wenn wir das Gegenteil betrachten.

4.4.1.2 Misserfolg bei autoritärer Familienerziehung

Kinder, die in einer stark autoritär geprägten Familienatmosphäre aufwachsen, sind feste Führung gewohnt und erwarten sie darum überall, auch von ihrem Lehrer. Der kann aber eine solche normalerweise, d.h. unter mitteleuropäischen Verhältnissen, nicht leisten. Der Schüler erklärt ihn darum bei sich schnell zum »Weichei«. Er nimmt die Führung an der lockeren Leine nicht an und versagt sich diesem Lehrer und dem Lernen. Wenn er dabei nicht rechtzeitig und klug gebremst wird, entwickelt er sich schnell zum Sitzenbleiberaspiranten und Schulversager. Die Chancen für sein weiteres Leben minimieren

---

[294] Dührssen 1967, S. 151, vgl. hier Kap. 2, Punkt 2.2.11.

sich. Zugleich kann er sich womöglich zu einer Art Gewalttäter entwickeln, wie er es aus seiner Familie kennt. Jungen sind dabei besonders gefährdet. Diese Probleme stellen sich besonders bei Zuwandererfamilien mit anderem Kulturhintergrund.

4.4.1.3 Gültigkeit der Beispiele
Beide Beispiele sind nicht konstruiert. Ich habe als Lehrer selbst beide Arten von Erziehungspraxis noch Ende des 20. Jahrhunderts in eigenen Klassen und bei Nachhilfeschülern erlebt, überwiegend bei Jungen mit gutem Begabungspotenzial. Ich habe jeweils nach den ersten Beobachtungen sofort das Gespräch mit den Eltern und besonders der Mutter gesucht. Aber das war nicht immer fruchtbar. Oft blieb nur der Rat, es mit dem Sohn in einem Internat zu versuchen. Das hat tatsächlich vielfach zu ungeahnten Erfolgen geführt – offenbar vor allem über die Zwangsdisziplinierung durch die Mitschüler, z. B. auch in englischen Internaten.[295]

Beide Beispiele bestätigen die Richtigkeit der Entdeckungen W. Bergmanns. Sie zeigen, dass Elemente von Autorität unabdingbar zur Erziehung dazugehören. Man muss diesen Begriff nur weit und deutlich genug fassen als »gute Autorität«.

4.4.1.4 Misserfolg bei antiautoritärem Lehrerverhalten
Schulische Misserfolge, die durch einseitige Familienerziehung vorprogrammiert sind, können auch durch Lehrerverhalten entsprechender Art verursacht werden.

Wo die antiautoritäre Erziehung die Forderung vertritt, das Kind müsse alles alleine machen, wird der Lehrer auf Distanz gehalten. Er darf nicht zu nahe an den Schüler herantreten, ihn nicht gesondert abfragen und nicht bei Antworten nachhaken. Er darf nicht so etwas tun wie überwachen, prüfen und kontrollieren. Der Lehrer erfährt darum nie, wo der Schüler seine besonderen Stärken, Schwächen oder Lücken hat und wo er dringend gefördert werden müsste. Die Folgen sind klar:

- Der Lehrer kann seine Zensuren für das Mündliche und die Zeugnisnoten nicht so gezielt und gerecht vergeben, wie es eigentlich sein sollte.
- Er lässt sich von einzelnen Schülern und ganzen Gruppen leicht »hinters Licht führen«.
- Er kann besonders die schwächeren Schüler nicht so fördern, wie er es sich selbst wünschte und wie es sein sollte.

[295] B. Bueb 2006, S. 88.

- Er scheut sich in dieser Situation, Zensuren im Extrembereich zu vergeben, also »1«, »5« oder »6«. Er bleibt immer irgendwo im Mittelbereich, in dem er sich unangreifbar fühlen kann. Damit bleibt es der Lehrer den Schülern schuldig, ihnen die »Wahrheit« über ihr Wissen und Können zu sagen und ihnen die Augen für die Realitäten, für ihre Anforderungen und Maßstäbe zu öffnen. Und er versäumt es, sie zum erforderlichen Lernen anzuregen, sie dafür zu gewinnen oder gar dazu zu zwingen.

- Ein solcher Lehrer möchte in der Regel bei seinen Schülern und weit darüber hinaus als besonders fortschrittlich und schülerfreundlich angesehen und dafür geliebt werden. Aber die Schüler, selbst jüngere, merken intuitiv sehr schnell, was für einen Lehrer sie vor sich haben, und setzen ihre ganze Kreativität ein, um dem Lehrer Wissen, Können und Interesse vorzutäuschen und ihn über Wissenslücken und Faulheit hinwegzutäuschen. Die Schüler lernen auf diese Weise eine Menge zur Menschenbehandlung, aber nicht das eigentlich Geforderte. Der Lernertrag ist insgesamt minimal. Und wenn dann nach zwei bis drei Jahren ein neuer Lehrer antritt und das Lernsoll einfordert, sind Heulen und Wehklagen groß. Was in zwei Jahren versäumt ist, kann ja auch nicht binnen Kurzem aufgeholt werden. Dafür sind ausgedehnte Lernprozesse und kluge, weitblickende »Führung« erforderlich.

- Sucht man für einen solchen Lehrer und sein Verhalten einen Vergleich, so kommt man auf Startgeber und Zeitnehmer bei einem Wettlauf. Für beides ist keine besondere »Leistung« nötig, kein persönliches Engagement gefragt, keine (emotionale) Belastung gegeben. Sie haben bloß zum richtigen Zeitpunkt den richtigen Knopf zu drücken, was auch eine Maschine leisten könnte. Von einem Lehrer wird jedoch etwas anderes als »Leistung« erwartet.

4.4.1.5 Misserfolg bei autoritärem Lehrerverhalten

Ein autoritärer Lehrer ist vor allem wohl einer, der es nötig hat, der damit eigene Schwächen zu verdecken sucht. Entweder hat er in den Sachfragen nicht die nötige Sicherheit, oder er hat Schwierigkeiten, Sachverhalte schülergerecht zu erklären und sich präzise und verständlich auszudrücken. Dergleichen ist tatsächlich eine besondere Gabe.

Dieser Lehrertyp kann den neuen Lehrstoff nicht recht einführen und einüben. Er flüchtet sich daher in Drohgebärden und Angstmacherei: »Schüler haben aufzupassen, zu gehorchen und zu lernen, was aufgegeben ist!« Er baut darauf, dass die Schüler aus Angst das Nötige lernen und behalten.

Mit Fehlern und fehlerhaften Antworten kann er schlecht umgehen. Wo er einmal Fehler oder Lücken feststellt, rückt er dem betreffenden Schüler gar direkt zu Leibe. Er beschimpft ihn oder die ganze Klasse, er macht sie »zur Schnecke«. Er hat Schwierigkeiten mit Nähe und Distanz, ihm fehlt die Nähe zu den Lernstoffen und die nötige Distanz zum Schüler.

Bei Außenstehenden mag ein solcher Lehrer als gut erscheinen, »weil er für Ordnung und Lernen sorgt«. Dieses Image gefällt dem Lehrer sehr. Aber vom Unterricht als seiner persönlichen Leistung haben die Schüler ebenso wenig Gewinn wie beim antiautoritären Lehrer. Auch er kann keine gerechten Zensuren vergeben, kann vor allem die schwächeren Schüler nicht fördern und auch keine Vorbildwirkung entfalten.

Sucht man für diesen Typen einen Vergleich, müsste man wohl an den Drachen aus dem Märchen denken oder an den Dompteur im Zirkus, der mit der Peitsche seine Truppe dirigiert. Aber Letzterer ist in der Regel mit Herzblut dabei und hat vorher lange und geduldig mit der Truppe geübt. Von derart persönlichem Engagement und Können ist bei einem autoritären Lehrer kaum zu reden.

4.4.2 Schülermisserfolg als Systemfolge

Die beiden Beispiele zeigen gerade in ihrer Gegenüberstellung: Erziehung und Unterricht von derart gegensätzlichen Positionen, aus Prinzip oder »im guten Glauben« durchgeführt, müssen zu demselben schulischen Misserfolg für den Schüler führen. Das ist für den Normalbürger vielleicht schwer vorstellbar, aber es ergibt sich aus dem Systemzwang: Extrempositionen sind selten fruchtbar.

Schulisches Lernen kann nicht gelingen, wenn das Kind nicht von Anfang an, also schon in der Familie und im Kindergarten, darauf vorbereitet wird. Und diese Vorbereitung muss in der Schule kompetent und konsequent aufgegriffen und fortgeführt werden. Das heißt, die Eltern müssen für »gelingende Beziehung« sorgen, müssen »gute Autorität« und intakte Kommunikationsstrukturen vorleben und das Kind dafür stark machen, gern einem geliebten Menschen etwas »zuliebe« zu tun. Das Kind soll Freude an Lernen und an Neuem aller Art haben und Durchhaltevermögen und Frustrationstoleranz entwickeln. Das alles muss der Lehrer, gerade in der gelingenden Beziehung, aufgreifen und fortführen, er muss für Lernfortschritte, Erfolgserlebnisse, Einsicht in die Fortschritte und Freude daran sorgen und immer wieder ein Mehr an Motivation, an Neugier und Anspruchsniveau anregen. Alle diese Ergebnisse sind nicht zu erreichen durch antiautoritäres und autoritäres Eltern- und Lehrerverhalten.

Die »normale« Schule kann nur einen »mittleren«, »demokratischen« Lebens- und Erziehungsstil praktizieren, also den Mittelweg zwischen den Extrempositionen. Sie verlangt Anpassung und gewährt zugleich Freiheit.

Wo sich Schüler nicht darauf einstellen können, haben sie kaum Chancen. Sie werden früher oder später »aussortiert«, finden keinen Ausbildungsplatz und können später kaum Tätigkeiten ausüben, die ihren Wünschen und Vorstellungen entsprechen. Das macht sie umso mehr zu Außenseitern, prädestiniert sie zu Aussteigern und treibt sie hin zu Alkohol, Drogen und Gewalt.

Zum Ausgleich möchten solche Menschen gern immer wieder vor sich und der Welt ihre Stärke zeigen und versuchen sich dann mehr oder weniger bewusst an der Gesellschaft oder an Einzelnen zu rächen für das ihnen, wie sie überzeugt sind, »zugefügte Unrecht« und die »Bildungsverweigerung« – die typische Ausgangssituation für einen Amoklauf. Sie werden zeitlebens den ihnen entgangenen Bildungschancen nachtrauern. Und nur wenn sie besonders großes Glück haben, also wenn z. B. ein Lehrer frühzeitig ihre Situation durchschaut und sich ihrer annimmt, können sie rechtzeitig in eine Familien- und Verhaltenstherapie vermittelt werden. Dadurch können sie Anschluss an normale Verhaltensentwicklung gewinnen, das Lernen und später die nötigen Abschlüsse nachholen.[296]

An den Beispielen ist abzulesen, wie sehr die Kinder tatsächlich, auch als Schüler, vielfältiger und teilweise gezielter Hilfe bedürfen – im Gegensatz zu den Forderungen der antiautoritären Erziehung.

4.5 Antiautoritäre Erziehung als Fortschritt und Fortschrittsbremse

Die antiautoritäre Erziehung hat als Impuls und in der Frontstellung gegen allzu patriarchale und autoritäre Tendenzen ihr Recht und ihren Platz wohl immer schon in der abendländischen Erziehung, allerdings nur als Generalforderung und noch nicht unter der heutigen Bezeichnung. Wir treffen sie z. B. bei dem bekannten Minnesänger Walther von der Vogelweide (um 1200).

Nieman kann mit gerten	Niemand kann mit dem Rohrstock
kindes zuht beherten:	Kindererziehung zum Erfolg bringen:
den man zeren bringen mac,	Den man zu Ehren bringen möchte,
dem ist ein wort als ein slac.	Dem ist ein Wort wie ein Schlag.[297]

Die antiautoritäre Erziehung im engeren Sinne und im heutigen Sprachgebrauch ist von anderer Art und zielt z. B. nicht auf »Ehre« im alten Verständnis. Sie ist ein junges und künstliches Gewächs. Sie wurde vor allem ab 1968, der Zeit der Studentenunruhen, propagiert als Vision in einer damals

---

[296] Vgl. Kap. 6.
[297] H. Paul 1911, Nr. 87, S. 147.

dafür besonders empfänglichen gesellschaftlichen Situation, in einer Phase der Neuorientierung nach den Ausuferungen der Hitlerzeit und des Zweiten Weltkriegs und den Belastungen der Nachkriegszeit. Sie schien die Befreiung von alten Traditionen und Banden und die eigene Selbstverwirklichung zu versprechen. So wurden lange aufgestaute Bedürfnisse angeregt, die Fantasie belebt und den Vorstellungen von einer besseren Welt in der Zukunft reiche Nahrung gegeben. Alte Verkrustungen brachen auf, beim Bürger und gerade in der jungen Generation wuchsen ein neues Bewusstsein und Selbstbewusstsein, neue Fragen wurden gestellt. Die antiautoritäre Erziehung zog die Menschen in ihren Bann, versetzte sie in einen fast rauschhaften Zustand und lockte sie, mitzumachen und sich zu ihr zu bekennen. In diesen Einzelheiten werden auch schon Grenzen und Schwächen erkennbar:

- Die antiautoritäre Erziehung kam zwar mit dem traditionellen Ziel der Aufklärung ins Land, setzte aber kaum auf Argumente, lud nicht ein zu Gespräch und zu rationaler Auseinandersetzung. Sie verlangte Mitmachen, und wer zögerte, nachfragte oder gar kritisierte, wurde sofort als fortschrittsfeindlich abgestempelt und abgelehnt. Das führte zur Spaltung der Gesellschaft bis in die Familien und Freundschaften hinein mit der Abwertung alles »Konservativen« und dem Überlegenheitsanspruch derer, die sich als »Fortschrittliche« fühlten. Eine Art politischer Unbeweglichkeit im Status quo wurde zementiert – bis heute: Man spricht nicht miteinander. In dieser Sprachlosigkeit zeigen sich die typischen Elemente einer Glaubenslehre, einer Ideologie.

- Die antiautoritäre Erziehung stellt kaum oder keine Anforderungen an den Menschen, weder an den Älteren als Leistungsträger noch an den Jüngeren als Leistungsempfänger. Damit übersieht sie die sozialen Neigungen und Bedürfnisse des Menschen, denn dieser lebt immer in sozialen Bezügen, muss allerdings immer erst sozialisiert, also fähig und willens gemacht werden, in diesen Bezügen zu leben und zu wirken.

- Die antiautoritäre Erziehung vermittelt allen Gruppen von Verantwortlichen die Illusion, sie seien nur für die (leibliche) Grundversorgung der ihnen Anvertrauten zuständig und hätten darüber hinaus keinerlei Sonderleistungen zu erbringen, z. B. in Sachaufklärung, eigenem Lernen und aktiver Hilfestellung für Jüngere und Schwächere. Die gesamte Gesellschaft wird in demselben Glauben gewiegt. Das gibt jedem potenziellen Leistungsträger das Gefühl, er sei nicht »zuständig« für die junge Generation, sei entsprechend frei von Verantwortung und nicht verpflichtet, im Gegenüber die Empfänglichkeit für Nähe und Wärme anzuregen und zu pflegen und dazu die Wechselseitigkeit im Geben und im Nehmen.

- Das Modell gibt Kindern und Jugendlichen keinerlei Hinweise auf Rahmen und Maßstäbe als Hilfen auf dem langen Lernweg der Entwicklung vom Kind zum Erwachsenen bis ins Alter. Es hält sie in der Illusion, sie bräuchten für sich nur Freiheit und Selbstverwirklichung anzustreben und zu erreichen. Dann hätten sie für sich und für alles die Zukunft gesichert. Dabei bleibt unangesprochen, dass die Kinder von heute die Kultur- und Verantwortungsträger von morgen sein müssen, dass sie eigene Familien gründen und Kinder großziehen sollen und für die eigenen Eltern und andere Personen im Alter und überhaupt für Staat und Gesellschaft im Ganzen zu sorgen haben werden. Für alles das müssen sie das nötige Wissen und Können erwerben, müssen Leistungsfähigkeit und Leistungswillen entwickeln, in Gelingendem auch den Erfolg erkennen und das Erfolgserleben als Freude empfinden können. Sie müssen Frustrationstoleranz erwerben und flexibel sein, also auch zwischen den Rollen wechseln können.[298]
- Antiautoritäre Erziehung gibt mit ihrer Vorstellung von Freiheit den Weg frei für Fehler und Fehlentwicklungen jeder Art und Schwere für das Individuum wie für die Gesellschaft. So moniert Gerhard Winkel zum »Problemkreis Rangordnung: Vieles wird heute dem Zufall überlassen. Damit verliert die Gesellschaft den Maßstab, und die Möglichkeit ergibt sich, dass die kulturelle Evolution in unserem Kulturkreis selbst in Gefahr gerät.«[299]

Die antiautoritäre Erziehung zeigt mit all dem ein Doppelgesicht. Sie steht für Fortschritt und ist zugleich Fortschrittsbremse. Sie ist in Einzelheiten nicht genau festgelegt und festzulegen. Darin liegen zugleich ihre Stärke und ihre Schwächen. Zwischen diesen beiden Seiten ist genau zu unterscheiden.

4.6 Gelingende Beziehung, Kommunikation und Kooperation in der Wertekonkurrenz

»Gelingende Beziehung«, Kommunikation und Kooperation sind Forderungen moderner neurobiologischer Forschung. Sie stehen gegen die tradierten Vorstellungen und Praktiken des Obrigkeitsstaates und gegen alle Entscheidungen »vom Grünen Tisch«, also gegen alles Autoritäre und Ideologische, gegen das Denken in den Kategorien von Macht, Siegern und Verlierern und zugleich gegen alle Zufälligkeitsentscheidungen im »Laufenlassen«. Sie geben eine Richtschnur für das Verhalten der Menschen im Miteinander in den verschiedenen Situationen.

---

[298] Zur Bedeutung von Rangordnung und Rangordnungssystemen beim Menschen G. Winkel 1979, S. 106ff.
[299] A.a.O., S. 141; diese Gefahren betont auch M. Winterhoff 2010.

Sie machen Pflichten und Ziele erkennbar, machen den Stärkeren zum Weg- und Lernbegleiter für Schwächere und weisen so den Weg zum Erfolg, individuell wie gesellschaftlich. Damit können sie helfen, Grundsehnsüchte bei den Schülern zu erfüllen und im weiteren Verlauf auch bei den anderen Gruppen.

Diese Werte hat die antiautoritäre Erziehung nicht zu bieten, sie hat damit ihre Schwächen und Grenzen. Wir müssen darum in der Gesellschaft öffentlich und ausführlich miteinander über diese reden, uns von der engen und unkritischen Bindung an diese Vorstellungen lösen und uns für neues Lernen öffnen. Das heißt: Wir müssen endlich das Problem der Autorität, das bei uns noch weithin ungelöst ist[300], aufgreifen und uns im Miteinander der Maßstäbe, Ziele und Verfahren vergewissern, müssen uns um Verstehen und Konsens bemühen. Die antiautoritäre Erziehung als solche soll nicht abgeschafft werden, sie muss nur in ihren Nebenwirkungen erkannt und begrenzt und im Ganzen ergänzt werden – hin zu einer »partnerschaftlichen« oder »beziehungsgelingenden Erziehung«.

5 Aus Entdeckungen in unseren Nachbarländern: Bessere Schülerförderung in homogenen Lerngruppen und bei »pädagogischem Konsens«

5.1 Zum Sinn dieses Kapitelteils

In diesem Kapitelteil wird von verschiedenen Entdeckungen aus dem Schulbereich berichtet. Sie stehen allenfalls locker in Zusammenhang und sind hierzulande weithin unbekannt. Aber ihre Bedeutung für die Schule der Zukunft dürfte erheblich sein.

5.2 Förderungsverbesserung des Individuums in homogenen Lerngruppen

5.2.1 Die Unterstützungssysteme und weiteres Bemühen um Förderung bei unseren Nachbarn

Unterstützungssysteme, die offenbar bei allen unseren Nachbarn eingerichtet sind, »lassen sich als institutionalisierte Dienste definieren, die zur Verbesserung der Schulqualität beitragen sollen«. Sie umfassen u. a. – »gerade vor

---

[300] Vgl. hier unter Kap. 3, Punkt 2.2.4.

dem Hintergrund der Heterogenität der Schülerschaft – vor allem Dienste für Schüler mit besonderem Förderbedarf (z. B. für Schüler mit Migrationshintergrund oder für Kinder und Jugendliche, die sonderpädagogischer bzw. sozialpädagogischer Betreuung bedürfen)«[301]. Das sind also Regelungen, mit denen man die Starre des tradierten Gesamtschulsystems pädagogisch abzufedern und für eine bessere Förderung des Schülers zu sorgen bemüht ist. Hierzulande weiß man von solchen Bemühungen und Regelungen so gut wie gar nichts. Aber über sie hinaus sind in jüngster Zeit noch weitere Entdeckungen zur besseren Schülerförderung gemacht und entsprechende Erprobungen in Gang gesetzt worden, über die bei uns unbedingt informiert werden muss. Über Einzelheiten dazu berichtet die Arbeitsgruppe »Internationale Vergleichsstudie«. Im Vorwort wird dazu erklärt: »Anlass dieser Studie war, der Suche nach Ursachen für das erfolgreichere Abschneiden anderer Staaten bei PISA aus wissenschaftlicher Sicht durch einen vertiefenden Vergleich Impulse und Maßstäbe zu geben und mögliche Erklärungsansätze für das Abschneiden bei PISA zu identifizieren.«[302] Verglichen wurden die Verhältnisse in Kanada, England, Finnland, Frankreich, den Niederlanden, Schweden und Deutschland.

Bedeutungsvoll sind in diesem Zusammenhang vor allem die Bemühungen um die Verbesserung der Förderung des Schülers als Individuum. Dafür sollen exemplarisch die entsprechenden Länderberichte ausgewertet werden.

5.2.2 Bessere Förderung des Schülers als Individuum in homogenen Lerngruppen

- In Finnland wird trotz des »überraschend guten Abschneidens im PISA-Testteil Mathematik und Naturwissenschaften und in der TIMSS-R Untersuchung [...] noch Raum für Verbesserungen im Schulsystem gesehen. Als ein Beispiel wird das Wohlbefinden der Schüler genannt.«[303] Hier wird also neu oder verstärkt und bewusst die positive Wirkung emotionaler Faktoren gesucht und die Sorge um das Individuum betont. Das sind neue Akzentuierungen und Zielsetzungen.

- »In England entsprechen die Gesamtschulen nicht in jedem Falle den Bedürfnissen aller Schüler; eine allzu strikte Beachtung des Prinzips der gemeinsamen Unterrichtung aller Schüler behindere die Erreichung der vorgegebenen Standards. Daher soll realisiert werden, was im Sinne der

[301] Arbeitsgruppe 2003, S. 102.
[302] A.a.O., S. 3.
[303] Arbeitsgruppe, S. 95.

Schüler gut funktioniert. Schulen dürfen die gemeinsame Unterrichtung unabhängig vom Leistungsniveau wenn nötig einstellen oder durch niveauverschiedenen Unterricht in einigen Fächern ersetzen.«[304]

- »In England und Frankreich dürfen Schulen vom Prinzip der gemeinsamen Unterrichtung der Schüler aller Leistungs- und Fähigkeitsniveaus abweichen, wenn die vorgegebenen Standards durch getrennten Unterricht besser erreicht werden können.«[305]
- »Die Heterogenität der Schülerschaft wird generell positiv eingeschätzt [eingeschränkt in Frankreich, R. B.].«[306]
- In Kanada »verlassen 30 Prozent eines Schülerjahrgangs die Schule ohne Schulabschluss [...] Der Umgang von Lehrern mit Leistungsheterogenität ist in Kanada kaum erforscht..[307]

5.2.3 Überforderung des Lehrers in heterogenen Lerngruppen

- In den Niederlanden »sind die meisten Primar- und Sekundarschullehrer [70 bis 75 Prozent] nicht in dem gewünschten Maße in der Lage, ihren Unterricht auf die unterschiedlichen Lernbedürfnisse und Leistungsmöglichkeiten hin entsprechend zu individualisieren«[308].
- »In Schweden zeichnen sich die meisten Schulen in der Regel durch eine große Heterogenität ihrer Schülerschaft aus. Während die Einführung der Schulwahlfreiheit [1992] zu einer gewissen ›Homogenisierung‹ geführt hat, haben Schulen und Lehrkräfte durch Mehrjahrgangsklassen und -gruppen die ›Heterogenisierung‹ zu fördern versucht.«[309]
- »[Es] bleibt die erfolgreiche Umsetzung [der Forderungen nach Individualisierung des Unterrichts bei Heterogenität] ein wesentlicher Anspruch an alle Schulen. Lehrer in den Niederlanden und Schweden bezeichnen diese Aufgabe als sehr schwierig und sehen sich oft überfordert.«[310]

---

[304] A.a.O., S. 129.
[305] A.a.O., S. 138.
[306] Ebd.
[307] A.a.O., S. 39 und 40.
[308] A.a.O., S. 134.
[309] A.a.O., S. 135.
[310] A.a.O., S. 139.

5.2.4 Die Entdeckungen zur Effizienz bei heterogenen und homogenen Lerngruppen

Aus diesen Länderberichten sind vor allem die neuen Entdeckungen, Erprobungen und Erfahrungen zu diskutieren.

Lehrer haben in England und Frankreich im Rahmen ihres Unterrichts entdeckt:

- Der Schüler kann als Individuum unter den derzeitigen Bedingungen in der Gesamtschule nicht bis zu seiner Bestform gefördert werden, auch nicht bei allen Bemühungen um »Individualisierung« und bei Maßnahmen von Lehrerfortbildung.
- Der Schüler muss aber ein Anrecht auf solche Förderung haben, und eine solche würde auch der Gesamtheit zugute kommen.
- Man kann unter Kollegen über diese Dinge sprechen und Zustimmung finden.
- Als Grund für die unzureichende Förderung des Individuums wurden die allgemeinen Arbeitsbedingungen ausgemacht, das Arbeiten in der Gesamtschule mit ihren heterogenen Lerngruppen. Es ergab sich zwingend, dass Abhilfe möglich sein müsse mit Arbeiten in homogenen Lerngruppen, gegen alle Traditionen und Forderungen der Gesellschaft.
- Die Bitte an Behörden um Genehmigung für Sondererprobungen mit solchen Lerngruppen fand Gehör. Die Behörden zeigten sich aufgeschlossen und gaben »grünes Licht«.
- Die Erprobungen laufen, sie scheinen überall gute Ergebnisse zu bringen und bestätigen so die Richtigkeit der Beobachtungen und der Schlussfolgerungen.

Bei der Suche nach Zusammenhängen und Ursachen für die Mindereffizienz kam im Nebenbei heraus, dass sich die große Mehrzahl der Lehrer unter den tradierten Bedingungen in heterogenen Lerngruppen auch überfordert fühlt, in Holland laut einer Befragung unter Primar- und Sekundarschullehrern immerhin 70 bis 75 Prozent.[311] Womöglich wurden vielen Lehrern erst aufgrund dieser Befragung die eigenen Stärken, geheime Wünsche und die Grenzen ihrer Leistungsfähigkeit voll bewusst. Sie können eben in den heterogenen Lerngruppen die Schüler nicht entfernt so fördern, wie sie es nach dem allgemeinen Verständnis leisten sollten. Und sie können zum anderen nicht das leisten, was sie mit ihren persönlichen Gaben in homogenen Lerngruppen leisten könnten und gern leisten würden.

---

[311] A.a.O., S. 134.

Daran können auch die besten Fortbildungsangebote nichts ändern. Die Lehrer bleiben bei dieser persönlich und allgemein ungünstigen Erfolgsbilanz selbst unbefriedigt. Darunter leidet ihr Selbstbild, leiden Motivation und – wiederum – die Leistung. Schule und Gesellschaft bekommen dabei nicht das an Lehrerleistung, was sie unter anderen Bedingungen sicher erwarten könnten.

5.2.5 Die Entdeckung der neuen Werte und Ziele für Schulpraxis und Schulpolitik

Diese Entwicklung in diesen Ländern ist nur als Folge einer Entdeckung oder, genauer gesagt, als Folge einer Kette von Entdeckungen von neuen Werten und Zielen im Schulbereich zu verstehen. Das heißt:

- Der Schüler wird vom Lehrer nicht mehr nur als eines der Mitglieder in seiner Lerngruppe, sondern neu als Individuum wahrgenommen, als eigenständige Person mit eigenen Stärken und Schwächen und ganz eigenem Anrecht auf Fürsorge und Förderung durch Schule und Gesellschaft, weit über alles traditionell Praktizierte hinaus. Das ist die Entdeckung des Schülers als Individuum, seines ganz eigenen Anspruchs auf Qualität der Förderung und auf seine personale Qualität als Ziel und Ergebnis der Förderung, bis hin zu seiner Bestform.

- Kinder und Jugendliche sind von Natur aus anders konstruiert, als es in den tradierten Regelungen vorgesehen ist, und sie reagieren in der Schule nicht »gleich«, sondern individuell und höchst unterschiedlich. Das konnte bei der Einführung der Gesamtschule – als Schule für alle – nicht gesehen werden. Die Forderung nach »Individualisierung« weist prinzipiell in die richtige Richtung, als Sorge für des Schülers »Wohlbefinden«.[312] Das ist die Entdeckung der Enge (oder der pädagogischen Defizite) der Schulkonstruktion der Altvorderen.

- Lehrer sind ebenso wie die Schüler Individuen mit eigenen Stärken und Begrenztheiten in ihrer Art und Leistungsfähigkeit. Verlangt man bei Gesamtschulstrukturen von allen Lehrern grundsätzlich dieselbe, fast austauschbare Leistung, überfordert man damit die meisten. Würde man sie dagegen gezielt so einsetzen, dass jeder seine persönlichen Stärken einbringen könnte, dann hätten die Schüler ein entsprechendes Mehr an Gewinn zu erwarten, und die Lehrer hätten auch ihre Freude daran und könnten sich durch den Erfolg bestätigt sehen. Das käme der Motivation zugute und

---

[312] Arbeitsgruppe 2003, S. 95; vgl. auch hier unter Kap. 3, Punkt 5.2.2. Fundierte Belege bei K.-H. Flechsig, »Die Steuerung und Steigerung der Lernleistung durch die Schule«, in H. Roth (Hg.) 1969, S. 449ff.

wiederum dem Ertrag. Das ist die Entdeckung des Lehrers als Individuum mit persönlichen Stärken und Begrenztheiten im schulischen Wirken.

- Änderungen in der Organisationsform von Unterricht, also die Einrichtung homogener Lerngruppen, geben die Möglichkeit, das Individuum zu seiner Bestform zu fördern, d. h. individuelle Qualität zu erreichen. Das ist die Anerkennung von individueller Qualität und Bestform als Ziel und als »Wert«. Zugleich geben solche Änderungen die Möglichkeit, die Leistungsfähigkeit des Lehrers im Interesse aller optimal auszunutzen, ohne ihn gesundheitlich zu überfordern. Das ist die Anerkennung des Interesses der Gesellschaft an optimaler Ausnutzung aller Kräfte der im Schulbereich Tätigen.

- Mit diesen Maßnahmen müssten die Leistungsfähigkeit der Schule und ihr Ertrag enorm gesteigert werden können, es wird »Effizienz« erreicht. Sie soll also gesucht und gefördert werden, »Schuleffizienz« als neues Ziel und neuer »Wert«.

- Schulische Effizienz oder »Schuleffizienz« ist nicht eine feststehende, sondern durchaus variable Größe. Sie kann durch verschiedene Maßnahmen, vor allem der Unterrichtsorganisation, erheblich gesteigert werden. Unterrichtsorganisation wird damit als Faktor für ökonomischen Gewinn erkennbar.

5.2.6 Hinterfragen dieser Entdeckungen

- In allen diesen Entdeckungen zeigt sich die Stärke der »Natur« in uns und unserer naturgegebenen Potenziale. Das lässt erkennen, dass tradierte Regelungen und Vorgaben vom »Grünen Tisch« mit Forderungen aus Theorie und Ideologie den Bedürfnissen der Menschen in der Praxis in der Regel nie gerecht werden können. Misstrauen gegen Theoretiker, gegen Parteipolitiker und Meinungsmacher, die die Realitäten so gern ausblenden oder vernebeln, ist angebracht. Schon die alten Römer haben die Stärke der »Natur« erkannt und empfohlen, nach ihr zu leben (secundum naturam vivere).

- Der Gegensatz der Werte von Individualität und Natur einerseits und von Gleichheit oder Gleichsetzung andererseits ist neu erkennbar geworden, auch in den ökonomischen Auswirkungen, zudem die Bedeutung von Kommunikation. Wenn wir als Gesellschaft beide Ziele zugleich erreichen wollen, das Individuum optimal zu fördern und das ökonomisch Optimale zu schaffen, müssen wir uns gemeinsam auf die Förderung des Individuellen verständigen und ihm den Vorrang vor Gleichheit und Gleichheitsprinzip geben. Das entspricht auch dem alten Grundsatz des Naturrechts »Jedem das Seine« (suum cuique).

- Von all dem sind Staat und Gesellschaft und alle Bürger auf das Stärkste betroffen, und sie sind zugleich die Gewinner der neuen Erkenntnisse und der neuen Organisationsform. Denn damit wird den Forderungen des Rechts- und Sozialstaates entsprochen: Die Rechte des Schülers als Individuum und die Ansprüche seiner Eltern auf optimale Förderung nach dem »Stand der Zeit« werden gewahrt. Die Interessen von Staat und Gesellschaft an optimaler Ausnutzung der Leistungskraft und -qualität von Lehrern ohne gesundheitsgefährdende Überforderung werden gewahrt und ebenso ihr Interesse an größtmöglichem Gewinn aus dem Einsatz aller Mittel und Kräfte. In all dem können wir sogar Konsens finden und darin neue Stärke.

5.2.7 Der Bewusstseinssprung bei Lehrern und Schulaufsichtsbeamten

Die Entdeckungen, von denen wir hier reden, sind nur vorstellbar als Folgen eines »Bewusstseinssprungs« bei Lehrern und Leitern. Ein solcher hat offenbar sogar gleichzeitig an verschiedenen Orten und in verschiedenen Ländern stattgefunden – als ob »die Zeit« (der Entwicklungsstand) dafür »reif« gewesen sei. Vor Jahrzehnten wären solche Diskussionen in England und Frankreich kaum denkbar gewesen. Zudem gehören zu all dem die Bereitschaft der Menschen zur Kommunikation auf gleicher Augenhöhe, ein Konsensbemühen und letztlich Konsens und Kooperation – die Mittel unserer Zeit. Aus Bewusstseinssprüngen werden sich immer wieder neu der »Fortschritt« und auch so etwas wie »Schulreform« ergeben.

5.2.8 Musterbeispiele für »pädagogische Tatsachenforschung«

Diese Entdeckungen sind Beispiele für »pädagogische Tatsachenforschung« und für die mögliche Komplexität ihrer Ergebnisse. Sie zeigen die Wichtigkeit umsichtiger Beobachtungen »vor Ort« mit der Offenheit für Entdeckungen, und zum anderen die Notwendigkeit von intensiven Gesprächen zur Sache und von rationaler Auseinandersetzung mit den Befunden. Darin werden Ansätze einer naturwissenschaftlichen Betrachtungsweise erkennbar, die Orientierung an den »Realitäten«. Ziel ist eine »wissensbasierte« Schulpolitik.

5.2.9 Ausblick

Der Blick in die Zukunft macht ganz verschiedene Entwicklungen vorstellbar. So können z. B. eine Zeit lang die Erprobungen bei unseren Nachbarn ausgeweitet werden, und hinter der Fassade des tradierten Konsenses könnte das zu einer Aufweichung der alten Regelungen führen. Es kann aber auch zentral die Aufklärung eingeleitet und in der Öffentlichkeit das breite Gespräch und neuer Konsens zu neuen Regelungen gesucht werden. Da sind alle Varianten und der Zeitrahmen offen. Klar ist nur: Die Entdeckungen können nicht mehr zurückgenommen, die Entwicklungen nicht mehr rückgängig gemacht werden. Effizienz als individuelle Effizienz ist das neue Ziel und zugleich der Maßstab für alle Maßnahmen, Schuleffizienz steht dahinter. Die internationale Bildungskonkurrenz wird bei der Entwicklung für Schub sorgen. Ausnahmen sind nicht denkbar.

5.2.10 Unterdrückung von Information zu früher Differenzierung – ein Vorwurf

Ulrich Sprenger schreibt in einem »Offenen Brief an das Deutsche Institut für Internationale Pädagogische Forschung (DIPF)«:

»Die Kultusministerkonferenz hat im Januar 2003 einem Konsortium den Auftrag erteilt, unter Federführung Ihres Institutes bis Ende 2008 ›erste Befunde zur Situationsanalyse des deutschen Bildungswesens zu präsentieren‹, mit dem Ziel, ›die Wirksamkeit unseres Bildungswesens‹ zu überprüfen. Der Bericht, fortan geführt als ›KMK-Bildungsbericht 2003‹, ist dann auch im Herbst 2003 veröffentlicht worden unter dem Titel ›Bildungsbericht für Deutschland – Erste Befunde‹ (S. 2/3). In diesem Bericht sind wichtigste Ergebnisse der aufwändigsten Leistungsstudie, die jemals an deutschen Schulen durchgeführt wurde, erkennbar mit Vorsatz ›ausgeblendet‹ und so den Kultusministern ebenso wie der Öffentlichkeit vorenthalten worden. Sie betreffen die Vorteile einer mit dem fünften Jahrgang einsetzenden Differenzierung nach Schulformen. Bei den Ausblendungen handelt es sich um Erkenntnisse aus dem auch ›Gymnasiastenstudie‹ genannten Projekt ›Schulleistung‹ des Max-Planck-Institutes für Bildungsforschung (MPIB).«[313]

Nach Sprenger haben somit einige Erziehungswissenschaftler, gerade aus dem hoch angesehenen DIPF, wesentliche Einzelerkenntnisse zu den Vorteilen früher Differenzierung »ausgeblendet«. Sie arbeiten mit Verheimlichung, sind damit um Steuerung in ihrem Sinne bemüht, also um allgemeine Täuschung. Das ist auch ein Teilstück in der Bildungsdiskussion bei uns.

5.3 Der »pädagogische Konsens« bei Nachbardemokratien und der Dissens bei uns

5.3.1 Der Rahmen und die Zitate

Der »pädagogische Konsens«, also der Konsens in allen Fragen von Schule und Erziehung, ist bei unseren PISA-Konkurrenten offenbar so etwas wie ein Stück tradierter politischer Kultur. Das hat sich als Zusatzbefund ergeben für

---

[313] U. Sprenger in *Profil* 1/2 (2008), S. 24ff.

die Arbeitsgruppe »Internationale Vergleichsstudie«[314]. In allen untersuchten Ländern, also in Kanada, England, Finnland, Frankreich, Niederlande, Schweden und bei uns, sucht man schon länger intensiv nach Möglichkeiten, die Schüler besser zu fördern, und setzt dafür vielfältig und ideenreich Mittel und Kräfte ein.[315] Als Nebenergebnis wird für uns dabei zufällig erkennbar, dass bei den »Arbeitsbedingungen« die Unterstützung von Schülern und Schule durch die Gesellschaft eine erhebliche Rolle spielt. So konstatiert z.B. »der Länderbericht mit Blick auf die gegenwärtige Gesamtsituation des Schulwesens in Deutschland das Fehlen einer konsensuell geplanten und umfassend koordinierten Reform«[316]. Mit diesem sehr kompakten Ausdruck muss gemeint sein: Das Fehlen einer Reform, die diesen Namen auch verdient, das Fehlen von Planung, von Konsens dazu und von ganz umfassender, also bundesweiter und inhaltlich abgesicherter Koordinierung und Kooperation. Das Fehlen alles dessen bei uns wird als so wichtig oder gar typisch empfunden, dass es betont herausgestellt wird. Es kennzeichnet eben den Unterschied zu dem anderswo international Üblichen und lässt erwarten, dass das – nach aller Erfahrung – nichts Gutes bringt.

In den Berichten aller anderen Länder wird immer von einem stillschweigenden Konsens und entsprechender Gemeinsamkeit ausgegangen; das Wort »Konsens« allerdings wird nur für Finnland gebraucht.[317] In der Zusammenfassung wird erklärt: »Die Reformen der untersuchten Referenzstaaten waren in der Regel gekoppelt mit einem öffentlichen Diskussionsprozess. Ein solcher produktiver Diskurs diente sowohl der Konsensbildung über die Entwicklung des Bildungssystems als auch einem aktiven Reagieren auf gesellschaftliche und ökonomische Veränderungen.«[318]

5.3.2 Die Erfolgsbedingungen für die Schüler bei pädagogischem Konsens

Die Einzelheiten zum Konsensproblem machen deutlich, dass es in diesen Fragen um die Unterschiedlichkeit von Arbeitsbedingungen im gesellschaftlichen Rahmen geht und letztlich um die Frage nach den besten Erfolgsbedingungen für die Schüler. Zur Klärung stellen wir zuerst einmal aus der erwähnten »Zusammenfassung« die Einzelheiten zusammen. Dann heißt das:

- Reformen haben in allen anderen der untersuchten Referenzstaaten stattgefunden.

---

[314] Arbeitsgruppe 2003, vgl. hier auch Kap. 3 in 5.2.1.
[315] Vgl. auch hier Kap. 2 in 2.4.
[316] Arbeitsgruppe 2003, S. 58.
[317] Arbeitsgruppe 2003, S. 64.
[318] A.a.O., S. 188.

- Vor diesen Reformen und für sie hat »in der Regel«, also praktisch stets, eine öffentliche Diskussion stattgefunden.
- Diese Diskussion war ein »produktiver Diskurs«, also nicht eine Einbahninformation »von oben nach unten«, »vom Stab zur Linie«.
- Sie diente der allgemeinen »Konsensbildung über die Entwicklung des Bildungssystems«, bezog also die Gesamtgesellschaft als Gesprächspartner mit ein und war Vorbedingung und Mittel für das Reagieren der Verantwortlichen auf die »gesellschaftlichen und ökonomischen Veränderungen«.

Der Unterschied zu den Verhältnissen und Verhaltensweisen bei uns, und gerade im föderalen System, ist fundamental. Für den deutschen Leser ist das hochinteressant, er wird aber aus seinem Erfahrungsbereich heraus auch seinerseits Wichtiges als fehlend empfinden:

- Von gegensätzlichen pädagogischen Konzeptionen und dem Streit der Meinungen und der politischen Parteien dazu ist nirgendwo für die Referenzstaaten die Rede.
- Solche Gegensätzlichkeiten scheint es weder offen in der Öffentlichkeit noch verdeckt als »Grabenkämpfe« in Familien und Kollegien und unter den Parteien zu geben.
- Die Position der politischen Parteien in den Reformprozessen in einer Parteiendemokratie ist unerwähnt geblieben oder ist zumindest unklar.

Was den Deutschen als auffällig oder gar als Manko erscheint, kann bei den Betreffenden womöglich nicht verstanden werden; es kann selbst sogar ein Vorteil sein oder als solcher empfunden werden. Machen wir uns das klar:

- Der Konsens beruht auf dem »pädagogischen Erfahrungswissen«, das seit jeher überall auf der Welt als Erfahrungsgut von einer Generation an die andere weitergegeben und immer neu an der Wirklichkeit überprüft und gegebenenfalls modifiziert wird. Dieser tradierte und überall als selbstverständlich gelebte Konsens mit seiner Orientierung an Realitäten garantiert den Vorstellungen und Praktiken in Familie, Schule und Gesellschaft ein sonst kaum erreichbares Maß an Sachrichtigkeit und Wirksamkeit.
- Alle Bürger gehen von derselben Wissensbasis aus. Sie können bei Fragen untereinander jederzeit Gespräche dazu führen und sich vergewissern, Rat holen und Hilfe bekommen.
- Das alles geschieht sozusagen »auf gleicher Augenhöhe«, unter »Gleichberechtigten«, »Demokraten«, ohne Besserwisserei und ohne den erhobenen Zeigefinger und das Rümpfen der Nase über vermeintliche Rückständigkeit des Gegenübers.

- Reformen werden nicht im Ruckzuckverfahren den Bürgern übergestülpt, sondern die Bürger werden in die Gespräche einbezogen, der Konsens gilt als unverzichtbar. Das verhindert schnelle Durchführung von Reformen. Es garantiert aber ihre Sachangemessenheit und die weite Akzeptanz und Unterstützung, also ihre Wirksamkeit.
- Bei all dem gibt es nicht die Zersplitterung der Mittel und Kräfte, das Gegeneinander von Positionen und Theorien, das Bemühen um Überwältigung oder Ausschaltung des Konkurrenten, sondern alle Seiten zeigen das selbstverständliche Bemühen um Klärung der Sachfragen und Folgen und um den bestmöglichen Weg zur Durchführung. Information, Kommunikation, Konzentration der Mittel und Kräfte und Kooperation sind die tragenden Pfeiler. Sie garantieren bestmöglichen Erfolg.
- Kinder und Schüler erhalten überall dieselben Informationen und Anweisungen und erleben überall ziemlich dieselben Verhaltensmuster der Erwachsenen. Das gibt Sicherheit, beugt allen Unsicherheitswirkungen vor und garantiert vielfältig die Konzentration der Kräfte und damit den Erfolg.
- Die politischen Parteien sehen sich als Teile des großen Kulturerbes, des pädagogischen Erfahrungswissens und des Konsenses. Sie respektieren das als übergeordnete Werte.
- Der Konsens erweist sich als »Erfolgsrezept«.

5.3.3 Der Konsens als Erfolgsrezept

Die Aufzählung der Einzelheiten zeigt, wie die Arbeitsbedingungen in »den Referenzstaaten« aussehen. Erst der vergleichende Blick auf diese Einzelheiten macht klar, dass unsere Gesamtgesellschaft Kinder und Schüler mental nur wenig oder viel zu wenig unterstützt und ihnen damit den Erfolg erschwert. Wir haben den vielfachen Dissens und Parteienstreit, bei dem es fast nur um Strukturen statt um Pädagogisches, Inhalte oder den »Geist« geht. Solcher Dissens scheint bei uns sogar unverzichtbar zur Parteiendemokratie zu gehören und wird geradezu als sein Kennzeichen ausgegeben. Dabei gehört er faktisch aber gar nicht unabdingbar zu pädagogischen und gesellschaftlichen »Werten«. Das zeigen uns die alten Demokratien. Sind wir zu Recht die Besserwisser? Oder haben wir nur ein unnötig verengtes Verständnis von Demokratie und »Parteiendemokratie« und sollten umlernen? Jedenfalls machen wir uns selbst mit diesem Dissens das Leben schwer und mindern für unsere Kinder und gerade die Schüler die Erfolgschancen enorm, sowohl individuell als auch in der internationalen Bildungskonkurrenz.

Die neue Erkenntnis: Der pädagogische Konsens und das Fehlen von Parteienstreit bei unseren PISA-Konkurrenten, was uns als gravierendes Manko erscheinen kann, erweist sich bei der Analyse der Zusammenhänge als Stärke und als Teil der Erfolgsbedingungen für ihre Schüler; und der Parteienstreit bei uns in allem »Pädagogischen«, der gern als Beweis für funktionierende Demokratie bezeichnet wird, erweist sich angesichts der Verhältnisse bei den Konkurrenten als Schwäche und als besondere Erschwernis für Lernen und Entwicklung bei unseren Schülern. Die Realitäten sind also genau andersherum, als allgemein angenommen und gern lautstark verkündet wird.

5.3.4 Das Gewicht von Strukturen und »Geist« für die Lernprozesse

Damit haben wir eine neue Beurteilungsbasis bekommen: Die Bildungserfolge bei den Schülern aus Konkurrenzstaaten wurden und werden noch bis heute immer mit deren Gesamtschulsystem mit seinen heterogenen Lerngruppen begründet. Die Berichte aus den Referenzstaaten zeigen jedoch, dass inzwischen der Unterricht in diesen tradierten Formen in diesen Ländern selbst in seiner Fragwürdigkeit erkannt ist und jetzt die Vorteile des Arbeitens mit homogenen Lerngruppen erprobt werden. Bisherige Erfolge der Schüler in einigen Ländern liegen also nicht »in den Bildungssystemen« und ihren Strukturen begründet, sondern im Mentalen, in Denken, Einstellung und Verhalten der Erwachsenen, in ihrer generellen Unterstützung für Schule, Schüler und Lernen, im »pädagogischen Konsens«, im »Geist«. Wenn uns auch und gerade nach PISA nur die Übernahme der Strukturen empfohlen wird, zeigt das, dass alle Meinungsmacher, hier wie im Ausland, sich von den Äußerlichkeiten, eben von den Strukturen, haben blenden lassen. Das entscheidende Mentale hat keiner bedacht. Keiner hat dafür die Antenne und das Wissen. Die Ausländer haben das Mentale nicht beachtet, weil es für sie selbstverständlich und als solches kein Stoff für Gespräch und für wissenschaftliche Erörterung ist; und die Leute bei uns haben das nicht erkannt, weil darüber nirgendwo geredet wird und dazu keine Literatur existiert. Der Fehlschluss ist also verständlich, die »Täuschung« war und ist perfekt.

Sachangemessen hätte uns der pädagogische Konsens und das Bemühen um ihn empfohlen werden müssen; und vom Gesamtschulsystem hätte als wahrscheinlich überholt abgeraten werden müssen. Doch das Gegenteil ist geschehen und eine Richtigstellung oder Klarstellung nie erfolgt.

5.3.5 »Schulberatung«? Fehlanzeige!

Dieser Fall ist damit ein Musterbeispiel dafür, dass im Schulbereich Fehlschlüsse und Falschinformationen auf höchster Ebene noch immer möglich sind, national wie international. Es gibt offensichtlich nirgendwo Personen oder Institutionen, die in einem neuen Vorschlag die Fehler oder Fehleinschätzungen schnell erkennen und für die Richtigstellung sorgen können und die dafür auch die nötige Resonanz finden. Nur allzu vieles ist im Schulbereich noch unklar oder eben »unaufgeklärt«. Es gibt damit auch nicht eine »Schulberatung«, die diesen Namen verdient, die zuverlässig und realitätsgerecht neue Wege in die Zukunft aufzeigen und gerade auch vor Täuschung und vor Sackgassen warnen kann.

Die Folgen liegen auf der Hand: Für Theoretiker, Ideologen und Meinungsmacher aller Couleur sind Tür und Tor weit geöffnet. Vor ihren »Rezepten«, vor Zufälligkeits- und Beliebigkeitsentscheidungen ist niemand sicher, und die allgemeine Meinung ist über die Medien leicht zu steuern. Das geht vorrangig alles zu Lasten unserer Kinder und der Schüler, es geht aber auch zu unser aller Lasten und zu Lasten unserer Zukunftsfähigkeit.

Die Diagnose ist hier wie überall immer dieselbe: Die Verantwortlichen haben jahrzehntelang nicht für Aufklärung im Schulbereich gesorgt und haben nicht engagierte Mitarbeiter angeworben und dabei unterstützt, sich zu »Schulberatern« zu qualifizieren. Jetzt fehlt uns das.

5.4 Die Verlängerung gemeinsamen Lernens über die 4. Klasse hinaus als Problem

5.4.1 Die Orientierungsstufe in Niedersachsen als Musterbeispiel in zwei Untersuchungen

5.4.1.1 Rahmen und Forschungsergebnisse

In der Bildungsdiskussion wird immer wieder, auch im Ausland, die Verlängerung der Grundschulzeit um ein bis zwei Jahre gefordert, als Verlängerung für »das gemeinsame Lernen«. Das tue allen Schülern gleichermaßen gut und verhindre die frühe »Selektion«, lautet die allgemeine Begründung. Zur Lösung dieses Problems gibt es verschiedene Wege: Man verlängert einfach die Grundschule um diese zwei Jahre, man schafft für die neuen Klassen 5 und 6 eine eigenständige Schulform, die »Orientierungsstufe«, oder man führt die Gesamtschule/Gemeinschaftsschule ein. Alle diese Wege sind ausprobiert, darüber ist also zu reden. Ich beginne mit dem zweiten, weil dafür zuverlässig gesichertes Material vorliegt und damit die Probleme gut deutlich gemacht werden können.

In Niedersachsen wurde die schulformunabhängige »Orientierungsstufe« als eigenständige Schulform für die Klassen 5 und 6 mit heterogenen Lerngruppen ab dem Schuljahr 1973/74 regionenweise eingeführt, gegen massive

Proteste von Eltern und in der Öffentlichkeit[319], die auch nie aufhörten. Um diese als völlig unbegründet erkennbar zu machen und damit zum Schweigen zu bringen, wurden zur Leistungsfeststellung dieser Schulform von zwei Kultusministern im Abstand von rund 15 Jahren zwei spezielle Untersuchungen an unterschiedliche Personengruppen in Auftrag gegeben. Deren Ergebnisse sollen ausgewertet werden:

5.4.1.1.1 »Orientierungsstufe in Niedersachsen – Ergebnisse einer Bestandsaufnahme im Schuljahr 1984/85«[320]

Diese Untersuchung, die Kultusminister Oschatz Anfang der 1980er-Jahre in Auftrag gab, wurde von Lehrern und Schulaufsichtsbeamten im Rahmen der sog. Bestandsaufnahmen für alle Schulformen erstellt. Es ist ihr erklärtes Ziel, Bürger und Verantwortliche »erfahren zu lassen, wo Zielvorstellungen über Bildungsplanung verwirklicht werden konnten und wie erkennbaren Defiziten entgegengewirkt werden kann«[321].

Zur Arbeitssituation besonders der leistungsschwächeren Schüler wird in ihr festgestellt:

- »Sie sind in den überwiegend kognitiven Fachbereichen überfordert. Das führt zu Entmutigung und einem geringen Selbstwertgefühl.«[322]

- »Vorwiegend in den Fächern Deutsch, Englisch und Mathematik unterliegen leistungsschwächere Schüler einem zu großen Zeitdruck. Das führt zu Überforderung, Abnahme der Motivation, mangelndem Selbstwertgefühl und zu Disziplinschwierigkeiten [...]. Das Angebot eines besonderen Förderunterrichts wird von einem Teil der leistungsschwächeren Schüler als zusätzliche Belastung empfunden.«[323]

- »Einige Schulen berichten im Zusammenhang mit leistungsschwächeren Schülern über Verhaltensauffälligkeiten« und nennen als Merkmale dafür »nicht altersgemäße kindliche Verhaltensweisen, erhöhtes Zuwendungsbedürfnis, ausgeprägte Unselbständigkeit und Konzentrationsschwäche«[324].

- »Durch die Grundschule wird bei etwa jedem 6. Schüler bereits vor dem Übergang in die Orientierungsstufe eine nicht mehr ausreichende Rechtschreibleistung festgestellt [...] Zumindest bei einem Teil der noch mit aus-

---

[319] Einzelheiten bei Burandt 1974, S. 85ff.
[320] Kultusminister Nds. 1986.
[321] A.a.O., Einleitung 1.
[322] A.a.O., S. 104, ähnlich S. 183.
[323] A.a.O., S. 104ff.
[324] A.a.O., S. 106.

reichend bewerteten Diktate handelt es sich zudem in Wirklichkeit eher um mangelhafte Leistungen.«[325]

- »Es besteht die Gefahr, dass schlechte Rechtschreibleistungen auch auf andere Fächer durchschlagen und Schulversagen generalisieren.«[326]
- Eine Befragung ergab: »Die schwächeren Schüler fühlen sich überfordert, das Erleben von Erfolglosigkeit geht einher mit stärkerer Ängstlichkeit, Schulunlust und folgerichtig Problembelastung.«[327]

5.4.1.1.2 Teilergänzung und Bestätigung

Eine Teilergänzung und Bestätigung zu diesen Erkenntnissen liefert: »Hauptschule heute – Ergebnisse einer Bestandsaufnahme niedersächsischer Hauptschulen 1983/84«[328]. In ihr werden von der Nahtstelle zwischen Orientierungsstufe und Hauptschule »in unterschiedlicher Gewichtung und Quantität folgende Einzelgesichtspunkte festgehalten:

- Schüler kommen mit gestörtem Selbstbewusstsein in die Hauptschule, Selbstwertgefühl und Könnensgefühl sind nicht hinreichend ausgeprägt;
- Schüler sehen sich z. T. als negative Auslese;
- neue soziale Bindungen müssen aufgenommen werden;
- vielfach fehlen den Schülern notwendige Grundkenntnisse und Grundfertigkeiten, besonders in Mathematik und Deutsch;
- vermehrt treten lernschwache und verhaltensauffällige Schüler in Erscheinung;
- Überalterung eines recht großen Teils der Schüler.«[329]

»Der Erwerb elementarer Kenntnisse/Erkenntnisse muss im Vordergrund stehen; vertiefendes, übendes Lernen ist stärker zu betonen.«[330]

»Die Gewinnung der Grundfertigkeiten und Grundkenntnisse muss stärker in den Blick genommen werden.«[331]

5.4.1.1.3 Zweite Untersuchung

Die zweite Untersuchung stammt von Erziehungswissenschaftlern. Sie ist vorgelegt vom Deutschen Institut für Internationale Pädagogische Forschung

---

[325] A.a.O., S. 78ff.
[326] A.a.O., S. 183ff.
[327] A.a.O., S. 183.
[328] Kultusminister Nds. 1985.
[329] A.a.O., S. 80.
[330] A.a.O., S. 126.
[331] A.a.O., S. 129.

(DIPF) in Zusammenarbeit mit der Universität Erfurt[332]. In dieser Untersuchung heißt es u. a.:

- »Das Niveau der Orientierungsstufe wird von den Abnehmern [...] als verbesserungsbedürftig bis ungenügend angesehen.«[333]
- »Was für die Mehrheit der Schüler sinnvoll erscheine [...], wird unter den gegenwärtigen Bedingungen besonders für die lernschwachen Schüler als Zumutung oder zumindest als bisher ungelöstes Problem empfunden.«[334]
- »Die nicht ausreichende Förderung dieser beiden Gruppen [der leistungsstarken und der leistungsschwächeren Schüler, R. B.] an den Rändern des Leistungsspektrums wird denn auch an den Schulen mit Dreierdifferenzierung stärker als an den anderen Schulen beklagt.«[335]
- »Neun Prozent des Jahrgangs, der 1986 die Orientierungsstufe verließ, erreichten keinen Abschluss.«[336]
- »Dreierdifferenzierung und lehrerzentrierte Unterrichtsgestaltung haben zur Folge, dass den Lernbedürfnissen leistungsschwächerer, häufig aus unteren Sozialgruppen stammender Schüler nicht hinlänglich Rechnung getragen wird.«[337]
- »Die Verbesserung der Kompetenz der Lehrer sollte sich vor allem auf eine Optimierung des Lernens in heterogenen Gruppen beziehen.«[338]
- Vorgeschlagen wird eine Strukturreform: Das »Zwei-Säulen-Modell«[339]:
  - »Mit der ›gymnasialen Säule‹ [ab Klasse 5, R. B.] wird der Tatsache Rechnung getragen, dass die Orientierungsstufe in ihrer gegenwärtigen Gestalt die besonders leistungsfähigen Schüler nicht ausreichend fördert. Damit kann zugleich dem wachsenden Drängen einer bildungsbewussten Elternschaft auf einen früheren Übergang ihrer Kinder zum Gymnasium und dem verbreiteten Wunsch nach einer Verkürzung der Schulzeit bis zum Abitur entsprochen werden.«[340]
  - »Die andere Säule besteht aus einem Verbundsystem, das die Orientie-

---

[332] DIPF 2001.
[333] A.a.O., S. 55.
[334] Ebd.
[335] A.a.O., S. 59.
[336] A.a.O., S. 66.
[337] A.a.O., S. 87.
[338] A.a.O., S. 91.
[339] Ebd.
[340] A.a.O., S. 92.

rungsstufe, den Bildungsgang der Hauptschule und der Realschule und einen siebenjährigen gymnasialen Bildungsgang umfasst.«[341]
- »Unsere Untersuchung verweist noch auf Forschungsbedarf [...]. Deutlich wurde auch, dass ein statistisches Informationssystem fehlt, das die amtliche Schulstatistik als ›Frühwarnsystem‹ für die Diagnose schulischer Problemlagen einsetzt.«[342]

5.4.1.2 Hauptergebnis der Untersuchungen: Unzureichende Förderung aller Schüler

Beide Untersuchungen zur Orientierungsstufe stellen gleichermaßen fest:
- Die leistungsschwächeren und -stärkeren Schüler werden nicht hinreichend gefördert.
- Etwa jeder sechste Schüler, d.h. rund 17 Prozent von ihnen, gehört zu den leistungsschwächeren Schülern. Sie zeigen schon in der Grundschule ausgeprägte Leistungsdefizite, Überforderungssymptome wie mangelndes Selbstwertgefühl und Verhaltensauffälligkeiten, die im Laufe der Zeit zunehmen. Diese Schüler sind prädestiniert für Schulabbruch und Fehlen des Schulabschlusses.
- Zum Abbau dieser Defizite wird die Verbesserung der Lehrerfortbildung vor allem im Umgang mit Heterogenität empfohlen.

5.4.1.3 Überlegungen zu Abhilfemaßnahmen

- Die Orientierungsstufe erfüllt nicht die ihr zugewiesenen Aufgaben der Förderung aller Schüler, zumal der leistungsschwächeren. Und obendrein schädigt sie gerade diese Schüler. Denn sie führt mit ihrer Arbeitsweise bei ihnen zu Überforderung und Entmutigung, zur Abnahme der Motivation und zu geringem Selbstwertgefühl. Das ist weder Fürsorge noch Vorsorge. Und es ist das Gegenteil dessen, was Schule eigentlich leisten soll.
- Für die Vorschläge zum Abbau der Defizite fehlen die nötigen Analysen zu den Ursachen und Zusammenhängen. Die Berichterstatter in beiden Untersuchungen sprechen die Probleme zwar an, aber mit ihrer Forderung allein nach Verbesserung der Lehrerfortbildung gerade im Umgang mit Heterogenität bleiben sie an der Oberfläche. Denn Lehrerfortbildung und ihre Verbesserung gilt seit Jahrzehnten als das Zauberwort, mit dem jede Art von Schuldefizit als heilbar und jede weitere Ursachenklärung als unnötig hingestellt wird. Solange nicht präzisiert wird, wer jetzt, nach langen Jahr-

---

[341] A.a.O., S. 91ff.
[342] A.a.O., S. 97.

zehnten dieser Lehrerfortbildung, eine solche »Wunderfortbildung« anbieten und durchführen soll, welche Elemente sie enthalten und wie sie wirken soll, bleibt in der Sache alles unklar, ist Verbesserung nicht in Sicht. Im Übrigen werden die Defizite wieder den Schulpraktikern angelastet: Fehler auf den oberen Ebenen, im System, in der politischen Führung wie in der Mitarbeiterführung bleiben unerörtert, sie anzusprechen ist tabu. Sind das vor allem die Folgen der allgemeinen Wissensdefizite und die Wirkung der massiv vertretenen allgemeinen Meinung?

- Die Erziehungswissenschaftler vom DIPF haben keine Hemmungen, die leistungsschwächeren Schüler in ihrer »zweiten Säule« im Verbundsystem unterzubringen[343], das auch alle nichttypischen Gymnasiasten umfasst. Sie nehmen damit für diese Schüler die Fortdauer der Belastungen, Fehlentwicklungen und Schädigungen in der Persönlichkeitsentwicklung in Kauf. Ist das nicht rücksichtslos, unpädagogisch und schon fast inhuman?

5.4.1.4 Fortgesetzte Überforderung der leistungsschwächeren Schüler

5.4.1.4.1 Schlussfolgerungen aus den Untersuchungen:

Die Untersuchenden sprechen von Überforderung der leistungsschwächeren Schüler und den Folgewirkungen, hinterfragen diese aber nicht. Dabei geht es jedoch, genau genommen, um die Folgewirkungen eines Überforderungs- oder Überlastungssyndroms. Hier kommen verschiedene Faktoren von Belastung zusammen und summieren sich. Diese sollen jetzt einzeln betrachtet und auf Möglichkeiten der Entlastung hin befragt werden.

- Die Schüler leiden unter den hohen Anforderungen der Richtlinien. Sie brauchen darum die Entlastung von diesen. Ein eigenes, maßgeschneidertes Anforderungsprofil von der ersten bis zur letzten Klasse ist nötig, bei dem die Problemschüler noch mitkommen und Erfolge erzielen können. Das Einbeziehen von Handwerklichem, z. B. Tischlern, Fein- und Automechanik etc., ist sicher sinnvoll. Diese Schüler sollen ja das eigene Selbstwertbewusstsein und Könnensgefühl entwickeln können.

- Die Schüler leiden unter den guten und sehr guten Leistungen ihrer Mitschüler, von denen sie meinen, sich nichts abgucken zu können, und von denen sie sich fortgesetzt beschämt und verachtet fühlen; d.h., sie brauchen die Entlastung von der Heterogenität und das Arbeiten in einer relativ homogenen Lerngruppe.

- Die Schüler leiden unter der Vielzahl ihrer Mitschüler, in der sie sich unzureichend unterstützt untergehen sehen. Sie brauchen offensichtlich kleine

[343] Vgl. unter Kap. 3, Punkt 5.4.1.1.3, Zitat 9.

Lerngruppen, in denen sie sich heimisch fühlen und persönliches Verständnis erleben können.

- Sie leiden unter dem »Normallehrer«, der auf den »Normalschüler« und die Vielzahl von Anforderungen und Schülern eingestellt ist und der dem Einzelnen nur wenig Hilfe zuteil werden lassen kann. Sie brauchen einen Lehrer, der aufgrund seiner Art besonders gut mit ihnen arbeiten kann, der sich ihnen voll zuwendet und ihnen die Hilfen gibt, sachlich wie menschlich, derer sie bedürfen.
- Nicht wenige Schüler leiden auch gewiss an persönlichen und anlagebedingten Lernschwächen, an ihrer Langsamkeit, ihrem sozialen Hintergrund usw. Sie brauchen die Forderung und die Förderung, die diesen Gegebenheiten bestmöglich gerecht zu werden versuchen.

Zu den Belastungsarten:

Die oben herausgestellten Belastungen können in zwei Gruppen eingeteilt werden: Die eine beinhaltet die Begrenztheiten der natürlichen Anlagen, die es bei Schülern wie bei Lehrern gibt. Sie sind unabänderlich und müssen als gegeben hingenommen werden. Gegen die Natur kommt man nicht an. Die andere Gruppe von Belastungen ist durch Institutionelles und Organisatorisches bestimmt, durch das »System« und seine Konstruktion. Daran kann man vieles ändern, und man muss es ändern, wenn man pädagogisch und zugleich auch human entscheiden und Effizienz erreichen will.

Zur Lehrerleistung in der Heterogenität:

Es wurde bereits zitiert: Bis zum Ende der Grundschule hat etwa jeder sechste Schüler nicht mehr ausreichende Leistungen und zeigt z.T. sogar schon Verhaltensauffälligkeiten. Das lässt erkennen, was man bisher kaum gesehen hat: Die Grundschullehrer sind durchgängig nicht in der Lage, alle Schüler gleichermaßen zu fördern und den Problemen gerade der Leistungsschwächeren gerecht zu werden. Sie werden, ebenso wie die Lehrer in der Orientierungsstufe, mit der Heterogenität ihrer Klassen nicht fertig und müssen als überfordert angesehen werden.

Heterogenität von Lerngruppen ist offensichtlich für die große Mehrheit aller Lehrer eine Überforderung. Und das ist mit Fortbildung jedweder Art nicht abzubauen. An dieser Stelle zeigen sich offensichtlich naturgegebene Begrenztheiten des Menschen. Missachtet man diese, haben darunter alle Schüler zu leiden, vor allem aber die leistungsschwächeren.

Zu den Konsequenzen:

- Homogene Lerngruppen können die Schüler gezielter fördern und bringen letztlich mehr Ertrag. Sie sind einzurichten, wo es nur geht. Das gilt auch für die Grundschule.

■ Wenn man lernschwächeren Schülern wirklich helfen und ihrem möglichen Schulabbruch vorbeugen will, müssen für die ca. 17 Prozent der Schüler von der 1. Klasse an zweckmäßig wohl kleine homogene Sonderförderklassen eingerichtet und spezifisch begabte Lehrer dafür angeworben werden. Das wäre »gezielt« und müsste den Erfolg bringen. Denn alle bisherigen Pauschalansätze haben nie gehalten, was sie versprochen hatten. Die Entwicklungen bei PISA-Konkurrenten lassen keine anderen Schlüsse zu.

Die hier erbrachten Ergebnisse hätten schon die beiden genannten Untersuchungen in ihren Schlussworten ausformulieren müssen. Oder sie hätten zugeben müssen, dass sie zu anderen Schlussfolgerungen als der Forderung nach Lehrerfortbildung mangels besseren Wissens nicht hätten gelangen können. Das wäre eine Einsicht in die Begrenztheit ihrer Ausgangspositionen gewesen. Aber zu einer solchen ist es nicht gekommen. Die Enge im Denken von Spezialisten und die Neigung von Pädagogen zur Selbstüberschätzung werden von den beiden Untersuchungen und ihren Ergebnissen neu belegt.

5.4.1.5 Erfordernis professioneller »Schulberatung«

In der Auswertung beider Untersuchungen wird exemplarisch deutlich: Wann immer Kultusminister, Parteien oder Schulpolitiker Aufklärung zu einem Schulproblem bekommen wollen, Rat oder Anhaltspunkte für eine Entscheidung suchen – sie haben nirgendwo Personen oder Institutionen, die sie um ein entsprechendes Gutachten bitten könnten in der Gewissheit, sachgerecht, erschöpfend und ideologiefrei oder gar ideologiekritisch informiert und beraten zu werden. Denn alle Pädagogen, Lehrer wie Erziehungswissenschaftler, sind auf ihre Weise Spezialisten. Sie kennen sich in ihren eigenen Sachgebieten aus, haben aber darüber hinaus kein umfassendes Wissen über Vielzahl und Gewicht der insgesamt vorhandenen Erkenntnisse und Maßstäbe. Sie können darum nur »Schmalspurgutachten« liefern.

Aber die Kultusminister und Parteien sind auf umfassende Information angewiesen. Sonst sind sie »blind«, und in der Schule werden Zufallsentscheidungen Tür und Tor geöffnet. Damit sind jedoch Modernisierung und ein Bestehen in der internationalen Bildungskonkurrenz nicht zu erreichen. Davon sind auch die Rechte der Schüler, Eltern und aller Bürger mit betroffen. Der Rechts- und Sozialstaat ist bedroht – eine untragbare Situation.

Die Konsequenz ist klar: Minister, Parteien und Gesellschaft brauchen ein

Netz aus professionellen »Schulberatern« und von »Schulberatung« bundesweit. In den Aufbau dieser Schulberatung sollte schnellstmöglich investiert werden. Das wäre ein Lernfortschritt, und der würde eine Vielzahl weiterer ermöglichen.

5.4.2 Neuere Untersuchungen zur verlängerten Grundschulzeit

Neuerdings gibt es weitere Untersuchungen zur Leistungsfeststellung der verlängerten Grundschulzeit. Sie betonen überwiegend die Verlangsamung der Lernfortschritte und die entsprechenden Nachteile für die Schüler, zumal für die leistungsstärkeren. Die Ergebnisse dieser Untersuchungen fasst Josef Kraus in seinem Buch »Ist die Bildung noch zu retten?«[344] zusammen. Ich zitiere daraus:

»Was den Zeitpunkt der Differenzierung betrifft, so sagen die Fakten und alle namhaften Studien eindeutig aus: Sechsjährige Grundschule bringt nichts – weder kognitiv noch sozial. Deutsche Länder mit einer längeren gemeinsamen Schulzeit wie Berlin und Brandenburg mit einer sechsjährigen Grundschule gehören zu den innerdeutschen PISA-Verlierern. Der Lernrückstand von Grundschülern nach der 6. Klasse gegenüber Schülern, die grundständige weiterführende Schulen besuchen konnten, beträgt bis zu einem Lernjahr. Prof. Kurt Hellers Fazit[345] lautet: Eine Verlängerung der vierjährigen Grundschule würde keine erkennbaren Vorteile, wohl aber mit Sicherheit Nachteile für viele Grundschüler mit sich bringen [...] Bislang existieren keine Studien, die höhere Trefferquoten nach einer fünf- oder sechsjährigen Grundschulzeit nachweisen konnten. Prof. Peter Roeders[346] Fazit heißt: ›Die Leistungen nach sechsjähriger Grundschule liegen erheblich unter denen von Schülern, die den Wechsel aufs Gymnasium bereits nach der 4. Grundschulklasse vollzogen haben. Für Englisch und Mathematik beträgt der Unterschied etwa eine Standardabweichung.‹ Das ist mehr als ein Schuljahr. Von ebensolcher Eindeutigkeit ist sodann die Studie mit dem Titel ELEMENT von Prof. Rainer Lehmann[347] von 2008. Danach werden Kinder durch eine sechsjährige Grundschule gebremst: Der Rückstand am Ende der 6. Grundschulklasse betrage im Lesen eineinhalb Jahre, in Mathematik und Englisch zwei Jahre – im Vergleich mit Schülern, die nach der 4. Klasse in eine weiterführende Schule gehen könnten. Vor allem leistungsstärkere Schüler würden zu wenig gefördert, so Lehmann. Die ELEMENT-Studie hat im April 2009 allerdings den PISA-Forscher Jürgen Baumert auf den Plan

---

[344] J. Kraus 2009, S. 56–57.
[345] 1996, Ludwig-Maximilians-Universität München.
[346] 1997, Max-Planck-Institut für Bildungsforschung Berlin.
[347] R. Lehmann u. a. 2008.

gerufen. Anhand einer Re-Analyse der ELEMENT-Studie behauptet er, Lehmann habe die Ergebnisse seiner Studie falsch interpretiert.[348] Freilich räumt auch Baumert Ende Mai 2009 in einem Interview mit ›Spiegel online‹ ein, dass es keine belastbare Studie gebe, die bestätigen könne, dass ein längeres gemeinsames Lernen sinnvoll sei.«

Neuerdings gibt es eine sehr eingehende, man möchte meinen vollständige Zusammenstellung der Erkenntnisse von Bildungsforschern zu »den Nachteilen von sechsjährigen Grundschulen« von Ulrich Sprenger in *Profil*.[349]

5.4.3 Untersuchungsergebnisse aus der Gesamtschule

Zu diesem weiten Thema kann hier nur auf zwei Punkte verwiesen werden:

5.4.3.1 LifE-Studie von 2009

Helmut Fend schreibt in seiner LifE-Studie von 2009 u. a.:

»Der Gesamtschule gelingt zwar in der 6. Stufe noch die bessere Förderung der Arbeiterkinder als im herkömmlichen Bildungswesen, in der 9. Stufe hat sich dieser Effekt dann aber verloren. Bis in diese Schulstufe haben dann sogar die weniger begabten Arbeiterkinder im dreigliedrigen Bildungswesen in der Summe aller Leistungen höhere Werte als die Arbeiterkinder im Gesamtschulsystem.«[350]

5.4.3.2 Zusammenfassung von Kraus

Josef Kraus fasst aus dieser Studie zusammen: »Am Ende der 10. Klasse liegen Gesamtschüler in Mathematik im Vergleich mit Realschülern um zwei, im Vergleich mit Gymnasiasten um mehr als zwei Jahre zurück – und das trotz einer Schülerklientel der Gesamtschule, die sich von der Schülerklientel der Realschule weder hinsichtlich sozialer Herkunft noch hinsichtlich intellektueller Fähigkeiten unterscheidet. Zugleich wird festgestellt, dass die Gesamtschüler hinsichtlich sozialen Lernens nicht mit den Schülern der anderen Schulformen mithalten können. Nicht minder eindrucksvoll sind die Ergebnisse von PISA 2006 […]. Die deutsche Gesamtschule rangiert mit 477 Punkten 48 Punkte (also gut ein Schuljahr) hinter der Realschule (525) und mit 121 Punkten (entsprechend drei Schuljahren) weit hinter den Gymnasien (598). Zudem sind Sachsen und Bayern eben ohne Gesamtschulen die einzigen deutschen Länder, die bei PISA ganz nahe an Finnland herankommen. Diese Er-

---

[348] J. Baumert u. a. 2009.
[349] U. Sprenger in *Profil* 3/2010, S. 14ff.
[350] H. Fend u. a. 2009, S. 49.

folglosigkeit der deutschen Gesamtschule ist den Steuerzahler zudem teuer zu stehen gekommen. Man weiß, dass das Gesamtschulwesen in Deutschland um rund 25 bis 30 Prozent teurer ist als das gegliederte Schulwesen [...] Gemäß einer Forsa-Umfrage vom November 2007 sprach sich eine überwältigende Mehrheit von 89 Prozent aller Bundesbürger für den Erhalt der Gymnasien aus.«[351]

6 Entdeckungen im Inland: Schulabbrecher – und was wir durch sie lernen können

6.1 Zahlen und Fakten und die Auswertung

6.1.1 Zum Lernen bei Schulabbrechern

Schulabbrecher und Schüler ohne Schulabschluss – das ist ein Thema, über das nur ungern gesprochen wird. Denn es kennzeichnet einen Sachverhalt, den es eigentlich nicht geben sollte. Er zeigt gesellschaftliches Misslingen und die »Kehrseite« der Schule. Er beweist, dass in Schule und Gesellschaft vieles nicht so funktioniert, wie man es sich wünscht. Und Wissen und Können der Entscheidungsträger erweisen sich als stärker begrenzt, als der Bürger immer denkt und hofft.

Schulabbrecher und Schüler ohne Abschluss sind in diesem Sinne untrügliche Indikatoren. Sie sind wie die sichtbare Spitze eines Eisberges. Sie zeigen an ihrer Person die sonst unsichtbaren, aber gravierenden Defizite im Bereich von Schule und Erziehung. Sie sprechen für die nicht geringe Zahl an Mitschülern, denen es ähnlich ergeht und die ähnlich denken, die aber noch gerade »die Kurve kriegen«. Die Anzahl dieser Schüler muss zum Nachdenken anregen. So können sich Hinweise auf Verbesserungsmöglichkeiten ergeben.

Schulabbrecher und Schüler ohne Abschluss sind Individualisten. Sie protestieren mit ihrer Person gegen die als unzureichend erfahrene Fürsorge und Förderung für das Individuelle und für die Schwächeren und gegen alles, was im Schulbereich als Druck benutzt wird, gegen Reglementierung und Gleichmacherei. Das lässt vermuten, dass jedes Mehr an Sorge für das Individuelle und der entsprechende Abbau von Normierung und »Gleichschaltung« die Anzahl dieser Schüler müsste reduzieren können. Wahrscheinlich würde das für alle Schüler einen Vorteil bedeuten, würde mindestens viele »zu Gewinnern« und generell ein Mehr an Effizienz erreichbar machen. Für diese Folgerungen sprechen von vornherein die besonders niedrigen Abbrecherzahlen

---

[351] J. Kraus 2009, S. 52–53; zur Sache noch U. Sprenger 2008.

in Finnland und dessen PISA-Erfolge. Denn dort ist das »Wohlbefinden des Schülers«[352] sogar schon eine Zielangabe.

6.1.2 Zahlen und Fakten im internationalen Vergleich

Die folgende Tabelle[353] zeigt sehr eindrucksvoll die unterschiedlichen Zahlen der Abbrecher in den verschiedenen Staaten. Ergänzt werden müssen sie noch durch die Zahlen aus Kanada: »Ein strukturelles Problem im kanadischen Schulsystem ist die hohe Zahl der Abbrecher [...] 30 Prozent eines Altersjahrganges verlässt die Schule ohne Schulabschluss.«[354]

Die Tabelle zeigt, dass die Abbrecherzahlen in anderen Staaten noch höher liegen als hierzulande. Generell wird deutlich, dass sich bisher noch nirgendwo Entscheidungsträger intensiv um Klärung bemüht haben, wie man diese Zahlen reduzieren kann. Bei uns fordert man Strukturveränderungen hin zu gesamtschulähnlichen Systemen wie im Ausland, nimmt also dessen traditionelle Regelungen zum Vorbild. Aber dass so wirklich Abhilfe geschaffen werden könnte, ist nicht erwiesen und ist bei den bestehenden Zahlenverhältnissen und angesichts einschlägiger Untersuchungen eher unwahrscheinlich.

Tabelle III: Schulabbrecher – insgesamt: Prozentsatz der 18-24-Jährigen, die an keiner Aus- oder Weiterbildung teilnehmen und die höchstens einen Bildungsabschluss des Sekundarbereichs 1 haben

Land	1993	1994	1995	1996	1997	1998	1999	2000	2001	2002
EU 15				21.7e	20.8e		20.7e	19.7e	19.4e	18.8
Belgien	17.4	16.1	15.1	12.9	12.7	14.5	15.2	12.5	13.6	12.4
Dänemark	8.5	8.6	6.1	12.1	10.7	9.8	11.5	11.6	16.8	15.4
Deutschland					13.3	12.9		14.9	14.9	12.5	12.6
Griechenland	25.0	23.2	22.4	20.7	19.9	19.8	17.8	17.1	16.5	16.1
Spanien	37.7	36.4	33.8	31.5	30.3	29.8	29.5	28.8	28.6	29.0
Frankreich	17.2	16.4	15.4	15.2	14.1	14.9	14.7	13.3	13.5	13.4
Irland	24.0	22.9	21.4	18.9	18.9					14.7
Italien	36.9	35.1	32.4	31.3	29.9	28.4	27.2	25.3	26.4	24.3
Luxemburg	36.8	34.4	33.4	35.3	30.7		19.1	16.8	18.1	17.0
Niederlande				17.6	16.0	15.5	16.2	15.5	15.3	15.0
Österreich			13.6	12.2	10.8		10.7	10.2	10.2	9.5
Portugal	46.7	44.3	41.4	40.1	40.6	46.8	45.5	43.1	45.2	45.5
Finnland				11.1	8.1	7.9	9.9	8.9	10.3	9.9
Schweden				7.5	6.8		6.9	7.7	10.5b	10.4
Verein. Königreich										

Quelle: Eurostat

[352] Arbeitsgruppe 2003, S. 95.
[353] Siehe S. 125.
[354] Arbeitsgruppe 2003, S. 39.

Der Unterricht in heterogenen Lerngruppen kann das Problem für Schüler und Lehrer offensichtlich nicht lösen.[355] So ist gerade auch »in Kanada der Umgang von Lehrern mit Heterogenität noch kaum erforscht«[356]. In England, Frankreich und den Niederlanden diskutiert man dagegen schon über erste Erfahrungen mit den Vorteilen des Arbeitens in homogenen Lerngruppen.[357] Die optimale Lösung ist sicher nur auf dem finnischen Weg zu finden, nicht über Strukturen, sondern über Pädagogik und Psychologie.

Individualität ist ein Menschenrecht. Dazu gehört auch das Recht auf die eigene Begabungsausprägung, das eigene Lerntempo und die entsprechende individuelle Förderung. Wenn Schüler und Lehrer in heterogenen Lerngruppen eingesetzt werden, entspricht das nicht den individuellen Fähigkeiten und Bedürfnissen der Menschen und lässt nicht viel Effizienz erwarten. Sollen dagegen die besonderen Stärken hervorgelockt und zu Erfolgen geführt werden, müssen wir homogene Lerngruppen einrichten. Damit müsste ein bisher nicht erreichtes Maß an Effizienz und an allgemeiner Zufriedenheit erreicht werden können. Jeder hat seinen eigenen Anspruch auf Förderung und Herausforderung, jeder Einzelne zählt gleichermaßen! Wir können uns die Verschwendung von Begabung hier und von Steuergeldern da nicht mehr leisten.

6.1.3 Zahlen und Fakten aus Deutschland

6.1.3.1 Stuttgart und Hamburg

Über Zahlen und Zusammenhänge zum Thema Schulabbruch informiert umfassend das Landesinstitut für Erziehung und Unterricht in Stuttgart.[358] Dazu muss man wissen, dass der Begriff »Schulabbrecher« teilweise unterschiedlich weit gefasst wird.[359] Hier soll er begrenzt werden auf diejenigen Schüler, die die (Volks-)Schule ohne Abschluss verlassen.

»Statistik: Von insgesamt 9,86 Millionen Schülern und Schülerinnen in Deutschland brechen 1,08 Millionen die Schule vorzeitig ab. Die SchulabbrecherInnen von heute sind vielfach die Hartz-IV-EmpfängerInnen von morgen.

- So sind 26 Prozent der Ungelernten arbeitslos.
- Unter deutschen SchülerInnen sind 10 Prozent SchulabbrecherInnen,
- unter nichtdeutschen SchülerInnen sind 20 Prozent SchulabbrecherInnen,
- unter Deutschen zwischen 20 und 29 Jahren sind 12 Prozent ohne Berufsabschluss,

---

[355] Vgl. hier Kapitel 3, Punkt 5.2.
[356] Arbeitsgruppe 2003, S. 40.
[357] Arbeitsgruppe 2003, S. 129, 134ff. und S. 138.
[358] Landesinstitut 21.8.2003 mit Tabelle 1 und 2.
[359] A.a.O., S. 3ff.

- unter Nichtdeutschen zwischen 20 und 29 Jahren sind 41 Prozent ohne Berufsabschluss.«[360]

Neuerdings fordern auch Städte eine »große Bildungs- und Familienoffensive: Wenn sich das nicht ändert, verspielen wir unsere Zukunft«[361]. Mittlerweile drängen außerdem die Kultusminister auf die Reduzierung der Abbrecherquote.[362]

Tabelle IV: Schulabgänger ohne (Haupt-) Schulabschluss mit Beendigung der Vollzeitschulpflicht (Bundesgebiet, ohne Sonderschulen)

Abgangs-jahr	Schulabgänger ohne Abschluss absolut			Schulabgänger ohne Abschluss in % aller Schulabgänger des Jahres		
	Insgesamt	Deutsche	Ausländer	Insgesamt	Deutsche	Ausländer
Früheres Bundesgebiet						
1960	96.000			20,5		
1965	107.200			19,0		
1970	107.100			21,9		
1975	72.000			15,6		
1980	71.700			14,3		
1981	67.700			14,9		
1982	65.000			14,1		
1983	61.200	46.700	14.500	10,6	11,5	33,4
1984	56.100	42.300	13.800	13,1	11,1	29,6
1985	47.400	35.600	11.800	12,1	10,2	28,8
1986	43.300			12,4		
1987	32.900			10,2		
1988	30.600			10,6		
1989	30.600			11,5		
1990	31.20	19.200	12.000	12,3	9,4	24,2
1991	32.300	19.500	12.800	13,0	9,9	24,7
Deutschland						
1992	39.100	26.500	12.500	14,3	12,0	24,3
1993	48.800	31.600	12.200	15,0	13,1	24,0
1994	44.200	32.100	12.100	14,9	13,1	23,6
1995	45.200	33.300	11.900	14,5	12,8	22,6
1996	45.900	33.900	12.000	14,3	12,7	22,1
1997	46.800	35.100	11.700	14,3	12,9	21,7
1998	48.300	36.800	11.600	14,7	13,4	21,8
1999	48.500	38.200	10.300	14,8	13,7	21,1
2000	50.200	40.100	10.100	15,4	14,4	21,5

Quelle: Bundesministerium für Bildung und Forschung. Grund- und Strukturdaten 2001/2002. S. 86 und 96

[360] Bundesamt, Stat.
[361] A. Thewalt in *Hamburger Abendblatt* 29.12.2005, S. 2.
[362] KMK-Beschluss vom 6.3.2008: »Neue Schwerpunkte zur Förderung der leistungsschwachen Schülerinnen und Schüler bei konsequenter Fortsetzung begonnener Reformprozesse«.

Dazu gehört die Forderung nach Zusammenarbeit mit anderen Politikbereichen.[363] Das sind zwar neue Töne, aber sie kommen über Forderungen allgemeiner Art nicht hinaus.

Hilfreich sind präzisere Angaben zu den Defiziten bei den Schülern. So sagt z. B. Ludger Wössmann: »Bei PISA lag der Anteil der 15-jährigen Schüler, die kaum über Mindestkompetenzen in Lesen und Rechnen verfügen, bei alarmierenden 22 Prozent.«[364] Joachim Bauer formuliert zu diesem Ergebnis noch drastischer: »Bei diesen jungen Leuten – aber auch bei vielen mit Schulabschluss – sind die zehn oder mehr Jahre ihrer Schulzeit abgetropft wie Wasser an einer Teflonschicht.«[365] »Ein Großteil eines jeden Jahrgangs nimmt aus der Schule nichts von dem mit, was einen Menschen fit fürs Leben macht, Selbstvertrauen und Motivation, fachliches Basiswissen und emotionale Kompetenz.«[366] Und für den Weg dahin erklärt für Hamburg der Bildungsforscher Reiner Lehberger: »Wir haben in Hamburg am Ende der Grundschule bis zu 20 Prozent, in der Sekundarstufe 1 fast 30 Prozent Schüler, die den Anforderungen nicht mehr gerecht werden.«[367]

6.1.3.2 Auswertung der Zahlen aus Hamburg

Wenn man diese Hamburger Zahlen verallgemeinert, heißt das: Am Ende der Grundschule werden »bis zu 20 Prozent der Schüler« den Anforderungen nicht mehr gerecht. Die Probleme sind also nicht zum wenigsten in der Grundschule zu suchen.

Und wenn nach Wössmann in der Sekundarstufe 1 selbst Mindestkompetenzen in Lesen und Rechnen nicht verfügbar sind, ist das eine Art Präzisierung dazu: Die Defizite bei PISA und die Wurzeln für eine »Abbrecherneigung« sind womöglich schon im ersten Schuljahr oder gar schon in den ersten Monaten und Wochen der Grundschule zu suchen. Denn: Aller Anfang ist schwer.

Der Schulanfang ist wahrscheinlich eine der besonders »sensiblen Phasen« für Lernen[368], also eine, in der die Aufgeschlossenheit für Lernen besonders ausgeprägt ist und in der Lernen besonders gut gelingt. Wird diese Chance nicht oder nur unzureichend genutzt, ist sie unwiederbringlich dahin. Wird ein Kind in dieser Zeit nicht genug unterstützt und lernt nicht von Anfang an richtig Lesen, Schreiben und Rechnen, hat es in der Sache sofort das Nach-

---

[363] A.a.O. unter Kap. 4.
[364] L. Wössmann 2007, S. 58.
[365] J. Bauer 2007, S. 10.
[366] A.a.O., S. 11.
[367] J. Otto in *DIE ZEIT*, 12.3. 2009, S. 67.
[368] Nach Aebli, vgl. hier Kap. 2, Punkt 2.5.

Tabelle V: So viele Schüler verließen im Jahr 2006 allgemeinbildende Schulen ohne Abschluss

Land	Anzahl	In Prozent aller Schulabsolventen und -abgänger
Hamburg	1.802	11,5
Mecklenburg-Vorpommern	2.768	11,4
Sachsen-Anhalt	3.486	10,8
Brandenburg	3.555	10,2
Schleswig-Holstein	3.164	9,7
Berlin	3.390	9,2
Sachsen	4.316	8,6
Niedersachsen	7.749	8,5
Thüringen	2.311	8,1
Hessen	5.435	7,9
Saarland	889	7,8
Rheinland-Pfalz	3.613	7,7
Bayern	10.463	7,4
Bremen	580	7,2
Nordrhein-Westfalen	14.444	6,6
Baden-Württemberg	7.932	6,3
Insgesamt	**75.897**	7,8

Ursprungsdaten: Statistisches Bundesamt

sehen und kann sich nur allzu schnell als Versager fühlen. Die Gründe dafür können unterschiedlich sein; Begabungsschwäche, Langsamkeit, Koordinierungsschwierigkeiten bzw. Probleme mit der Feinmotorik der Hand, der soziokulturelle Hintergrund der Familie – alle wirken sich in der gleichen Richtung aus.

Aus ersten Defiziten entwickeln sich schnell weitere, und die bleiben fortan bestehen. Denn im Lehrplan ist ja nicht vorgesehen, gegen Ende der ersten Klasse oder in den folgenden noch einmal die Anfangsgrundlagen langsam und sorgsam aufzuarbeiten, sodass jeder mitkommen könnte. Und die »sensible Phase« ist dann auch dahin. Wie sollen solche Schüler unter diesen Umständen zuverlässig das lesen können, was an die Tafel geschrieben wird, und das verstehen und lernen, was in den Lehrbüchern steht?

Die Probleme sind ebenso alt wie ungelöst: »A. Kern hat auf Grund von Untersuchungen, die er 1946 in Weinheim an rund 460 Schulanfängern durchführte, dem zu vermutenden Misserfolgsschock des schulunreifen und daher von Anbeginn versagenden Anfängers eine große und vor allem außerordentlich nachhaltige, möglicherweise das gesamte Schulschicksal bestimmende Wirkung zugeschrieben.«[369]

---

[369] W. Metzger 1967, S. 20.

6.1.3.3 »stark! Verantworte deine Zukunft« – das Projekt der Hertie-Stiftung

Neue pädagogische Wege versucht der Politikwissenschaftler Ulrich Rüssing zu gehen: Der hauptamtliche Bildungscoach arbeitet im Rahmen des »stark!«-Projekts der Hertie-Stiftung erfolgreich mit neun Hauptschülern aus Berliner Einwandererfamilien. Hauptanliegen des Projekts: Die Motivation der Schüler. *DIE ZEIT* berichtete davon: »Nach dem gelungenen Start in Berlin wird das Projekt demnächst auf zwei weitere Schulen in Frankfurt/M. und Mannheim erweitert.«[370]

6.2 Zur Hoffnung auf Lernanregung und auf Mitlerneffekte

Politiker und Bürger fordern seit Langem immer wieder die Verlängerung der gemeinsamen Lernzeit. Das führe, so sagen sie, zu mehr Bildungsgerechtigkeit. Und die Lernanregung der Lernschwächeren durch die Leistungsstärkeren als Zugpferde sei unverzichtbar. Die Realitäten zeigen mit ihren Zahlen jedoch ein ganz anderes Bild:

- In der vierjährigen Grundschule gibt es für alle Schüler unendlich viel Lernanregung. Aber wenn bis zum Ende dieser vier Jahre in Hamburg bis zu 20 Prozent der Schüler den Anforderungen nicht mehr gerecht werden und in der Sekundarstufe 1 fast 30 Prozent, zeigt das, dass die »Lernanregung« in den ersten vier Jahren faktisch nicht oder kaum greift. Und mit der Auswertung dieser Zahlen wird deutlich, dass solche »Lernanregung« in den Jahren danach noch viel weniger bewirkt und zu bewirken vermag.
- Die bundes- und europaweiten Abbrecherzahlen sprechen für dasselbe. Gäbe es die Lernanregung und die Mitlerneffekte bis zur vierten Klasse und auch noch darüber hinaus, gäbe es nicht so viele Leistungsschwache und Abbrecher.

Dafür sprechen auch neuere Untersuchungsergebnisse aus der Psychologie. Diese hat nämlich Tests zur Lesekompetenz und zur Lesegeschwindigkeit entwickelt, die Leistungsstand und Leistungsentwicklung sehr gut erkennbar machen. Wolfgang Schneider vom Institut für Psychologie der Universität Würzburg sagt über eine Studie dazu: »Es stimmt bedenklich, dass die Gruppe der sehr schwachen Leser auch nach achtjähriger Beschulung langsamer lasen als die Gruppe der guten Leser in der zweiten Klassenstufe. Umgekehrt galt für die Fehlerrate, dass sich zwar alle zu Beginn unterdurchschnittlichen Lesergruppen bedeutsam verbesserten, die schwachen Leser dennoch in der achten Klassenstufe noch mehr Fehler machten als die anfangs guten und

[370] J.-M. Wiarda in *DIE ZEIT* vom 22.7.2010, S. 59.

durchschnittlichen Leser gegen Mitte der zweiten Klasse. Die Studie kann demnach die große Varianz von Leseleistungen in einer frühen Klassenstufe wie auch ihren Fortbestand über die Volksschulzeit hinweg sehr eindrucksvoll belegen.«[371] Und an anderer Stelle fügt er hinzu: »Schließlich ist ein weiterer bedeutsamer und durchaus überraschender Befund darin zu sehen, dass die Lesekompetenz der Neuntklässler sehr eng mit ihren mathematischen und naturwissenschaftlichen Kompetenzen zusammenhing. Schülerinnen und Schüler mit niedriger Lesekompetenz schnitten also auch im mathematischen und naturwissenschaftlichen Bereich unterdurchschnittlich ab.«[372]

- Man kann solche Befunde auch von der Motivationspsychologie her verstehbar machen: Nach ihrem »Diskrepanzmodell« sind »mäßige Abweichungen vom Gewohnten angenehm und haben den motivierenden Effekt, sich mit der Sache abzugeben. Weicht dagegen das augenblickliche Erleben zu sehr vom Gewohnten oder Erwarteten ab, so ist es unangenehm getönt, es kommt zur Abwendung, zur Furcht, ja zum Schrecken.«[373] Auf die Grundschulsituation übertragen heißt das: Lernschwächere Schüler merken sehr bald, sicher schon in den ersten Wochen des Anfangsunterrichts, dass und wie sehr die Lernstärkeren ihnen überlegen sind. Das wirkt sich schnell entmutigend aus. Es kann die individuelle Anstrengungsbereitschaft lähmen, Lernanregung wirkt nicht. Der Konkurrenzdruck kann auf das Gemüt und auf die Leistung drücken. Unsicherheit und Unterlegenheit werden so zum Lebensgefühl.

- Lernanregung und Mitlerneffekte kann es offensichtlich nur in relativ homogenen Gruppen geben, also solchen, in denen es im Begabungspotenzial keine größeren Unterschiede gibt und in denen die Lehrer im Fachunterricht zuverlässig für eine breite gemeinsame Wissensgrundlage gesorgt haben. Das sollte der Fall sein in typischen Gymnasial- und Realschulklassen. In solchen kann das Arbeiten für alle sehr erfolgreich und befriedigend sein.

6.3 Die Lebens- und Lernsituation der unzureichend geförderten Schüler

»Lernschwache« Schüler müssen nicht alle von vornherein schwach begabt und langsam sein oder aus schwierigen Verhältnissen stammen. Manche haben womöglich nur den »Absprung« zur rechten Zeit verpasst und sind von ihren Lehrern und Eltern nicht sofort an die Hand genommen, persönlich angespro-

---

[371] W. Schneider in *Profil* 11/2009, S. 22.
[372] A.a.O., S. 19.
[373] Th. Herrmann 1966, S. 134, vgl. hier auch Kap. 2, Punkt 2.5.

chen und angeleitet worden. Ihrer aller Schicksal ist jedoch das gleiche: Sie sind sehr bald in den meisten Fächern vom Unterrichtsgeschehen, von den Unterrichtsgesprächen und den Gesprächen am Rande dessen weithin ausgeschlossen. Sie sitzen zwar dabei, können aber in der Regel nicht verstehen, worum es geht, was verstanden, neu gelernt und behalten werden soll. Haben sie anfangs vielleicht noch versucht, das eine und andere zu verstehen, zu lernen und zu behalten, so ist diese Situation längst vorbei. Die Mitschüler sind an ihnen vorbei- und weit vorausgezogen, sie erscheinen ihnen unverstehbar und uneinholbar. Ihnen selbst bleiben oft genug nur mitleidsvolle oder herablassende Blicke.

In der Summe ergibt sich: Die Lebens- und Lernzeit dieser Schüler lässt man sowohl in den Anfangsjahren als auch danach praktisch ungenutzt verstreichen. Ihre speziellen Bedürfnisse werden ignoriert, ihre speziellen Fähigkeiten und Kräfte werden nicht abgerufen oder gar gefördert. Ihre Motivation wird nicht belebt, der eigene Lern- und Leistungswille bleibt ohne Ansporn, gezielte Lernhilfen gibt es nicht, von Erfolgen und Lernfortschritten sind sie abgeschnitten. Man verlangt von ihnen, die Zeit abzusitzen. Aber: Kann man dafür »Wohlverhalten« von ihnen verlangen? Was wären im anderen Falle die angemessenen Sanktionen? Wie will man unter diesen Umständen den Lernfortschritt der anderen Schüler schützen und dafür sorgen, dass Lehrer »normalen Unterricht« erteilen können? Wie soll das alles im Schulalltag zusammenpassen?[374]

Dazu gehört: Die überwiegende Mehrzahl dieser Schüler sind Jungen. Ihr Anteil liegt allein in den »Förderschulen« über 60 Prozent[375], bei den Abbrechern sogar noch erheblich darüber. Das Erziehungs- und Schulwesen ist immer stärker in weibliche Hände geraten, u. a. deshalb, weil der Beruf des Lehrers aufgrund der Arbeitsbedingungen und auch finanziell für Männer nicht mehr sonderlich attraktiv ist. Die Diskussion darüber hat gerade erst begonnen.[376] Aber wir haben schon viel Zeit verloren.

Joachim Bauer hat schon 2006 gewarnt: »Wenn ein immer größerer Teil der Kinder keine verlässlichen Beziehungserfahrungen machen kann, nur auf Desinteresse stößt und sich als überflüssig erlebt, ist das, was an Jugendgewalt derzeit in allen westlichen Ländern zu beobachten ist, möglicherweise nur ein Vorgeschmack.«[377]

Über typische Lebensverläufe berichtet z. B. *DIE ZEIT* vom 11. Februar

---

[374] »Die Schülerinnen und Schüler der homogenen gymnasialen Begabtenklassen am Deutschhaus-Gymnasium in Würzburg stören im Unterricht deutlich weniger als die regulär beschulten Gymnasiasten derselben Altersstufen«, in: M. Pröscholdt u. a. 2/2011, S. 66, mit weiterer Literatur zu homogenen begabten Klassen.
[375] Bildung in Deutschland 2010, KMK und BMBF (Hg.), S. 72.
[376] A. Gössling 2008.
[377] J. Bauer 2006, vgl. hier auch bei Kap. 3, Punkt. 3.1.2, Zitat 17.

2010: »Nicht jeder Schulschwänzer wird zum Gewalttäter. Aber viele Gewalttäter werden zum ersten Mal in der Schule auffällig. Schulversagen generell ist ein regelmäßiges Merkmal einer beginnenden kriminellen Karriere: erste Auffälligkeiten schon in der Grundschule, Disziplinprobleme und Konzentrationsschwierigkeiten, dann häufiges Schwänzen, Schlägereien, Verweise. Schließlich verlassen die künftigen Täter die Schule ohne Abschluss. Was folgt, ist ein Leben auf der Straße, mit den Kumpeln. Zu den Eltern nach Hause, sagen Ermittler, gehe es, wenn überhaupt, nur noch zum Essen, zum Schlafen und manchmal, um die Kleidung zu wechseln.

Wer sich die Lebensläufe der Gewalttäter anschaut, kann im Nachhinein die immer wieder gleichen Bruchstellen erkennen. ›Wenn ich die Akten der jugendlichen Täter lese, ist im Rückblick leicht zu sehen, was schiefgegangen ist‹, sagt die Jugendrichterin Heisig. Die Laufbahnen der Schläger sind von deprimierender Gleichförmigkeit. Heisig hat deshalb vor ein paar Jahren angefangen, Kontakte zu knüpfen. Mit Eltern, Lehrern, Polizisten, dem Jugendamt, mit Streetworkern und Migranteninitiativen, auf dem kurzen Dienstweg und manchmal auch ganz ohne. Wenn die jungen Täter bei ihr im Gerichtssaal stehen, ist es nämlich meist viel zu spät [...] Noch steht diesem Anliegen häufig der Datenschutz im Weg, oft hapert es an der Zusammenarbeit.«[378]

Ende Juni 2010 hat Kirsten Heisig Suizid begangen. Im Rückblick auf ihr Tun schreibt *DIE ZEIT*: »[...] Sie hetzte hin und her, weil sie fest überzeugt war, dass sich kriminelle Karrieren nicht durch Strafe, sondern nur durch Vorbeugung verhindern ließen, durch soziale Frühwarnsysteme. Heisig sorgte beispielsweise dafür, dass Informationen über Schulschwänzer leichter zwischen Schule, Schulamt und Jugendgerichten ausgetauscht werden können [...] Sie beeindruckte [einmal bei einem Elternabend für türkischstämmige Eltern im Neuköllner Rathaus, R.B.] die Väter und Mütter, weil sie deutlich die Probleme ihrer Kinder ansprach. Aber auch, weil sie Hilfe anbot [...] Am Tag ihres Todes hatte Heisig noch mit ihrem Lektor telefoniert, um ihm einige Textkorrekturen für das Buch durchzugeben, das demnächst im Herder Verlag erscheinen soll. ›Das Ende der Geduld – Konsequent gegen Jugendgewalt‹ liest sich jetzt wie ein Vermächtnis [...] Ihr Fazit ist so entschieden, wie ihre Urteile es waren: ›Wenn wir nicht rasch und konsequent handeln, wenn wir unsere Rechts- und Werteordnung nicht entschlossen durchsetzen, werden wir den Kampf gegen die Jugendgewalt verlieren.‹ Liege uns an unserer Gesellschaft und deren Werten etwas, dann sei ›Gleichgültigkeit das Letzte‹, was wir uns erlauben können. Passivität tötet.«[379]

---

[378] Chr. Denso u.a. in *DIE ZEIT* vom 11.2.2010, S. 6.
[379] Chr. Denso u.a. in *DIE ZEIT* vom 8.7.2010, S. 2.

6.4 Die »Realitäten« von Jugendlichen und der Umgang mit ihnen

6.4.1 Neue Entdeckungen in der Justiz und der Umgang mit ihnen

Über Einzelheiten im Vorgehen Kirsten Heisigs berichtet *DIE ZEIT*: »Gemeinsam mit ihrem Kollegen Günter Räcke gab sie Ende November 2006 dem ›Tagesspiegel‹ ein Interview, in dem sie deutlich die Missstände in vielen Berliner Bezirken benannte. Sie beklagte die massive Zunahme von Gewaltdelikten, die vor allem die türkisch- und arabischstämmigen Jugendlichen begingen. ›Diese Straftaten vergiften die Atmosphäre in ihrem Kiez, auch zum Nachteil der angepasst lebenden ausländischen Familien.‹ Heisig prangerte die ›unverblümte Deutschenfeindlichkeit‹ vieler Angeklagter an und das Schulschwänzen, das ›in erschreckendem Ausmaß üblich‹ geworden sei. Es müsse klar sein, forderte sie, dass es hierzulande Autoritäten und Regeln gibt, die für alle verbindlich sind. Später, in einem anderen Gespräch, fügte sie hinzu, sie wolle, dass ihre beiden Töchter auch in Zukunft dieselbe Freiheit genießen könnten wie sie und nicht eines Tages zum Tragen eines Kopftuchs gezwungen würden [...] In der Berliner Justiz habe das Interview ›eine kollektive Schockstarre‹ ausgelöst, erinnerte sich Heisig später. ›Sie war eine Ruhestörerin, sie ärgerte die bürokratische Lethargie, der viele in der Justiz anhängen‹, bestätigt ein mit Heisig befreundeter Berliner Staatsanwalt. Viele Richterkollegen unterstellten ihr Geltungsdrang, gingen auf Distanz [...] ›Ich habe keine Freunde hinzugewonnen und fühle mich oft als Exot‹, sagte Heisig noch vor Kurzem. Gisela von der Aue, Berlins umstrittene Justizsenatorin, habe ›erst ihren Frieden‹ mit Heisig gemacht, ›als sie merkte, dass sie die Richterin nicht stoppen kann.‹ [...] Im Mai 2007 hatte Heisig den Neuköllner Bezirksbürgermeister Heinz Buschkowsky um Unterstützung gebeten. ›Wir müssen es als Repräsentanten der Gesellschaft gemeinsam bewerkstelligen, Schule, Jugendämter, Polizei und Justiz an einen Tisch zu bringen‹, formulierte sie damals. ›Nicht die Angeklagten waren ihre Gegner, sondern die Verhältnisse, aus denen sie kamen‹, sagt Buschkowsky. ›Kirsten Heisig bewegte die Vorstellung, dass die Justiz nicht nur verurteilen, sondern auch präventiv agieren kann.‹«[380]

Am 15. Juli sprach Tom Buhrow in den »Tagesthemen« von einer Art »Vermächtnis«: »Sie kämpfte dafür, jugendliche Straftäter sehr schnell zur Verantwortung zu ziehen und dafür die Mühlen der Justiz etwas zu beschleunigen. Das wurde als ›Neuköllner Modell‹ bekannt, denn in diesem Problembezirk der Hauptstadt testete sie ihre konsequente Rechtsprechung zwei Jahre lang. Inzwischen gilt es in allen Berliner Bezirken.«

---

[380] *DIE ZEIT* vom 8. Juli 2010.

Führt man diese ganze Sache auf das Prinzipielle zurück, merkt man: Es geht um eine Entdeckung von großer gesamtgesellschaftlicher Bedeutung im Justizbereich und um das Umgehen damit bei Kollegen und Vorgesetzten und in der Gesellschaft. Einer Jugendrichterin wird bewusst, dass viele ihrer Angeklagten unter ganz anderen Verhältnissen vor Gericht stehen, als das bisher üblich und einkalkuliert war, und sie erkennt, dass Justiz und Gesellschaft, wollen sie nachhaltig mit dieser Jugend Erfolg haben, neben das Urteilen neu die Prävention stellen müssen und stellen können. Die Richterin erkundet selbst in ihrem begrenzten Rahmen Mittel und Wege und hat dabei Erfolg. Sie versucht, darüber allgemein zu informieren, sucht Verständnis und Unterstützung und wirbt für ihre Sicht und die neuen Wege, für den runden Tisch für alle Beteiligten, für Information und Lernen, für Kommunikation, Konsensbemühen und Kooperation, die Mittel unserer Zeit. Aber sie findet Widerhall und Unterstützung nur bei Einzelnen, Wenigen. Vorgesetzte und Kollegen neigen zur Ablehnung. Sie können die Bedeutung dieser »Entdeckungen« noch nicht würdigen. Solches Verfahren und derart persönliches Engagement sind im Justizbereich bisher nicht üblich. »Lernen«, »Gespräch« und Änderungen im Althergebrachten sind nicht die Stärken von Bürokratie und von Hierarchie. Lernbereitschaft als Erkennen und Akzeptieren von Realitäten und als Arbeiten mit ihnen ist in solchen Bereichen wohl nur bedingt zu erwarten. Die Richterin fühlt sich als »Ruhestörerin« und als »Exot« – wohl ein nicht unbekanntes Lebensgefühl bei »Entdeckern«.

Aber – ist ausgeprägtere Lernbereitschaft sonst bei uns in der Gesellschaft und gerade im Schulbereich bemerkbar?

6.4.2 Die »Realitäten« von Jugendlichen und der Umgang mit ihnen im Schulbereich

Die Fakten und Zahlen zeigen: Es besteht eine nicht unerhebliche Diskrepanz zwischen den allgemeinen Vorstellungen bei uns und den Realitäten von Schule und Schülern.

- Unsere Vorstellungen vom Schüler und Schulanfänger und von seiner Leistungsfähigkeit am Schulanfang haben mit den etwa 20 Prozent der leistungsschwächsten Schüler nichts zu tun. Wir schicken sie bedenkenlos mit »Normalschülern« vier Jahre – oder länger – in dieselbe Gruppe und stellen sie so vor Anforderungen, denen sie nicht gewachsen sind. Damit überfordern wir sie und wundern uns dann über die für uns unerwünschten Ergebnisse.
- Unsere Vorstellungen von der pädagogischen Wirksamkeit der Strukturen gemeinsamen Lernens und gerade vom »Mitlernen« beim Mitschüler sind

unrealistisch. Wenn beim schwächeren Lernanfänger, wie die Hamburger Zahlen nahelegen, die besagte Lernanregung schon in den Anfangsjahren nicht wirkt, ist sie in den Folgejahren noch viel weniger zu erwarten. Denn da öffnet sich die Schere zwischen den Leistungsgruppen immer weiter, und Berührungspunkte im Inhaltlichen und in den Arbeitstechniken sind kaum noch vorhanden.

- Unsere Vorstellungen vom Lehrer, von seiner fast beliebigen Einsetzbarkeit, sind nicht an den Realitäten des Menschen orientiert. Denn wenn von den Grundschülern am Ende der Grundschulzeit bis zu 20 Prozent das Ziel nicht erreichen, heißt das, dass die »Normallehrer« diese Gruppe von Schülern eben nicht hinreichend gefördert haben können. Sie haben sich sicher bemüht, haben es aber nicht geschafft. Der Anspruch der Richtlinien auf der einen Seite und der Lernanspruch allein der »Normalschüler« auf der anderen Seite waren zu stark. Lehrer haben auch ihre individuellen Begrenztheiten.

Das macht erkennbar:
- Wir sind als Einzelne wie auch als Gesellschaft offenbar wenig fähig und bereit, bei Kindern Unterschiede in der Begabung, im Lerntempo, bei der Koordinierungsfähigkeit und Feinmotorik und in der Sozialität zu sehen, zu akzeptieren und ihnen Rechnung zu tragen, und haben ebenso Schwierigkeiten, bei Lehrern entsprechende Unterschiede in den Kräften und in der Leistungsfähigkeit hinzunehmen und sie gezielt einzusetzen.
- Wir neigen dazu, solche Unterschiede und ihre teilweise gravierenden Auswirkungen nicht wahrnehmen zu wollen. Das ist wohl die schon erwähnte »systematische Wahrnehmungsverweigerung in der Gesellschaft seit einem Vierteljahrhundert«[381].
- Aber: Nur mittels Differenzierung kann Unterschieden entsprochen werden. Das haben unsere Vorväter erkannt. Sie haben – zusätzlich zum gegliederten System – ein System von Sonderschulen mit den entsprechenden Formen der Lehrerbildung eingerichtet, das überaus segensreiche Arbeit leistet. Von dieser »Pioniertat«, ihrer pädagogischen Grundlegung und ihren Erfolgen weiß man anderswo auf der Welt kaum Einzelheiten. Wo in internationalen Gremien die Wortführer die Menschen vor allem als »Massen« sehen, gerade in den Entwicklungsländern, halten sie offenbar Gleichheitsregelungen für unverzichtbar. Das ist das Sorgen für ein allgemeines Mindestniveau. In einem Land mit längerer pädagogischer Diskussion, wie

---

[381] Burandt 1999, S. 62; vgl. auch Kap. 3, Punkt 2.2.4 und Kap. 3, Punkt 6.6.3.2.

bei uns und neuerdings auch in England, Frankreich und Holland, zielt das Sorgen mit den gezeigten Ansätzen auf ganz anderes. Da sieht man die Kinder und Jugendlichen als Individuen in ihren ganz unterschiedlichen Arten von Hilfsbedürftigkeit und die Lehrer mit ihrer unterschiedlichen pädagogischen Befähigung – da zielt man auf Optimierung. Da möchte man das Individuum zu seinem Optimum fördern und möchte zugleich höchstmögliche Effizienz erreichen. Wenn jetzt z. B. die sog. Behindertenrechtskonvention der UN – indirekt – für unser System von Sonderschulen den Abbau fordert, weil das »nicht mit den Menschenrechten vereinbar« sei, schaden sie – mit ihrer Enge in Wissen und Blickfeld – den Schülern bei uns und anderswo und bremsen den Gang der Entwicklung. Die dürfte immer auf Differenzierung zulaufen.

- Die tradierten Vorstellungen und Praktiken haben in den Gesamtschulen der Welt die Neigung zum Schulabbruch in den letzten 50 Jahren nicht merklich reduziert, sie haben sich also nicht als pädagogisch hilfreich erwiesen. Sollte man es darum nicht endlich mit Differenzierung probieren? Das hieße: Die Schülerinnen und Schüler, die schon in den ersten vier bis sechs Wochen der Grundschule erkennbar Schwierigkeiten im Mitkommen haben, kognitiv wie motorisch, werden von sofort an in kleinen Sonderklassen – evtl. in Schwerpunktschulen – mit entsprechend geschulten und einfühlsamen Lehrkräften zusammengefasst. Sie erhalten im reduzierten Lerntempo und nach eigenem Programm jede nur mögliche Hilfe, um kurzzeitig Lernfortschritte als Erfolge erfahren zu können. Sie sollen möglichst auf eine Dauererfolgsspur geführt und darüber motiviert und stabilisiert werden, sollen Freude am Lernen und Vorankommen bekommen und das nötige Selbstwertgefühl entwickeln. Korrekturversuche in späteren Jahren sind immer sehr kostspielig und wenig erfolgreich. Das sind die Realitäten, sicher überall auf der Welt! Entsprechend fordert Helmut Fend, einen »Angebotsbereich auszubauen für die Risikogruppen, die Mühe haben, Grundqualifikationen zu erwerben«[382].

Das Fazit: Wir werden uns alle neu bemühen müssen, die Realitäten im Bereich von Schule und Erziehung gerade als solche zu erkennen, uns den Blick auf sie nicht verstellen zu lassen und ihnen gemeinsam gerecht zu werden.

---

[382] H. Fend 2009, S. 69, vgl. hier auch Kap. 3, Punkt 5.4.1.4, Zitat 4.

6.5 Die Eltern und ihr Beitrag in den Bildungsprozessen

6.5.1 Im Normalfall

Die Zahlen der Schulabbrecher und derjenigen ohne Berufsabschluss sind unter den Nichtdeutschen rund doppelt so hoch wie unter den Deutschen. Das zeigt, dass die Mitwirkung von Eltern und Familien in allen Bildungsprozessen unerhört wichtig ist, von der Einstellung der Erwachsenen bis hin zu Ermutigung, zu Kontrolle und zu tätiger Mithilfe. Es bestätigt alle früheren Beobachtungen und zeigt, dass in diesem Bereich für die Nichtdeutschen immer noch ein großer Nachholbedarf an Information, an breitem Gespräch und an passenden Lernangeboten besteht. Immerhin sind sich »Bund und Länder darin einig, in den nächsten Jahren die Zusammenarbeit der Bildungspolitik mit abgestimmten Maßnahmen der Sozial-, Familien-, Jugend- und Migrationspolitik zu verstärken. Beispiele für eine solche Kooperation sind der Nationale Integrationsplan, eine verbesserte Zusammenarbeit zwischen Schule und den Einrichtungen der Jugendhilfe sowie eine intensive Kooperation zwischen Schule und Wirtschaft.«[383] Das klingt gut, ist aber sehr pauschal formuliert. Ob es über die Ankündigungen hinaus zu Maßnahmen führt oder gar Erfolg bringt, ist ganz offen.

Daraus ist zu folgern:

- Kultusminister, Schulpolitiker und letztlich alle Bürger können gar nicht dankbar genug sein für die vielfältige Unterstützung, die Eltern ihren Kindern in der Schule und darüber hinaus zukommen lassen. Schule und Lehrer allein würden dies nicht schaffen, und es wäre zudem unbezahlbar. Aber Schule und Politiker sollten den Bogen auch nicht überspannen und in ihren Ansprüchen Maß halten!
- Eltern haben sich auch um Schulreformen verdient gemacht. Sie haben sich z.B. gegen die Einführung der Orientierungsstufe in Niedersachsen gewehrt und während ihres Bestehens immer wieder öffentlich auf die Defizite und Schwächen dieser Schulform hingewiesen. Sie haben damit zwei verschiedene Kultusminister zu Untersuchungen ihrer Leistungsform herausgefordert. Diese Untersuchungen haben die kritisierten Schwächen und Defizite erkennbar und diskutierbar gemacht und damit die Basis für die Abschaffung dieser Schulform und für bessere Förderung der Schüler gelegt.[384]
- Wo Eltern ihren Kindern die wünschenswerte Unterstützung noch nicht

---

[383] KMK-Beschluss vom 6.3.2008, dazu gehört auch die Forderung in Kap. 4 nach »Zusammenarbeit mit anderen Politikbereichen«.
[384] Vgl. hier auch unter Kap. 3, Punkt 5.4.1.

geben können oder wollen, müssen sie ganz neu informiert werden über die Möglichkeiten und Erfordernisse solcher Hilfe und über die Erfolgsaussichten für ihre Kinder und damit auch für die eigene Familie. Eltern müssen für dieses Thema erst einmal sensibilisiert und dann gewonnen werden. Kultusminister und Schulen müssen also den Kontakt suchen zu den einschlägigen Medien, zu regionalen wie überregionalen Verbänden und Institutionen und mit diesen die Zusammenarbeit pflegen. Das alles muss langfristig geplant werden. Das ist etwas Ungewohntes und bedeutet eine Riesenherausforderung. Es ist aber die einzige Lösung, die auf Dauer den Betroffenen und uns allen helfen kann.

- Einen Weg dahin weist Adolf Timm, ehemals Schulleiter in Bad Schwartau. Für ihn »wiegt der Einfluss der Eltern auf den Schulerfolg der Kinder weit schwerer als der von ›Lehrern und Unterricht zusammen‹. Deshalb will er sie in die Pflicht nehmen – ebenso wie die Schulen, die noch begreifen müssen, dass Eltern ernst zu nehmende Partner sind und keine Störenfriede.« Aus diesem Grund veranstaltet er Elternseminare. Er »bildet gerade 60 Trainer für sein Programm aus, will auch Muttersprachler engagieren und das Seminar in Türkisch, Russisch und Arabisch anbieten. ›Wir können es uns nicht leisten, eine Generation von Bildungsverlierern einfach so hinzunehmen.‹ Es dürfe den Familien nicht mehr länger selbst überlassen bleiben, ob sie sich um ihre Kinder kümmern oder nicht [...] Dass Elternseminare funktionieren und durchaus wirksam sind, haben Klaus Hurrelmann und andere Wissenschaftler durch Evaluationen von Programmen wie Step und Triple P bereits nachweisen können.«

- Wo Politiker solche Elternmitwirkung nicht unterstützen oder gar unterbinden wollen, zeigen sie ein merkwürdiges Unverständnis schon für den natürlichen Brutpflegeinstinkt und darüber hinaus für die sachlichen, menschlichen, sozialen und ökonomischen Zusammenhänge. Damit ist Effizienz eher zu verhindern als zu steigern.

- Der derzeit »von oben« geplante Umbau des Schulwesens in Hamburg will sogar Elternrechte abbauen und lässt demokratische Werte wie das breite Gespräch mit allen Beteiligten, Betroffenen und Interessierten sowie die Rücksichtnahme auf Schwächere und Minderheiten vermissen. Ein solcher Konfrontationskurs kann keinen Erfolg haben! Das geht ebenso zu Lasten der Schüler wie von uns allen. Ulrich Greiner sagt dazu: »Als ob dadurch, dass man eine gut funktionierende Schulform [das Gymnasium, R.B.] abschaffte, andere einen Vorteil davon hätten.«[385]

[385] U. Greiner in *DIE ZEIT* vom 18.6.2009, S. 69, nachgedruckt in *Profil* 7/8 (2009), S. 22ff., Zitat S. 24.

6.5.2 Die Sonderfälle

Über Sonderfälle, vor allem mit zugewanderten Großfamilien, schreibt Kirsten Heisig in ihrem Buch »Das Ende der Geduld – Konsequent gegen jugendliche Gewalttäter« – mit Betonung auf dem Untertitel. Dahinter stehen erschreckende Einzelheiten. Aber wir alle müssen das zur Kenntnis nehmen, uns darauf einstellen und auf unsere Art die Antworten geben. Heisig sagt dazu:

- »Die Kinder wachsen weitgehend unkontrolliert in diesen kriminellen Strukturen auf. Auch sie begehen deshalb oft von Kindesbeinen an Straftaten. Der Staat kommt an diese Familien nicht heran. Die Jugendämter sind hoffnungslos überfordert, wenn sie wieder einmal auf eine Vereinbarungsfähigkeit der Eltern hoffen.«[386]
- »Die Kinder [...] haben gelernt, dass es für sie keine Grenzen gibt, und terrorisieren zunehmend ihr gesamtes außerfamiliäres Umfeld. Da sie in ihrer Wohngegend und in den Schulen bekannt sind, funktioniert das bestens; denn alle wissen, dass hinter einem zehnjährigen ›Mitschüler‹ eine gewaltbereite Großfamilie stehen kann, die ihre eigenen Interessen rücksichtslos durchsetzt. Inzwischen reicht es aus, wenn die Kinder in der Schule verlauten lassen, dass sie zur Familie XY gehören. Dann geben alle Schüler ›freiwillig‹ ihre Pausenbrote und Trinkflaschen, Stifte, Hefte und Euros ab [...] Ich habe die Bemühungen der beteiligten Institutionen um diese Familien mit steigender Fassungslosigkeit zur Kenntnis genommen.«[387]
- »Wenn der deutsche Staat diese Familien weiterhin im Land belässt und sie jahrzehntelang ohne jede Gegenleistung unterstützt, obwohl sie die Gesellschaft hemmungslos schädigen, blamiert er sich aufs Äußerste und lädt zur Nachahmung ein. Ich gebe auch zu bedenken, dass wir gegenwärtig das Heranwachsen von Kindern unter kriminogenen Entwicklungsbedingungen gestatten, obwohl es unsere Pflicht wäre, diese Kinder vor ihren Eltern und älteren Geschwistern zu schützen.«[388]
- »Ich vertrete seit vielen Jahren immer wieder die Meinung, dass wir um die Einrichtung geschlossener Unterbringungsmöglichkeiten nicht herumkommen. Alles andere ist pseudoliberale Heuchelei, die vor lauter Ideologie den Blick auf die Lebenswirklichkeit verstellt.«[389]
- »So heißt es unter den Schülern, Deutsche seien schwul, man brauche die Deutschen nicht, die Araber und Türken seien sowieso bald in der Mehrheit, und dann werde ohnehin alles anders.«[390]

[386] Heisig 2010, S. 92.
[387] A.a.O., S. 93.
[388] A.a.O., S. 95.
[389] A.a.O., S. 98.
[390] A.a.O., S. 118.

- »Langfristig ist nur die Stärkung der staatlichen Einrichtung Schule selbst geeignet, die Schule auch wieder zum Schonraum für die Menschen, die dort lehren und lernen wollen, zu machen.«[391]
- »Die Jugendlichen müssen bereits während der Schulzeit den Eindruck vermittelt bekommen, dass sich Schule lohnt, dass es Perspektiven für die Zeit danach gibt. Auch die Unternehmen haben ein Interesse an motivierten Nachwuchskräften [...] Allerdings beklagen sie den Wissensstand der Hauptschüler, der teilweise nicht einmal dem Grundschulniveau entspreche.«[392]
- »Ich sehe es als unerlässlich an, auf sämtlichen Ebenen zu prüfen, welche Maßnahmen wir den Clans entgegensetzen können. Dazu gehören alle beteiligten Institutionen an einen Tisch, wobei ich empfehle, die Verantwortlichen anderer betroffener Städte wie z. B. aus dem Ruhrgebiet sowie aus Bremen/Bremerhaven gleich hinzuzuziehen. Sämtliche vorhandenen Daten sind offenzulegen, damit endlich ein vollständiges Bild entsteht. [...] Datenschutz darf nicht dem Täterschutz dienen.«[393]
- »Kinderschutz vor Datenschutz. Denn der Kinderschutz kann längst nicht mehr darauf reduziert werden, nur in Fällen schlimmster Verwahrlosung in Aktion zu treten.«[394]

6.6 »Subjektive Gesundheitsbeschwerden von Schülern« und die Zusammenhänge

6.6.1 Die Studie der Leuphana Universität Lüneburg 2009[395]

6.6.1.1 Eine Meldung des Presseservers der DAK-Zentrale

»Stress: Mädchen gehen oft mit Schmerzen zur Schule
DAK-Studie: 40 Prozent aller Schülerinnen haben Beschwerden/Viele leiden unter Kopfschmerzen und Schlafproblemen
Hamburg/Lüneburg, den 14. Januar 2010. Sie sind gereizt, können schlecht schlafen und klagen über Schmerzen: Jeder dritte Schüler in Deutschland berichtet von regelmäßigen Stresssymptomen. Nach einer neuen DAK-Studie sind vor allem Mädchen betroffen. 40 Prozent der Schülerinnen haben mehrmals in der Woche psychosomatische Beschwerden. Das zeigt eine aktuelle Befragung von 4500 Jungen und Mädchen im Alter von zehn bis 21 Jahren,

---

[391] A.a.O., S. 119.
[392] A.a.O., S. 124.
[393] A.a.O., S. 95.
[394] A.a.O., S. 114.
[395] Leuphana Universität Lüneburg 2010.

die die Leuphana Universität Lüneburg im Auftrag der Krankenkasse an 15 Schulen in vier Bundesländern durchgeführt hat.

Bei den Beschwerden werden Einschlafprobleme (22 Prozent) und Gereiztheit (21 Prozent) am häufigsten genannt. Kopfschmerzen und Rückenschmerzen geben jeweils rund 16 Prozent der Befragten an. Über Niedergeschlagenheit klagen 14 Prozent. Es folgen Nervosität (11 Prozent), Schwindelgefühle (9 Prozent) und Bauchschmerzen (8 Prozent). Jeder zehnte Schüler berichtet, dass er sogar täglich zwei oder mehr Beschwerden hat.

Jeder zweite Betroffene hat Prüfungsangst
Nach der DAK-Studie hängen viele Probleme offenbar eng mit dem Klassenklima zusammen. In Schulen mit schlechtem Klassenklima ist der Anteil von Schülern mit regelmäßigen Beschwerden deutlich erhöht. Mehr als 50 Prozent der Betroffenen fühlen sich in der Schule ›verzweifelt‹. Insgesamt geben mehr als zwei Drittel der Schüler mit häufigen Beschwerden an, dass sie in der Schule regelmäßig negative Gefühle erleben. Jeder zweite Schüler mit häufigen Beschwerden berichtet ferner von Prüfungsangst. ›Die Gesundheit vieler Jungen und Mädchen leidet unter schulischen Belastungen‹, erklärt Dr. Cornelius Erbe, Leiter des DAK-Geschäftsbereiches Produktmanagement. ›Wird falsch auf diese Belastungen reagiert, können negative Gefühle und psychosomatische Beschwerden entstehen. Wichtig ist, dass auch Lehrer und Eltern die Probleme offen angehen. Schweigen und Verdrängen macht alles noch schwieriger.‹ Schüler, die Probleme eher vermeiden, berichten mehr als doppelt so häufig von regelmäßigen Beschwerden.«

6.6.1.2 Die Empfehlungen am Ende der Studie

»Was kann die Schule konkret tun? Aus den Ergebnissen der Studie lassen sich folgende Ansatzpunkte ableiten:

1. Stärkung individueller Ressourcen
   - Verbesserung der Fähigkeit, mit Stress und Anforderungen umzugehen, z.B. durch das Erlernen von günstigen Lernstrategien sowie durch die Entwicklung von Entspannungskompetenzen,
   - Förderung emotionaler und sozialer Kompetenzen,
   - Erlernen eines günstigen Umgangs mit Misserfolgen und Problemen.

2. Stärkung systemischer Ressourcen
   - Maßnahmen zur Gewaltprävention,
   - Maßnahmen zur Verbesserung des Klassenklimas.« [396]

[396] PresseServer DAK-Zentrale: http://www.presse.dak.de/ps.nsf/allLevel2Form?Open& GoTo=DAK01, zuletzt aufgerufen am 14. Januar 2010.

6.6.1.3 Auswertung und Diskussion

Diese Studie war längst überfällig. Es ist hoch verdienstvoll, den Schüler mit seinen Gesundheitsproblemen endlich einmal in den Blick zu nehmen. Das Ergebnis ist nur noch zu dünn, die Perspektive zu eng, wenn von der Schule allein »Maßnahmen zur Gewaltprävention und zur Verbesserung des Klassenklimas« gefordert werden. Die Ungunst der Arbeitsbedingungen, Vielfalt und Gewicht der Belastungen und das Krankmachende an ihnen werden nicht deutlich herausgestellt, die entsprechenden Forschungsergebnisse[397] aus der Arbeitsmedizin und Arbeitspsychologie sind nicht aufgearbeitet. So werden Staat, Kultusminister und Schule zu wenig in die Verantwortung genommen. Dem Schüler wird überwiegend selbst die Schuld an seinen Beschwerden zugeschoben sowie die Arbeit an ihrem Abbau. Er wird zu wenig gesehen als »Pflichtlerner in einem staatlichen System« mit ganz eigenem Interesse des Staates am Gelingen der Lernprozesse und mit seiner uneingeschränkten Zuständigkeit für die Arbeitsbedingungen und für den Abbau der unnötigen Belastungen.

Sucht man nämlich in allen Beschwerden der Schüler nach dem Gemeinsamen, so wird deutlich: Ihrem Sicherheitsbedürfnis wird nicht Rechnung getragen, d. h. es wird im System überhaupt nicht nach den Grundsehnsüchten des Menschen gefragt, der Sehnsucht »nach Geborgenheit« (Sicherheit), »nach Bestätigung durch die eigene Lebensleistung« und »nach Freiheit«[398] – als ob sie nicht existierten oder nicht bekannt wären.

In dieser Studie werden also Mängel und Fehler des Systems erkennbar und zugleich Wissens- und Denkdefizite bei den Erarbeitern dieser Studie und in der von ihnen benutzten Literatur. Über alles das muss man in der Öffentlichkeit sprechen, denn nur in dem Maße, wie die Defizite bezeichnet und erkannt sind, können sie abgebaut werden und kann dem einzelnen Schüler – und uns allen – geholfen werden. Zur Klärung der Dinge muss man etwas ins Einzelne gehen.

6.6.2 Maßnahmen für das Sicherheitsbedürfnis des Schülers

Der Schüler braucht normalerweise drei Arten von Sicherheit:

- Er muss das Gefühl haben, von den für ihn Verantwortlichen, Eltern und Lehrern, persönlich geschätzt und auf (fast) jede Weise in seinen Lernbemühungen unterstützt und nicht unfair behandelt zu werden.
- Er sollte in mindestens einem Schulfach eine Wissensbasis haben, in der er

---

[397] Vor allem H. Sopp 1958, dazu R. Burandt in *phvn* 3/4 (1990), S. 88ff., und U. Schaarschmidt u. a. 2007.
[398] H. Sopp, S. 108, vgl. hier unter Kap. 3, Punkt 2.2.

sich sicher und stark und allen jeweiligen Anforderungen gewachsen fühlen und Erfolge erleben kann.
- Er sollte daneben möglichst noch eine andere Domäne haben, beispielsweise ein Hobby, an dem er seine Freude hat und bei dessen Ausübung er sich sicher und stark fühlen sowie Misserfolge auf anderen Gebieten ausgleichen kann.

Schule und Staat sind vor allem für die beiden ersten Arten zuständig, für alles, was in den Bereich der Zusammenarbeit fällt. Das heißt im Einzelnen:
- Der Lehrer muss sich bemühen, zu jedem seiner Schüler eine persönliche Beziehung aufzubauen und zu pflegen, und muss ihm das Gefühl geben, er sei in seiner Art voll akzeptiert und werde in seinen Lernbemühungen sachgerecht und verständnisvoll unterstützt. Wo ein Lehrer das nicht kann, muss er es eben lernen – oder den Beruf wechseln.
- Der Lehrer muss in seinem Unterricht dafür sorgen, dass jeder Schüler die nötige Wissensbasis gewinnt, die nötigen Lern- und Arbeitstechniken beherrscht, hinreichend lernzielorientiert arbeitet, seine Erfolge hat und sich an ihnen freuen und daraus neue Motivation gewinnen kann. Das ist die Basis für jeden Lernfortschritt in der Sache und wirkt zugleich hochintensiv auf und über das Emotionale. Es ist der unverzichtbare Beitrag für die Befriedigung des Sicherheitsbedürfnisses und der anderen Grundsehnsüchte, ist dabei aber auch das einzig mögliche und geradezu erforderliche Anti-Angst-Training und zugleich der entscheidende Antrieb zu weiterem Lernen, Persönlichkeitsbildung, Selbstwert- und eigenem Könnensbewusstsein und der wichtigste Beitrag zur Gesundheitsprophylaxe.
- Der Lehrer muss über diese Zusammenhänge Bescheid wissen und ihnen Rechnung zu tragen bemüht sein. Dazu gehört jedoch, dass er nicht als »Einzelkämpfer« auftritt, sondern dass er von allen Seiten, von Kollegen, Schulleitung, Eltern, Schulhierarchie, Medien und Gesellschaft, für die er ja arbeitet, auf jede Weise unterstützt wird.[399]

[399] Aus der Unterrichtspraxis gebe ich ein Beispiel für die Unsicherheitssituation der Schüler: Im Fach Latein gibt es einen »Grundwortschatz« als Mindestwortschatz von rund 1400 Vokabeln und in jedem Lehrbuch einen »Lernwortschatz«, der an diese Zahlen angenähert ist. Nach der gängigen Theorie soll der Schüler diesen Wortschatz »beherrschen«. In den 1970er- und 1980er-Jahren habe ich als Lehrer an einem renommierten Gymnasium bei Übernahme einer neuen Klasse nur zweimal in einem ersten gemischten Test zur »Bestandsaufnahme« die Erfahrung gemacht, dass die Schüler im Durchschnitt knapp über 50 Prozent dieses Lernwortschatzes beherrschten. In allen anderen Klassen lagen die Werte darunter, bei einzelnen Schülern sogar erheblich. Das war natürlich mit den entsprechenden Unsicherheitsgefüh-

- Von dieser gesellschaftlichen Unterstützung für Schule, Lehrer und Lernen ist bei uns schon lange nicht mehr zu reden. Die allgemeinen Wissensdefizite und der Streit der Meinungen wirken tief in die Schule hinein, schaffen Unsicherheit und Orientierungslosigkeit, erschweren Lernen und Erfolg. Das alles geht natürlich nicht spurlos an den Menschen vorbei; es wirkt sich in psychosomatischer Hinsicht auf sie aus, gerade auf die Schwächeren der Gesellschaft. Wir brauchten darum zur – nachträglichen – Klärung darüber und zur Information für die derzeitige und für künftige Generationen dringend einige Untersuchungen, die exemplarisch am Beispiel einzelner Länder aufzeigen, was die Minister in den letzten Jahrzehnten den Schulen an Aufgaben zugeschoben haben und was das für Schüler, Lehrer und Eltern als die »Mitarbeiter« bedeutete – Finanzierung evt. durch eine private Stiftung mit pädagogischen Ambitionen.

6.6.3 Zur Belastung von Schülern – Fragen nach Jugendschutz und Gesundheitsprophylaxe

6.6.3.1 Schülerproteste in Bayern gegen als zu hoch empfundenen Leistungsdruck

Die *LVZ* meldete am 13./14. Februar 2010: »In Bayern haben gestern Tausende Schüler gegen den als zu hoch empfundenen Leistungsdruck am neuen achtjährigen Gymnasium protestiert. Die Schüler verlangen auch eine Verringerung der Stundenzahl, mehr Lehrer und kleinere Kurse.«[400]

6.6.3.2 Berichte aus dem Alltag von Schülern und Lehrern

Ein Vater schrieb mir im Februar 2009 über die Belastung seiner Tochter vor dem Abitur in der 12. Klasse in Magdeburg:

> len und der Neigung zu Aggression oder Regression verbunden. Auch aus anderen Fächern ist das bekannt, die Erklärung: »Das haben wir gehabt, aber wir haben es nicht gelernt.« Das ist eine denkbar ungünstige Ausgangsposition für erfolgreiches Arbeiten, für Schüler und Lehrer gleichermaßen.
>
> Das allgemeine Problem dahinter sollte angegangen werden: Alle Fächer haben zu hohe und unklare Wünsche an das Behalten von Lernstoff. Es sollte darum dringend für jedes Fach festgelegt werden, was zum Lernstoff gehört, also vom Schüler behalten werden und vom Lehrer entsprechend pflichtgemäß eingeübt (und nicht nur »aufgegeben«) werden sollte, und was hübsches und wünschenswertes »Beiwerk« ist. Vgl. dazu Burandt in *phvn* 3/4 (1990), S. 88ff.

[400] *LVZ* vom 13./14. Februar 2010, unter »Politik kompakt«, S. 2; vgl. dazu auch R. Burandt: »Wegsehen und totschweigen?«, in: *dhs* 10/1993, S. 20ff., und von Oktober 1996 die Feststellung von Norbert Walter, Chefökonom der Deutschen Bank, über »eine systematische Wahrnehmungsverweigerung der deutschen Gesellschaft seit einem Vierteljahrhundert« bei Burandt 1999, S. 62.

»Der Stundenplan sieht bei dem Minimum von 34 belegten Wochenstunden folgendermaßen aus:

Montag	7.30–15.15 Uhr
Dienstag	7.30–13.10 Uhr
Mittwoch	7.30–17.00 Uhr
Donnerstag	9.25–15.15 Uhr
Freitag	7.30–13.10 Uhr

Tägliche Aufgaben in allen Fächern sind üblich. Hausaufgaben werden außerdem geballt über Ferien, Feiertage und Wochenenden erteilt. So ›arbeitet‹ man das 13. Schuljahr ein. Wenn man sich wie unsere Tochter den Luxus leistet, ›nebenbei‹ den Führerschein zu machen, sind eigentlich keinerlei Erholungsphasen mehr vorhanden, geschweige denn Zeit für Hobbys, Praktika, Ehrenämter oder ganz alltägliche Dinge wie Hausarbeit. Wir hoffen sehr, dass in wenigen Monaten alles planmäßig überstanden sein wird.«

Eine gute Freundin, Mitte 50, schildert im Mai 2010 die Situation an ihrer Berufsschule in Berlin: »[…] Während meiner gesamten Schulkarriere bin ich noch nie so oft mit [auffälligen] Schülerschicksalen konfrontiert worden. Wir haben einige Borderline-Fälle, die teilweise vor einer Dekompensation stehen, schnippeln, Rasierklingen verschlucken oder sonst noch auffällig sind, sich nicht nur auto-, sondern auch fremdaggressiv verhalten. Häufig stehen Missbrauchsfälle dahinter. Seit einigen Jahren unterrichte ich neben Pädagogik auch Psychologie. Wahrscheinlich bin ich deswegen für viele eine Ansprechpartnerin. Ich kann ›nur‹ zuhören, helfen kann ich nicht […] Die meisten sind bereits in therapeutischer Behandlung.«

Allein die zeitliche Belastung vieler Schüler ist vielfach höher als die eines erwachsenen Arbeitnehmers. Zeiten der Entspannung wie Wochenende und Ferien werden unzureichend respektiert. Das ist Raubbau an den Kräften, der in der Schule beginnt und z.B. im Studium fortgeführt und verstärkt wird. Die Probleme sind prinzipiell lange bekannt, aber werden ignoriert. Jeder scheut sich, sie aufzugreifen. Wegsehen und Totschweigen ist das Rezept.

6.6.3.3 Zu den Arbeitsbedingungen, zu Jugendschutz und Gesundheitsprophylaxe

Von den Kultusministern hat sich bisher, wenn ich nichts übersehen habe, keiner, außer in Ansätzen Georg-Berndt-Oschatz und Horst Horrmann[401], als »Pädagoge« gezeigt, als »Anwalt des Kindes«, besorgt um Jugendschutz und Gesundheitsprophylaxe und um Entlastung bei den Arbeitsbedingungen. Die Anforderungen und Belastungen werden dagegen immer wieder erhöht, z.B.:

---

[401] Siehe unter Kap. 3, Punkt 7.3.

- Die Verkürzung des Gymnasiums auf acht Jahre, das G-8-Modell. Die längst überfällige Reduzierung der Lernstoffe unterblieb, Massierung von Lernstoff bedeutet aber Lernerschwernis.
- Mit der »Verlängerung der gemeinsamen Lernzeit bis zur Klasse 6« werden dem Gymnasium auch wieder zwei Jahre genommen, es bleiben sechs (sieben) Jahre. Die Lernstoffmenge bleibt dieselbe.
- Die Ganztagsschule hat ihre Vorzüge, nur werden die »Lernzeiten« ausgedehnt, die Freizeit der Schüler wird beschnitten. Das wäre längst ein Fall für den Jugendschutz!
- Die Kultusminister neigen dazu, den Druck auf Lehrer und Schüler immer wieder durch Kontrollen und Vergleichsarbeiten etc. zu erhöhen. Damit erkennen sie nur Ist-Stände, sie können also den Lehrern nicht »pädagogisch-psychologische Lernhilfen« an die Hand geben und zu Erfolg und Erfolgserleben beitragen.

»Vom Sinn und Unsinn von Lernstandserhebungen« berichtet »Gymnasium aktuell«[402]: »Im Mai (2010) haben alle Schüler der 3. Klassen den gleichen Test in Deutsch und in Mathematik geschrieben [...] war der Aufschrei in einzelnen Bundesländern groß [...]. ›Die Aufgaben orientierten sich unmittelbar an den Anforderungen der nationalen Bildungsstandards, also nicht direkt an den Lehrplänen der einzelnen Bundesländer‹, stellt das IQB (Berlin) kühl fest. Da haben die Kinder der Bundeslander, die die Bildungsstandards noch nicht eingeführt haben, Pech gehabt [...] In Mathematik wurden die Bereiche Wahrscheinlichkeit, Kombinatorik und Häufigkeit abgefragt – was gar nicht auf dem hessischen Lehrplan für diese Schüler steht. Kein Wunder, dass Schüler und auch Lehrer frustriert waren.«

Wir bräuchten für jedes der Fächer ein Gremium, besetzt mit Fachlehrern und z. B. je einem Arbeitsmediziner und Kindertherapeuten, das den Lernstoff zu sichten und Vorschläge für Reduzierung und Schwerpunktsetzung zu machen hätte, für so etwas wie einen »Kanon«.

Die Studie aus Lüneburg zeigt mit dem, was sie offenlegt und was auch unangesprochen deutlich gemacht wird, über die Gesundheitsbeschwerden der Schüler hinaus ein eigenes Bild von Schule und Gesellschaft. Politiker, Eltern und Bürger wissen über die Arbeitsbelastungen der Schüler und über Möglichkeiten zur Abhilfe bei der Nutzung von Erkenntnissen aus den Arbeitswissenschaften und aus der Lernphysiologie so gut wie nichts, sie interessieren sich auch kaum dafür. Die Schüler sind so fast nur »Objekte« für die

---

[402] *phvn*: Informationen des Philologenverbandes Nds., August 2010, S. 2.

Maßnahmen der Obrigkeit und der Parteipolitiker, sie sind nicht »Subjekt«, nicht Ausgangspunkt und Zielpunkt wohlverstandener »staatlicher Fürsorge« und weit vorausschauender »Daseinsvorsorge«.

Überbelastung in der Schule kann auch zu allseits unerwünschten Entlastungsreaktionen führen, sicher bis hin zu Gewalt. Vorbeugen ist immer der bessere Weg.

6.7 Die Schulabbrecher als Mengen- und als Kostenproblem

6.7.1 Zum Rahmen und zu Zahlen und Fakten

Die Schulabbrecher als »Mengen- und Kostenproblem« abhandeln zu wollen wirkt nicht gerade menschenfreundlich. Aber man kann menschenfreundlich nur argumentieren und handeln, wenn man die nötigen Informationen hat. Im Übrigen gehören Mengen- und Kostenprobleme zu unserem Alltag, und so sollten wir uns ihnen auch stellen. Es geht immer um Lernen. Ich versuche es in verschiedenen Punkten mit einer Annäherung ausgehend von der Statistik und ihrer Auswertung.

- Die Tabelle auf S. 124 zeigt an, wie viele Schüler von 1960 bis 2000 bei uns die Schule ohne Abschluss verlassen haben. Ab 1980 sind die Zahlen durchgehend aufgeführt. Sie beginnen mit 71 700 Schülern pro Jahr, sinken bis 1988 und 1989 auf je 30 600 und steigen dann wieder an auf 50 200. [403]

  Zählt man diese Zahlen von 1980 bis 2000 zusammen, kommt man auf rund 900 000 Schüler. Rechnet man für die 20 Jahre davor mit einem Durchschnitt von je 100 000 Schülern pro Jahr und zählt die noch zur ersten Summe hinzu, kommt man für diese 41 Jahre auf knapp drei Millionen Schulabbrecher. Und rechnet man noch die Schulabbrecher ab 2001 dazu, nur rund 40 000 pro Jahr, kommt man insgesamt auf rund 3 400 000 Schüler. Das ist eine Größenordnung, die schon Respekt verlangen kann.

- Die Agentur für Arbeit hat ausgerechnet[404], dass die öffentlichen Kassen im

[403] Vgl. Tabelle 2 bei Kap. 3, Punkt 6.1.3.1.
[404] Institut für Arbeitsmarkt und Berufsforschung vom 24.9.2008:
»17 900 Euro Kosten pro Arbeitslosen
Ein Arbeitsloser kostete die öffentlichen Haushalte im Jahr 2007 durchschnittlich 17 900 Euro. Der Durchschnittswert umfasst ebenso Arbeitslose, die das ganze Jahr arbeitslos waren, wie Arbeitslose, die nur einen Tag Arbeitsgeld erhielten. Die Mehrheit der Arbeitslosen stellten dabei mit 64 Prozent die Arbeitslosengeld-II-Empfänger. Jeder von ihnen verursachte im Schnitt 18 300 Euro Kosten. Bei den Empfängern von Arbeitslosengeld I – 21 Prozent aller Arbeitslosen – lag dieser Betrag mit 22 700 Euro pro Kopf weit höher.«

Jahr 2007 für jeden Arbeitslosen den Betrag von 17 900 Euro aufgewendet haben inkl. aller Unterstützungsleistungen der Bürokratie. Für die errechnete Abbrecherzahl wäre das pro Jahr ein Betrag von 60 Milliarden Euro im Bundesgebiet.

- Überlegt man, dass man bei rechtzeitiger und gezielter Hilfestellung für diese Schüler mindestens ein Viertel von ihnen zu einem normalen Schulabschluss hätte führen und sie für eine Berufstätigkeit hätte qualifizieren können, bedeutet das zweierlei:
  - Man hätte die Ausgaben für die ganze Personengruppe um dieses Viertel reduzieren können.
  - Die so geförderten Schüler hätten in der Arbeitswelt die entsprechenden Arbeitsplätze besetzen können. Sie hätten ihr gutes Geld verdient, hätten eine Familie gründen und daran ihre besondere Freude haben können: Sie hätten ihren Anteil an Steuern und Sozialabgaben gezahlt und hätten obendrein für die Steigerung der Wirtschaftskraft und der Wirtschaftsleistung in unserem Staat gesorgt. Sie hätten viel mehr erwirtschaftet, als die frühe, gezielte Förderung seinerzeit gekostet hätte. Und Arbeitsplätze wären nicht unbesetzt geblieben. Das wäre ein ganz außerordentliches Plus gewesen; es wäre uns allen zugute gekommen.
- Solche Unterstützung wäre auch ein Akt der Mitmenschlichkeit gewesen. Über das persönlich kaum befriedigende Schicksal der vielen nicht geförderten Schüler verweise ich auf die Einzelheiten in Kapitel 3, Punkt 6.3.[405]
- Bei den herausgerechneten Größenordnungen der betroffenen Menschen und der öffentlichen Fördermittel stellt sich natürlich die Frage, ob eine solche Entwicklung nicht schon vor Jahrzehnten zu erkennen, zu verhindern oder mindestens abzumildern gewesen wäre. Wahrscheinlich hätte das im Zuständigkeitsbereich des einzelnen Landeskultusministers gelegen. Aber von denen hat sich offenbar jeder überfordert gefühlt und hat die Lösung – wortlos und bedenkenlos – seinen Amtskollegen oder einem Nachfolger überlassen: Ist das die garantierte Unzuständigkeit jedes Kultusministers bei uns für pädagogische Probleme, die nicht allein in seinem Land auftauchen? Ist das der typische Missstand im föderalen System?

6.7.2 Zahl der Schulabbrecher in Europa und die Folgerungen

Die Tabelle III[406] auf S. 122 zeigt, dass wir in Deutschland, bezogen auf das Jahr 2002, mit 12,6 Prozent der Abbrecher im europäischen Vergleich noch

---

[405] Vgl. hier bei Kap. 3, Punkt 6.3.
[406] Vgl. hier unter Kap. 3, Punkt 6.1.2.

recht günstig abschneiden. Besser liegen nur noch Österreich mit 9,5 Prozent, Finnland mit 9,9 Prozent, Schweden mit 10,4 Prozent und Belgien mit 12,4 Prozent. Der EU-Durchschnitt liegt bei 18,8 Prozent.

Diese Zahlen machen zweierlei erkennbar:

- Das – tradierte – Gesamtschulsystem mit seinen heterogenen Lerngruppen in den anderen Ländern erweist sich angesichts dieser Zahlen als weniger erfolgreich und weniger schülerfreundlich als unser – tradiertes – gegliedertes System. Dass die Übernahme dieses anderen Systems bei uns entsprechende pädagogische Defizite sollte ausgleichen können, ist also von vornherein unwahrscheinlich. Kein wohlmeinender Mensch kann uns dergleichen empfehlen! Und wir sollten auch nicht unnötig gutgläubig sein!

- Die Verantwortlichen in den Ländern mit dem Gesamtschulsystem haben die Probleme mit den Abbrechern offenbar lange nicht als solche erkannt, weder in mitmenschlicher Hinsicht noch in den volkswirtschaftlichen Dimensionen. Vielleicht haben sie sich nicht zu helfen gewusst. Jedenfalls haben sie sich nicht um Abhilfe bemüht. Und die Öffentlichkeit in diesen Ländern ist wohl uninformiert geblieben oder hat die Fakten eben teilnahmslos hingenommen. Mitmenschliches Engagement und Kritik an den Zahlen und am Nichtstun der Verantwortlichen wären angebracht gewesen. Sie hätten vielleicht etwas ändern können. Die Defizite sehen überall sehr ähnlich aus: Unbeweglichkeit bei den Verantwortlichen, Verzicht auf Aufklärung und allgemeine Hinnahme solcher Wissensdefizite.

6.8 Das neue Programm des BMBF zur Prävention gegen vorzeitigen Hauptschulabbruch

6.8.1 Die Pressemitteilung vom 28.4.2010:

»Schavan: ›Jeder Jugendliche bekommt eine faire Chance‹[407]
Berufsausbildungsbericht 2010. Ausbildungsmarkt bleibt trotz Krise relativ stabil/Neues BMBF-Programm soll 60 000 Schüler auf dem Weg in die Ausbildung unterstützen […] Wir wollen für die Hauptschüler ab der 7. Klasse betreuende Bildungsketten schaffen – startend mit einer individuellen Potenzialanalyse in der 7. Klasse über den Ausbau gezielter Berufsorientierung bis hinein in die Berufsausbildung. Für das Programm werden bundesweit 3200 haupt- und ehrenamtliche Berufseinstiegsbegleiter eingesetzt, die bis zu 60 000 Hauptschülern eine ganzheitliche und mehrjährige kontinuierliche Betreuung ermöglichen sollen.«

[407] BMBF 2010.

6.8.2 Auswertung

6.8.2.1 Zu den vermeintlichen und den wirklichen Defiziten der Schüler

Das neue Programm soll lernschwachen Schülern den Weg von der Schule in die Berufsausbildung erleichtern. Das geht von der Überzeugung aus, dieser Übergang sei für diese Schülergruppe das Hauptproblem. Tatsächlich liegt dieses für sie jedoch in ihren Defiziten in den grundlegenden Kulturtechniken. »Bei PISA lag der Anteil der 15-jährigen Schüler, die kaum über Mindestkompetenzen in Lesen und Rechnen verfügen, bei alarmierenden 22 Prozent«, erklärt Ludger Wössmann[408]. In Hamburg werden »am Ende der Grundschule knapp 20 Prozent der Schüler den Anforderungen nicht mehr gerecht«[409]. Neue Tests zur Lesekompetenz und zur Lesegeschwindigkeit ergaben, »dass die Gruppe der sehr schwachen Leser auch nach achtjähriger Beschulung langsamer lasen als die Gruppe der guten Leser in der zweiten Klassenstufe, dass sie noch mehr Fehler machten als die anfangs guten und durchschnittlichen Leser gegen Mitte der zweiten Klasse [...] Schülerinnen und Schüler mit niedriger Lesekompetenz schnitten auch im mathematischen und naturwissenschaftlichen Bereich unterdurchschnittlich ab.«[410] Aber die Defizite gehen über solche Einzelheiten noch weit hinaus. So stellt z.B. Joachim Bauer fest: »Ein Großteil eines jeden Jahrgangs nimmt aus der Schule nichts von dem mit, was einen Menschen fit fürs Leben macht: Selbstvertrauen und Motivation, fachliches Basiswissen sowie soziale und emotionale Kompetenz.«[411] Die Lesekompetenz erweist sich so fast als eine Art Schlüsselkompetenz und gar als Indikator für den allgemeinen Leistungsstand und für den Menschen als »Lernperson«.

Wer den Schüler wirklich zu Ausbildungsreife führen und ihm zum Übergang verhelfen will, muss darum als Erstes diese Grunddefizite abbauen; und dazu muss er Klarheit schaffen zu ihren Ursprüngen und ihrer Vernetzung, muss also so etwas wie eine »Diagnose« leisten.

6.8.2.2 Klärung von Ursachen und Vernetzung bei den Defiziten

6.8.2.2.1 Zum Kognitiven und zur Motivation

Die genannten Defizite fallen nicht vom Himmel; sie stellen sich irgendwann schrittweise ein. Sie fangen da an, wo sich die ersten Schwierigkeiten in der Schule zeigen, Fortschrittsverzögerungen, Misserfolge und Entmutigungserscheinungen. Das ist zumeist wohl schon in den ersten Wochen und Monaten

---

[408] L. Wössmann 2007, S. 58.
[409] J. Otto in *DIE ZEIT* 12.3.2009, S. 67.
[410] W. Schneider in *Profil* 11/2009, S. 22.
[411] J. Bauer 2007, S. 11.

des ersten Schuljahrs der Fall. Hier ist sofortige Hilfe angebracht und sicher hochwirksam. Wird in dieser Zeit nicht alles Grundlegende in den Kulturtechniken, sozusagen die »Basis«, verstanden und gelernt und lassen die nötigen Erfolgserlebnisse auf sich warten als Stimuli für alles Weitermachen und als Mittel zur Entwicklung von Frustrationstoleranz, führt das sofort zu Lücken, die sich kaum noch schließen lassen. Sie bleiben als Defizite und Lernhemmungen bestehen, auf ihnen kann nicht mehr weitergebaut werden.[412]

6.8.2.2.2 Zum Sprachlichen, zur Denk- und Persönlichkeitsentwicklung

Wer bis zum Ende der 1. Klasse oder spätestens der 2. Klasse nicht Lesen und Schreiben gelernt hat, kann natürlich auch nicht lesen, was danach jeweils an die Tafel geschrieben wird und was in den Lehrbüchern steht, und so nicht verstehen, worüber gesprochen wird. Er kann sich darum an allen Gesprächen, die sich an solchen Einzelheiten entzünden, kaum je beteiligen, kann auch kaum verstehen, was mit den Sachen jeweils gemeint ist und bezweckt wird. Die Fähigkeiten zum Verstehen, zum eigenen Formulieren und zum Mit- und Durchdenken und dann auch zum Verstehen von Welt können damit kaum angeregt und gefördert werden. Der Rückstand gegenüber den Mitschülern wächst fortlaufend. Entwicklungsfortschritte können sich kaum einstellen, der Schüler kommt aus einem Frühstadium nicht heraus.

6.8.2.2.3 Zum Selbstbild, Menschen- und Weltbild

Wo ein Schüler über Wochen und Monate oder gar über Jahre hin erlebt, dass er mit seinen Mitschülern nicht mithalten kann und ihnen weit unterlegen ist, formt er aus diesen Erfahrungen sein Selbstbild und sein Menschen- und Weltbild. Er findet, dass er für Schule und Lernen zu ungeschickt oder jedenfalls nicht begabt ist und die ganze Welt der Erwachsenen fast nur darauf abgestellt ist, ihm Misserfolgserlebnisse, Frustrationen und Demütigungen zu bescheren. Für ihn gehört es also zur Überlebensstrategie, sich all dem genügend zu entziehen, anderswo die Selbstbestätigung zu suchen und sich bei Menschen seinesgleichen Verständnis und Unterstützung zu holen.

6.8.2.3 Das Fazit: Von der Diagnose zur »Therapie«

Damit sind die Maßnahmen vorgezeichnet, mit denen man lernschwache Schüler auf ihrem jeweiligen Ist-Stand abholen, sie »auffangen« und einem Schulabbruch vorbauen kann. Diese Maßnahmen passen zwar nicht in das derzeitige »System« und in die gängigen Vorstellungsmuster; sie sind aber tatsächlich wohl das einzige Mittel, das zu Erfolg führen kann. Im Prinzip geht

---

[412] Vgl. auch hier unter Kap. 3, Punkte 5.4.1.4. und 6.3.

es darum, dem Schüler zu helfen, nichts zu versäumen, und Fehlentwicklungen aller Art vorzubeugen. Reiche Erfahrungen dazu gibt es aus der Behandlung der »neurotischen Bequemlichkeitshaltung«.

6.8.3 Der Ansatz des BMBF ohne vorherige »Diagnose«, ähnliches Denken in Sachsen

Eine Diagnose solcher Art ist vom BMBF gar nicht erst gesucht oder versucht worden. Die Realitäten, also die Hauptprobleme des Schülers, werden ignoriert, und für die vermeintliche Förderung wird ihm einfach gegen Ende seiner Schulzeit eine Lösung »vom Grünen Tisch« sozusagen übergestülpt, und das Programm wird der Öffentlichkeit präsentiert als »faire Chance für jeden Jugendlichen«. Das ist reines Wunschdenken, Ideologie. Und dass die »Berufseinstiegsbegleiter« das nicht auszugleichen imstande sind, ist sicher. Dazu fehlen ihnen der Auftrag und die Vorbildung. Gelder und Kräfte werden so massenhaft fehlgeleitet, Bürger und Politiker und die »Helfer« in falscher Hoffnung gewiegt. Was die Schüler – und wir alle – tatsächlich brauchen, sind viele neue Lehrkräfte in der Grundschule, Sondermaßnahmen und -richtlinien für Langsamlerner und ein neues Verständnis für Individuelles.

In Sachsen ist die Überzeugung von der eigenen »Fortschrittlichkeit« ziemlich dieselbe wie im BMBF, und man neigt dort zu ähnlichem Verhalten. Als Beispiel dafür zitiere ich aus dem Schreiben vom 17. November 2009, das ich auf eine eigene Zuschrift hin von Sven Morlock, dem Staatsminister für Wirtschaft, Arbeit und Verkehr in Sachsen, erhalten habe:

»Hilfe für die Schulabbrecher ist für die neue sächsische Staatsregierung nicht nur ein Lippenbekenntnis. Wir haben das Thema darum in der Einführung zum Bildungskapitel des Koalitionsvertrages auf Landesebene wie folgt formuliert: ›Kein Talent soll unentdeckt bleiben, kein Schüler soll zurückbleiben.‹ Dazu haben wir vereinbart, dass die sächsischen Modellprojekte für Gemeinschaftsschulen abgeschlossen werden. Wichtiger noch finde ich, dass die Schullaufbahnen flexibler werden, der Übergang erleichtert wird. So werden wir die individuellen Entwicklungsverläufe unserer Schüler im Bildungssystem abbilden und individuelle Förderung ermöglichen.«

Fakt ist: Jeder Arzt erstellt selbstverständlich für jeden Patienten sorgsam eine individuelle Diagnose und leitet daraus die Therapie ab. Auf entsprechende Gedanken kommen unsere Bildungspolitiker und die Bundesbildungsministerin nicht. Ist das Gedankenlosigkeit oder Selbstüberschätzung?

7 Aus der Globalisierung: Entwicklungen in der Welt und Diskussion um Führung

7.1 Entwicklungen in der Arbeitswelt und Führungsleistung als Lernen

7.1.1 Entwicklungsschübe seit dem Ende des Ersten Weltkriegs (1918)

Schule existiert nicht außerhalb der Gesellschaft, sondern in ihr. Als Traditionsinstitution des Staates wird sie in der Modernisierung kaum Vorläufer sein. Sie sollte allerdings sicher auch nicht ihrer Zeit hinterherhinken. Aber wodurch wird die jeweilige »Zeit« bestimmt? Wir werfen zur Vergewisserung einen Blick auf Entwicklungen in der Welt:

Nach dem Ersten Weltkrieg ging es in der Arbeitswelt zuerst – bei uns wie anderswo – um die Einführung der Massenproduktion, nach 1945 dann verstärkt um deren Rationalisierung, in den 60er-Jahren um die Humanisierung, in den 80ern um die Steigerung der Wettbewerbsfähigkeit und neue Formen der Mitarbeiterführung und -förderung. Seit den 90ern geht es vor allem um das Qualitätsmanagement und, im größeren Rahmen gesehen, um Kooperation über die Ländergrenzen hinaus mit dem Ziel, die Entwicklungskosten für jeden Partner zu reduzieren und schnell zu verwertbaren Ergebnissen zu kommen. Das Rationalisierungs-Kuratorium der Deutschen Wirtschaft e. V. (RKW) hat bei all dem von seiner Gründung 1921 an eine wichtige Rolle gespielt.[413] Diese Entwicklungen kann man, wenn ich es recht sehe, vor allem auf drei »Entdeckungen« zurückführen:

- Wer sich um die Nutzung neuer Erkenntnisse bemüht, gewinnt die Möglichkeit, besser und schneller und zugleich kostengünstiger zu produzieren und zu wirtschaften, d. h. Lernen zahlt sich wortwörtlich aus. So wurde Beratung immer neu nachgefragt, Gelder wurden dafür investiert, ein ganzer Berufsstand entwickelte sich: die Unternehmensberater mit einer Vielzahl von Schwerpunkten für das Technische wie für das Nichttechnische. Dieser »Markt« ist mittlerweile riesengroß und hoch leistungsfähig.
- Die Leistungsfähigkeit des Menschen im Körperlichen ist begrenzt, Roboter können vieles besser, schneller und preisgünstiger; aber vieles können sie auch nicht. Menschen können denken, sich etwas einfallen lassen, Neues entdecken, mit anderen kommunizieren und kooperieren. Das sind Leistungspotenziale, die genutzt werden können.

[413] Burandt 1999, S. 64.

- Neben dem Technologietransfer gibt es den Wissenstransfer, die Nutzung wissenschaftlicher Erkenntnisse aus dem nichttechnischen Bereich. Sie verspricht bei konsequenter Anwendung entsprechende Erfolge.

Für die Gestaltung der Praxis in den Unternehmen und für die Beziehungen der Menschen untereinander brachten diese Entdeckungen eine Vielzahl von Neuerungen:

- Man reduzierte die Hierarchie-Ebenen, nahm den Vorgesetzten die Unnahbarkeit und machte sie »erreichbar«.
- Man richtete das innerbetriebliche Vorschlagswesen ein mit abgestuftem Prämiensystem. Damit regte man die Entdeckerfreude an, machte den Arbeiter zum Mit-Arbeiter, interessierte ihn für den Unternehmenserfolg und belohnte Nachdenken, Erfindergeist und Engagement.
- Man begann mit gezielter Mitarbeiterführung, mit Qualifizierung und Karriereplanung.
- Man versuchte die Kommunikation im Ganzen wie in den einzelnen Abteilungen und zwischen den Abteilungen anzuregen und zu fördern und engagierte für solche Förderung sogar Fachleute für Kommunikation.
- Man versuchte ein gutes Betriebsklima zu schaffen und zu pflegen, die Identifizierung der Mitarbeiter mit dem Unternehmen und mit den Unternehmenszielen zu fördern und ein Wir-Gefühl wachsen zu lassen.
- Man wollte Betrieb und Produktion zunehmend ökologisch richtig und auf Nachhaltigkeit hin ausrichten; denn hochqualifizierte Mitarbeiter und Führungskräfte sind immer häufiger nur für solche Rahmenbedingungen zu gewinnen.
- Man regte gegebenenfalls gezielt weitere Forschung an und suchte übergreifend die Kooperation. Damit hoffte man, Entwicklungskosten reduzieren zu können.

Diese Maßnahmen wurden natürlich nicht überall gleichzeitig und in derselben Art, Abfolge und Intensität eingeführt, sondern je nach den Gegebenheiten des Unternehmens und nach den Vorstellungen der Führung verschieden. Ihrer Tendenz nach zielen sie jedoch alle in die gleiche Richtung.

7.1.2 Führungsleistung als »lebenslanges Lernen«

Alle diese Entwicklungen und ihre Schübe waren keine Automatismen, keine Selbstläufer. Sie wurden von einzelnen Personen gewollt und geplant, finanziert, riskiert und durchgeführt. Das waren die Unternehmer. Sie waren die Motoren für diese Entwicklung. Wollte man ihre Führungsleistung und ihr

Lernverhalten in so etwas wie Kurzformeln zusammenfassen, hieße das wohl vor allem: Die Unternehmer

- suchten immer neu die Verbesserung der Unternehmensleistung und der Wettbewerbsfähigkeit nach dem Stand der Zeit, zuerst in der Quantität der Produkte, dann mit Qualität und Effizienz als Zielen,
- zeigten Weitblick, Initiative und Beharrlichkeit, Lern-, Fortschritts- und Erfolgswillen, Entdeckerfreude, kontrollierte Risikobereitschaft,
- versuchten Transparenz für alles und jeden, Wissenschaftsnutzung, leisteten Planung und Information, förderten Kommunikation und Kooperation und Gesamtlösungen im Konsens,
- investierten immer neu in Beratung und betrieben kluges Zeitmanagement (Zeit ist Geld),
- suchten die Bündelung aller Mittel und Kräfte, zentrale Steuerung nach dem Motto »klotzen, nicht kleckern«,
- zeigten Klarheit in den Zielvorstellungen und Verfahren, Überzeugungskraft und Durchsetzungsfähigkeit,
- sorgten für Umbau der Strukturen, weg vom Hierarchiedenken und der Anordnungsneigung hin zum Arbeiten nach dem »Modell des lernenden Systems«,
- suchten und förderten Mentalitätsänderung, leisteten Motivierung des Menschen, des Mitarbeiters und des Kunden, Förderung und Qualifizierung des Mitarbeiters,
- suchten den Spareffekt durch Zusammenarbeit auch über das eigene Unternehmen hinaus,
- suchten die Verbindung von Ökologie und Ökonomie,
- regten die Emotionalität an und suchten Erfolge und Erfolgserleben mit dem Wir-Gefühl.

In allen diesen Einzelheiten atmet der Geist der Zeit, die Fähigkeit und der Wille zu Erfolg und Aufbruch. Es zeigen sich Aufgabenbewusstsein und Zielorientierung, Maßstabsvergewisserung, Lernen und Flexibilität. Wichtige Werte sind z.B. Professionalität, Solidität, Zuverlässigkeit, Verantwortungswillen, Zielstrebigkeit, Nachhaltigkeit, Sozialität, Solidarität, Kommunikation und Kooperation, Kontrolle, Rechenschaftslegung und Transparenz.

Damit hatten und haben die Unternehmer durchschlagenden Erfolg. Die Ergebnisse übertrafen sehr bald die Erwartungen im Ganzen offenbar um ein Vielfaches. Sie führten zu einer enormen Steigerung der Effizienz; man rechnet im Durchschnitt sogar noch weiterhin jedes Jahr mit einem Produktivitätszuwachs um die 3 Prozent.

7.2 Führungsleistung in der wissenschaftlichen Diskussion unserer Zeit

Zu Stand und Entwicklung der Dinge und zu den weiteren Entwicklungsmöglichkeiten hat sich eine breite Diskussion sowie umfangreiche Literatur entwickelt. Aus dieser nenne ich nur zwei Bücher, die ich im Hinblick auf Probleme der Führung in der Schule als zentral ansehe:

> Uto J. Meier und Bernhard Sinn (Hg): »Zwischen Gewissen und Gewinn – Wertorientierte Personalführung und Organisationsentwicklung« (Regensburg 2005); eine Sammlung von Aufsätzen von einer Vielzahl sehr verschiedener Autoren.
>
> Rolf Wunderer: »Führung und Zusammenarbeit – Eine unternehmerische Führungslehre« (Neuwied, 6. Auf. 2006).

Aus dem letzten Buch zitiere ich aus dem Schlussteil das Fazit: »Der zunehmende Wettbewerb wird nicht allein durch verstärkte Härte und Rationalität über strategisch und organisatorisch begründete Umstellungen gemeistert, weil die Mitarbeiter von heute andere Wertvorstellungen haben und die Produkte in der Dienstleistungs- und Informationsgesellschaft zunehmend wieder in Einzelfertigung und in Zusammenarbeit mit den Kunden mit Begeisterung und Kompetenz entwickelt werden müssen. Dies erfordert zunehmend Sozialkompetenz und emotionale Intelligenz in der Führungs- und Kollegenrolle, die – neben ziel- und ergebnisorientierter Führung – auch motivgerecht beeinflusst, v. a. Sinn in der Arbeit und Spaß an der Tätigkeit sichert. Dies kann über fördernde Rahmenbedingungen und Arbeitskontexte gelingen, die motivierten Führungskräften und Mitarbeitern erlauben, ihre unternehmerischen Kompetenzen in der gewünschten Weise einzusetzen. Unverzichtbar bleibt dabei der Wandel des Managers zur Führungskraft, die fördernde Arbeits- und Beziehungsstrukturen für Mitarbeiter sichert und Motivationsbarrieren abbaut, die darüber hinaus aber auch Visionen vermittelt und inspirieren kann, die Mitarbeiter individuell unterstützt und die sich nicht zuletzt um die Gestaltung, Interpretation und Weiterentwicklung mitunternehmerischer Werte kümmern kann und will.«[414]

Wer sich dagegen lieber an der Praxis orientieren will, sei auf die Internetseiten großer Unternehmen hingewiesen, z. B. auf »Wir bei BMW – Das Mitarbeiter- und Führungsleitbild der BMW-Group« unter http://www.

---

[414] R. Wunderer 2006, S. 542–43.

bmwgroup.com/d/o_o_www_bmwgroup_com/unternehmen/publikationen/
aktuelles_lexikon/_pdf/Wir_bei_BMW_A4.pdf[415]

7.3 Zum Nutzen für Kultusminister, Schule und Parteiendemokratie

Eine annähernd vergleichbare Diskussion um Maßstäbe für Führungsverhalten z. B. eines Kultusministers und um die heutigen Anforderungen an den Inhaber eines solchen Amtes gibt es bisher nicht. Das ist ein gesellschaftliches Defizit; denn erst wenn Kultusminister (und Parteien) einigermaßen genau wissen, was von ihnen erwartet wird und nach welchen Maßstäben sie gemessen werden, können sie sich entsprechend bemühen. Dann werden auch Leistungen vergleichbar und Verbesserungen möglich sein. Eine öffentliche Diskussion darüber gehört so mit zum Ersten, was in Richtung Schulreform eingeleitet werden sollte.

8 Aus der Welt der Kultusminister: Beschlüsse, Aufgabenbewusstsein, Arbeitsbedingungen

8.1 Zum Sinn dieses Kapitelteils

In diesem Kapitelteil soll aus der Welt der Kultusminister berichtet werden, einem Bereich, der dem Außenstehenden normalerweise verschlossen ist. Dabei geht es nicht um die Aufdeckung von Dienstgeheimnissen, sondern darum, Politikern und Bürgern Einblick in Aufgaben, Aufgabenbewusstsein und Aufgabenbewältigung zu geben und ihnen entsprechende Insiderinformationen zugänglich zu machen. Dazu gibt es eine breite Palette von Themen. Hintergrund und Maßstäbe zur Beurteilung liefern die erwähnte Diskussion über Anforderungen an heutiges Führungsverhalten und die Ausführungen über typisches Managerverhalten.[416]

---

[415] Zuletzt aufgerufen am 8.4.2011.
[416] Vgl. dazu Kap. 3, Punkt 7.

8.2 Verlautbarungen aus der Kultusministerkonferenz und Auswertung

8.2.1 Der »Beschluss der Kultusministerkonferenz (KMK) vom 25. Mai 1973 zur Stellung des Schülers in der Schule«

In diesem Beschluss heißt es: »Nach Art. 7 des Grundgesetzes steht das gesamte Schulwesen unter der Aufsicht des Staates [...] Der Bildungsauftrag der Schule muss sich an den Normen des Grundgesetzes orientieren. Das muss vor allem dadurch geschehen, dass bestmögliche Bedingungen für die Förderung des einzelnen Schülers und für die Chancengleichheit geschaffen, das eigenständige Recht des Kindes auf Erziehung und Bildung gewahrt, legitime Interessen der Eltern an der Erziehung ihrer Kinder durch die Schule beachtet und die Schüler zur Wahrnehmung ihrer Grundrechte im politischen und gesellschaftlichen Leben befähigt werden.«[417]

Die Einleitung dazu ergänzt: »Die Kultusminister wenden sich mit ihrer Erklärung nicht nur an Schüler, Eltern und Lehrer, sondern an die gesamte Öffentlichkeit, weil sie dazu beitragen wollen, eine wirklichkeitsnahe Sicht der Schule zu ermöglichen [...] Sie lassen sich von der Absicht leiten, eine gemeinsame Basis [der Länder, R. B.] für weitere Entwicklungen zu gewinnen.«[418]

Mit diesem Beschluss bekennen sich die Kultusminister zu ihrer Verpflichtung, »bestmögliche Bedingungen für die Förderung des einzelnen Schülers und für die Chancengleichheit zu schaffen«. Und mit den Absichtserklärungen, die ausdrücklich »an die gesamte Öffentlichkeit« gerichtet sind, eine wirklichkeitsnahe Sicht der Schule ermöglichen und eine gemeinsame Basis für weitere Entwicklungen gewinnen zu wollen, bekennen sie sich zusätzlich zu zwei grundlegenden Zielen und Werten. Bei dem einen geht es um das Bemühen um Wirklichkeitsnähe der Sicht der Schule in der »gesamten Öffentlichkeit«, weil ohne eine solche Sicht tatsächlich das geforderte »eigenständige Recht des Kindes auf Erziehung und Bildung« nicht gewahrt werden kann. Und beim anderen ist es mit dem Bemühen um eine »gemeinsame Basis für neuere Entwicklungen« das Bekenntnis zu Kommunikation und Kooperation – in und mit den Ländern wie auch wohl in der Rücksichtnahme auf »legitime Interessen der Eltern an der Erziehung ihrer Kinder durch die Schule«.

Die Kultusminister erklären sich damit letztlich für zuständig und verantwortlich für die Verhältnisse im gesamten Schulbereich, für Organisation, Weiterentwicklung und Effizienz.

---

[417] KMK vom 25.5.1973, Punkt I.
[418] Ebd.

Sie wollen eine »wirklichkeitsnahe Sicht der Schule ermöglichen« und eine gemeinsame Basis der Länder schaffen. Das sind die Maßstäbe, an denen die Minister gemessen werden wollen und gemessen werden müssen, und letztlich auch jeder Amtsnachfolger.

8.2.2 Die »Stellungnahme der KMK zu den Ergebnissen von PISA« vom 6. Dezember 2004

8.2.2.1 Die Zitate

- Die Kultusminister »wissen, dass es zu einer Qualitätsverbesserung des deutschen Bildungswesens auch einer weiteren Verbesserung der Rahmenbedingungen bedarf [...] Sie streiten seit Jahren konsequent dafür, dass Priorität für Bildung ernst genommen wird und konkrete Konsequenzen hat.« (S. 3)
- »Im Interesse einer Verbesserung des Unterrichts als des Kerns der schulischen Arbeit wird die KMK ihre Anstrengungen im Bereich der Entwicklung länderübergreifend verbindlicher Bildungsstandards, ihrer Implementation in allen Ländern und ihrer regelmäßigen Überprüfung konsequent fortsetzen.«
- »In diesem Sinne werden in der KMK in den kommenden Monaten die folgenden Arbeitsbereiche im Mittelpunkt stehen:
  - Verbesserung des Unterrichts zur gezielten Förderung in allen Kompetenzbereichen, insbesondere in Lesen, Geometrie und Stochastik [...].
  - »Weiterentwicklung der Lehreraus- und -fortbildung, insbesondere im Hinblick auf den Umgang mit Heterogenität [...] und eine gezielte Unterstützung der einzelnen Schülerinnen und Schüler.«

8.2.2.2 Auswertung: Auseinanderfallen von Anspruch und Wirklichkeit

Diese »Stellungnahme« ist hoch anspruchsvoll, zeigt aber allein in der Verwendung der Wörter die Vermischung zweier ganz verschiedener Denkbereiche. Im einen geht es um »Qualität« mit Begriffen wie »Qualitätsverbesserung«, »Priorität für Bildung«, »Verbesserung des Unterrichts«, »gezielte Förderung«, »Weiterentwicklung«, »gezielte Unterstützung«; das betrifft den ganzen pädagogisch-psychologischen Bereich, zielt auf das »Menschliche« und ist ausgerichtet auf »Fördern« und »Helfen«. Dazu gehört eine Menge einschlägiges Wissen. Die anderen Begriffe wie »Bildungsstandards«, »Überprüfung«, »Vergleichstests«, »Kontrollen« etc. kennzeichnen typische Maßnahmen und Mittel der Obrigkeit, auch z. T. mit Abstraktionen. Das ist das bevorzugte Denken der Minister in den Kategorien von Macht, Organisation, Bürokratie und Anordnen und Ausführen. Dahinter steht die Vorstellung, man könne mit Kontrollen etc. »Druck« auf Schüler wie Lehrer gleichermaßen ausüben und damit die gehoffte Qualität erreichen, die Vorstellung, das sei »Förderung« und schaffe »Bildung«. Das ist die typische Überschätzung der Wirksamkeit bürokratischer Mittel und die Unterschätzung des Nutzens der Humanwissenschaften und aller Erfahrungen in Alltag und Arbeitswelt, der typische Denkfehler in der Verkennung der Realitäten, auch z.B. des »Menschen«.[419] Dieser Denkfehler als »Obrigkeit« steht hinter allen Entscheidungen und Verlautbarungen der Minister. Sie wollen sich wissend und tatkräftig präsentieren, sehen aber wegen ihrer einschlägigen Wissens- und Lerndefizite nicht das eigene Wunschdenken dahinter. So leisten sie Täuschung und Selbsttäuschung zugleich. Sie verhindern eine »wirklichkeitsnahe Sicht der Schule«[420] und vernebeln die Zusammenhänge. Damit schaden sie Generationen von Schülern und uns allen, denn sie schieben Aufklärung und Abhilfe immer neu in die fernere Zukunft hinaus. So fallen Anspruch und Wirklichkeit in dieser Stellungnahme auseinander.

Zu Bildungsstandards sagt z.B. ein Praktiker wie Wolfgang Steinbrecht: »Es ist schwer zu entscheiden, wovor einem mehr graust, vor der intellektuellen Dürftigkeit der Standardbeschreibung oder vor dem Unterrichtstyp, der durch die Professionalisierung der Lehrer erzwungen werden soll. Wohlgemerkt, dies [...] war der Modellfall eines Standards, den der Leiter des Instituts zur Qualitätsentwicklung im Bildungswesen zur Propagierung seines Anliegens eigenhändig ausgewählt hat.«[421]

8.3 Bemühungen von Kultusministern um Aufklärung und Steigerung der Effizienz

8.3.1 Bemühungen ab ca. 1983 von Oschatz, Horrmann, Schwier und Rößler

8.3.1.1 Die Bemühungen

Seit den 1980er-Jahren haben mehrfach einzelne Kultusminister versucht, Aufklärung im Schulbereich zu leisten und so eine Steigerung von Qualität und Effizienz zu erreichen:

- In Niedersachsen hat Georg-Berndt Oschatz, CDU, ab 1983 eine breit angelegte bildungspolitische Inventur des gesamten Schulwesens durchgeführt, die sogenannten »Bestandsaufnahmen« für alle Schulformen. Das war eine

---

[419] Vgl. 3. Kapitel, Punkt 8.8.1.
[420] Vgl. Kap. 3, Punkt 8.2.1.
[421] Vgl. hier Kap. 3, Punkt 9.2. und W. Steinbrecht in *phvn* 3/2009, S. 7; ähnlich skeptisch z.B. auch H. Brügelmann 2005.

geniale Idee. Diese Bestandsaufnahmen ermöglichen einen breiten, in dieser Form nie da gewesenen Einblick in die Praktiken und Probleme der Schulpraxis. Aber sie blieben nach dem Fortgang des Ministers ungenutzt liegen.[422]

- 1989 hat Horst Horrmann, CDU, in Niedersachsen mit einer »Anhörung zur Arbeitsbelastung der Schüler« den ersten offiziellen Versuch unternommen, die arbeitswissenschaftliche Forschung und Diskussion für die Schule nutzbar zu machen und damit die Denk- und Gesprächsbasis zu erweitern. Aber die geladenen Arbeitswissenschaftler wussten nicht recht, was sie zur Sache hätten beitragen können. So verlief die Anhörung im Sande.[423]

- Hans Schwier, SPD, hat in Nordrhein-Westfalen in den Jahren 1983 bis 95 viel Geld für die Kienbaum-Unternehmensberatung ausgegeben, hat also auf Beratung durch Betriebswirtschaftler gesetzt. Diese haben zwar viele Papiere produziert, jedoch nicht zum wünschenswerten Durchblick verhelfen können. Die Papiere blieben bundesweit ungenutzt.

- Über Sachsen meldet die »Hannoversche Allgemeine Zeitung« Anfang 1999: »Die Kienbaum-Unternehmensberater, von denen Kultusminister Matthias Rößler, CDU, seine Behörden und Schulen durchleuchten lässt, wissen jedenfalls auf der Suche nach Effizienzreserven nicht mehr weiter.«[424]

8.3.1.2 Das Grundlegende in diesen Bemühungen

Jeder dieser Minister protestierte mit seinen Bemühungen unverkennbar gegen den Mangel an Transparenz im gesamten Schulbereich, gegen die Unbeweglichkeit und Anspruchslosigkeit des tradierten Systems und die seiner Amtsvorgänger und -kollegen. Außerdem gegen das Desinteresse der Parteien und die allgemeine unkritische Hinnahme dieser Verhältnisse in Medien und Öffentlichkeit. Jeder dieser Minister versuchte erkennbar zu machen:

- Der Mangel an Transparenz ist das Haupthindernis für sachgerechte Entscheidungen und Effizienz.

- Aufklärung und Information gehören zu den wichtigsten Führungsaufgaben des Kultusministers, sie sind Zukunftsinvestitionen. Daher rechtfertigen sie besondere Aufwendungen im personellen wie im finanziellen Bereich.

---

[422] Auswertung von Bestandsaufnahmen bei R. Burandt, für das Gymnasium in *phvn* 2/1987, S. 68ff.; für die Orientierungsstufe in *phvn* 2/1988, S. 56ff.
[423] Vgl. R. Burandt in *phvn* 3/4 (1990), S. 88ff. Das war der erste Versuch, Kriterien für Schülerbelastung zu diskutieren. Zur Sache auch Kultusminister Nds., Dokumentation Hannover 1990.
[424] Chr. Holzgreve in *HAZ* vom 25.1.1990, S. 3.

- Der Handlungsspielraum eines Kultusministers ist erheblich größer, als vielfach angenommen wird. Er sollte entsprechend genutzt werden.[425]
- Mit dem tradierten System und seinen herkömmlichen Verhaltens- und Verfahrensweisen ist Aufklärung nicht zu erreichen. Man muss dafür neue Wege ausprobieren, muss dabei auch Risiken eingehen und darf sich von Kritikern und Bedenkenträgern nicht beirren lassen.
- Für solche neuen Wege bietet sich besonders die Nutzung moderner wissenschaftlicher Erkenntnisse und Verfahren an, wie das in der Arbeitswelt schon lange praktiziert wird.

Schule ist eben kein Sonderbereich mit Eigengesetzlichkeiten, sondern funktioniert in Mitarbeiteraktionen und -reaktionen nach ähnlichen Prinzipien wie ein Unternehmen. Sie verlangt darum auch die entsprechende Führungsleistung.

8.3.1.3 Das Scheitern dieser Aufklärungsbemühungen

Jeder der erwähnten Minister verfolgte auf seine Weise das gleiche Ziel, nämlich die Schule zu mehr Erfolg und Effizienz zu führen. Aber an Nutzen ist dabei landes- und bundesweit kaum etwas herausgekommen. Das hat seine Gründe:

- Keiner hat vorher eine umfassende Anamnese und Diagnose der Verhältnisse im Schul- und Politikbereich zu leisten versucht.
- Keiner hat so etwas wie »Voraufklärung« gesucht, hat also engagierte Mitarbeiter als »Spähtrupps« in die verschiedenen Wissensgebiete ausgeschickt und sich grundlegend Information, Wissen, Überblick und Durchblick verschafft.
- Keiner hat sich vor dem eigentlichen Beginn um eigenes Lernen und Klärung der Maßstäbe bemüht, für die vorherige Qualifizierung seiner wichtigsten Berater und Helfer gesorgt und über die ersten Schritte hinaus in längerfristige Planung investiert.
- Keiner hat übergreifend die Kooperation mit Amtskollegen, Kommunikation und Kooperation mit ausgewiesenen Kennern aus dem großen Heer seiner Mitarbeiter, mit Wissenschaftlern und der Öffentlichkeit gesucht, also eine Konzentration der Mittel und Kräfte.
- Keiner hat das tradierte »Bürokratiemodell«[426] in seiner Wirkung als »Hemmschuh« erkannt und sich um den entsprechenden Umbau seines Ministeriums bemüht.

[425] Dazu auch R. Burandt 1999, S. 139ff.
[426] Vgl. hier Kap. 3 unter 8.4.

- Die drei erstgenannten Minister versuchten es jeder mit einem eigenständigen Ansatz, mit Sonderaufträgen an die eigenen Mitarbeiter, an Wissenschaftler von außen oder an eine bekannte Unternehmensberatung. Aber nie waren die Ansätze grundlegend und umfassend genug. Die Mittel und Wege waren eher zufällig gewählt, ein »Generalistenwissen« und der »Generalistenansatz« fehlten.
- Die Unklarheiten und Wissensdefizite waren, jahrzehntelang durch das System gepflegt, immer stärker als jeder Minister. Jeder wurde damit »Opfer« des tradierten Systems.
- Jeder Minister zeigte dazu eine ebenso ausgeprägte wie naive Überschätzung eigenen Wissens und Könnens sowie die entsprechend enorme Unterschätzung der Größe und Komplexität der Sachprobleme. Mit dieser Verkennung der Realitäten, dem Verzicht auf Vorklärung und auf Nutzung von »Generalistenwissen« wurde die im Bereich von Schule und Bildung besonders verbreitete Neigung zum Dilettantismus demonstriert. Professionalität ist eben unerlässlich, sie muss allerdings auch immer gesucht werden.

Alles Herumprobieren hat viel Geld gekostet.

Der letztgenannte Minister, Matthias Rößler, hat derselben Unternehmensberatung, die schon rund zehn Jahre zuvor in NRW nichts Verwertbares herausgefunden hatte, einen erneuten Forschungsauftrag erteilt. Das macht erkennbar:

- Dieser Kultusminister hatte die Forschungsergebnisse aus NRW selbst nicht gelesen oder für sich lesen lassen.
- Die Unternehmensberatung hatte ihn über ihre früheren Ergebnisse nicht informiert – oder er hatte darauf nicht hören wollen.
- Er war an früheren Forschungsergebnissen eines Amtskollegen von vornherein nicht interessiert, seine eigene Lernbereitschaft war gering.

Insgesamt ergibt sich:

- Die Gründe für das Scheitern liegen vor allem in der jahrzehntelangen Missachtung des Themas Aufklärung im Schulbereich, in den entsprechend großen Wissensdefiziten und der allgemeinen Enge des Blickfeldes. Sie finden sich aber zum kleineren Teil auch bei den Handelnden und ihrer falschen Einschätzung der Realitäten.
- Die eingesetzten Kräfte und Gelder haben sich nicht ausgezahlt. Aber als Signal an die Gesellschaft hat jede dieser Initiativen ihren eigenen Wert.
- Sachlich sind die Bestandsaufnahmen unter Oschatz immer noch nutzbar und nützlich.

- In den Augen der Öffentlichkeit, der Amtskollegen und Parteien hat sich wohl vor allem der Eindruck durchgesetzt, dass Aufklärung im Schulbereich und persönlicher Einsatz dafür sich nicht lohnen. Das ist ein hochgefährliches Denken. Es betoniert den Status quo, macht die Schule zum »Dunkelbereich« und lässt den Mächtigen freie Hand.

8.3.2 Neuere Bemühungen von Kultusministern um Effizienzsteigerung

8.3.2.1 Aufgabenzuweisung an Außenstehende durch den sächsischen Kultusminister Steffen Flath (2005)

Der damalige sächsische Kultusminister Steffen Flath erklärte in einem Interview im Oktober 2005 u. a.: »Dennoch wird das ›Unternehmen Schule‹ ein Schwerpunktthema in den nächsten Jahren. Ich sehe Schule weniger als eine Institution, sondern als Dienstleister für Kinder und deren Eltern. Sie hat ihre Aufgabe darin, Kinder mit Wissen auszustatten und sie auf das Leben vorzubereiten – auch auf kommende Berufsausbildungen und die Anforderungen der Wirtschaft. Denn Schule trägt nicht nur Verantwortung bis zum Schulabschluss, sondern auch dafür, wie junge Menschen später Fuß fassen [...] Wenn Arbeitgeber kritisieren, dass viele Schüler nicht ausbildungsfähig seien, muss man diese Klagen ernst nehmen. Tatsächlich fehlt es zuweilen schon an einfachen Tugenden wie Höflichkeit, Pünktlichkeit und Zuverlässigkeit. Zehn Prozent der Schüler in Sachsen bekommen keinen Schulabschluss, und ein Viertel der Lehrlinge bricht seine Ausbildung ab. Wenn wir diese Missstände beseitigen wollen, müssen wir die Zusammenarbeit zwischen Wirtschaft und Schule verbessern. Ich plane dazu weitere Gespräche mit der Wirtschaft, der Handwerkerschaft und den Industrie- und Handelskammern und hoffe, dass am Ende eine ›Allianz für Bildung‹ steht [...] Natürlich darf man Schule nicht überfordern – sie kann kein Elternhaus ersetzen. Ich sage das, weil sich Eltern allzu oft aus der Erziehung ihrer Kinder ausklinken. Für das ›Unternehmen Schule‹ ist aber vor allem die Wirtschaft gefordert, sich einzubringen [...] Die Betriebe sollten mehr Praktikumsplätze und Ferienjobs anbieten.«[427]

8.3.2.2 Auswertung und Fazit

Zukunftsweisend sind hier vor allem das Bekenntnis zur Schule als Dienstleister und zur Verantwortung »nicht nur bis zum Schulabschluss«, die Akzeptanz der Kritik an Missständen, die Bekundung des Willens, sie abzubauen, dazu Gespräch und Zusammenarbeit zu suchen und die Hoffnung, »dass am Ende eine ›Allianz für Bildung‹ steht.« Andererseits wird noch aus typisch »obrig-

---

[427] Sv. Heitkamp in *LVZ* vom 21. Oktober 2005, S. 4.

keitlicher« Perspektive gesprochen, mit Mahnung und Belehrung an die »Untergeordneten«. Eltern werden gerügt und mit Schuldzuweisungen bedacht. Und »die Wirtschaft« wird, ganz pauschal, aufgefordert, »sich einzubringen«, d. h. Außenstehenden werden im Schulischen Aufgaben zugewiesen, die noch nicht einmal näher bezeichnet sind, und es wird so getan, als ob die Angesprochenen bei gutem Willen diese Aufgaben tatsächlich erfüllen könnten und selbst genau wüssten, was sie im Einzelnen und wie sie es zu tun haben. Das geht total an den Realitäten vorbei. Und der Minister macht damit erkennbar, dass er selbst Defizite an einschlägigen Kenntnissen und sich nicht genug um Dazulernen bemüht hat. Es fehlt an Einsicht, dass die Hauptprobleme der Schule in einem Wissensrückstand gerade der Verantwortungsträger liegen und dass dagegen nur Aufklärung und Lernen dieser Personen selbst helfen können.

8.3.3 Koalitionspolitischer Kompromiss als neuer Wert

8.3.3.1 Regelungen in Mecklenburg-Vorpommern und in Sachsen

In Mecklenburg-Vorpommern hat um 2005 die Regierungskoalition SPD/PDS die generelle Einführung einer Orientierungsstufe beschlossen, die den gemeinsamen Unterricht aller Kinder über die 4. Klasse hinaus umfasst.

Um dieselbe Zeit hat in Sachsen die Regierungskoalition CDU/SPD, vor allem auf Druck aus der SPD, dasselbe zunächst für Versuchsschulen beschlossen, z. B. in Leipzig-Wiederitzsch.

Von den Schulverhältnissen in Hamburg soll in einem anderen Zusammenhang gesprochen werden.

8.3.3.2 Auswertung: Schulpolitik versus schulische Praxis

Die Politiker zeigen in allen diesen Fällen: Sie betreiben keine grundlegende Aufklärung, sie sind nicht interessiert an Wissenstransfer und Ergebniskontrollen, an langfristiger Planung, an Ökonomie und gerade an Bildungsökonomie. Sie wollen nur ihre eigenen Vorstellungen durchgesetzt sehen und vor allem bei ihrer Klientel punkten. Das Wohl der Schüler wird viel berufen, aber faktisch mit den eigenen Vorstellungen gleichgesetzt. Wir sehen, wie sich innerhalb von knapp 30 Jahren die Denkansätze von Kultusministern und ihre »Bemühungen« um Förderung der Schüler und um Effizienz gewandelt haben.[428]

Zur Kooperation von Schulpolitik und Schulpraxis berichtet z. B. Martin Spiewak in einem Interview mit Margret Rössler, Leiterin der Dieter-Forte-Gesamtschule in Düsseldorf-Süd u. a.: »[...] Was macht eine fähige Schulleitung aus? ›Gute Organisation und klare Führung‹, antwortet Margret Rössler. ›Zudem die Fähigkeit, die Lehrer für ein Ziel zu begeistern, genauer: ein

---

[428] Vgl. hier Kap. 3, Punkt 8.3.1.1.

realistisches Ziel.‹ Das bedeutet auch, die eine oder andere Vorgabe aus dem Kultusministerium zu ignorieren. ›Die meisten Reformen werden von der Politik dilettantisch vorbereitet, ohne Gesamtkonzept und Unterstützung‹, sagt Rössler. ›Wenn in Deutschland die Schulen jede Anweisung von oben eins zu eins umsetzten, würde das Chaos ausbrechen.«[429]

8.4 Das »Bürokratiemodell« im Kultusministerium als Lernausschlussmodell

8.4.1 Worterklärung

Peter Fürstenau hat 1967 den viel beachteten Aufsatz »Neuere Entwicklungen der Bürokratieforschung und das Bildungswesen« geschrieben. Er sagt:
»Unserem Schulwesen liegt die Organisationsform der Verwaltungsbürokratie zugrunde«, die »formal rationalste Form der Herrschaftsausübung« (nach Max Weber). Er nennt das das »Bürokratiemodell« oder auch »Hierarchiemodell« und betont damit den Unterschied zum »Modell des lernenden Systems«. Mit dem Wort »Modell« abstrahiert er vom Einzelfall. Das Wort soll die »Gemeinsamkeiten in den Beziehungsstrukturen und Prozessen einer größeren Klasse von Sachverhalten wiedergeben.[430] Mit »Bürokratiemodell« wird die Organisationsform eines Unternehmens oder Amtes bezeichnet, die durch feste Handlungsregelungen und klar hierarchische Gliederung gekennzeichnet ist. Bei einem solchen Modell ist also Lernen von vornherein ausgeschlossen. Man spricht bei ihm darum auch von einem »geschlossenen System«. Damit kommt man in die Systemdiskussion, und dazu sind Erklärungen nötig.

Unter »System« im eigentlichen Sinne versteht man in der neueren Diskussion »eine Menge von untereinander abhängigen Elementen und Beziehungen. Veränderungen einzelner Systemelemente wirken mittelbar oder unmittelbar auf alle anderen Systemelemente ein und verändern so den Zustand des Gesamtsystems. Systemveränderungen folgen dabei einer Struktur, die durch das Prinzip der Systemerhaltung und/oder des Systemgleichgewichts bestimmt ist.« Damit ist die Tendenz eines Systems gemeint, »bestimmte Informationen aus der Außenwelt zu manipulieren oder zu ignorieren, um sich selbst in seinem Gesamtzustand zu erhalten«[431]. Ein System, das in diesem Sinne Informationen manipuliert oder zum Zwecke der Selbsterhaltung igno-

---

[429] M. Spiewak. Interview in *DIE ZEIT* vom 24.9.2009, S. 42.
[430] P. Fürstenau 1967, S. 511ff.
[431] Lexikon zur Soziologie 1973, S. 452.

riert, findet man vor allem bei autoritären Regimen; und das Bürokratiemodell, das für unsere Kultusministerien konstitutiv ist, gehört auch zu diesem Typ.[432] Gegenstück dazu ist das »Modell des lernenden Systems«. Ein solches nimmt die Informationen, z. B. aus der Realität, auf, wie sie sind, verarbeitet sie und versucht aus ihnen zu lernen. Leben und Überleben sind ja offenbar immer an Lernen gebunden, an das vielberufene »lebenslange Lernen«.

8.4.2 Hauptkennzeichen

- Hauptkennzeichen des Bürokratiemodells ist ein gut ausgebauter und zuverlässig funktionierender Informationsstrang »vom Stab zur Linie«. Er sorgt für die Weitergabe von Informationen aller Art, von Erklärungen, Anweisungen etc. »von oben nach unten«. Das ist die schlagkräftige Organisation nach dem Führerprinzip.
- Ein entsprechender Informationsstrang in der Gegenrichtung ist nicht vorgesehen. Klagen und Anregungen aus der Praxis, also »von unten nach oben«, sind damit prinzipiell nicht gefragt.[433]
- Es gibt normalerweise auch keine Stabsstelle und das entsprechend qualifizierte Personal, das allgemein wichtig erscheinende Informationen aus allen Ebenen der Praxis, aus der Forschung und aus den relevanten Bereichen der Gesellschaft und womöglich aus den Nachbarstaaten sammelt und diese aufzuarbeiten und Vorschläge für die Nutzung zu machen hat.

Dieses Modell
- schneidet den Minister fast komplett ab von allen Detailinformationen über Unterricht, Erziehungsprobleme und Lernklima in der Schule, nimmt ihm so etwas wie »Bodenhaftung« und begünstigt Entscheidungen »vom Grünen Tisch«,
- lässt kaum einmal Anregungen engagierter Schulpraktiker zu ihm kommen[434],
- kann ihn nicht anregen, offenkundigen Problemen nachzugehen und für grundlegende Klärung zu sorgen, also Gelder und Kräfte in möglichst umfassende Aufklärung zu investieren, sich einen Wissenspool, eine Art »Generalistenwissen«, aus allen relevanten Bereichen von Wissenschaft,

---

[432] A.a.O., S. 671.
[433] P. Fürstenau S. 511ff., dazu auch R. Burandt 1999, S. 22ff.
[434] Der Versuch dazu wird wahrscheinlich überall sofort, wie es seinerzeit mir selbst in Niedersachsen passiert ist, als unpassend zurückgewiesen. Erwünscht waren dort nur Vorschläge zur Verwaltungsvereinfachung, z. B. für Formblätter.

Arbeitswelt und Gesellschaft anzulegen und sich eine Gruppe von »Allround-Beratern« heranzuziehen, Aufklärung zu leisten und die Modernisierung einzuleiten,

- lässt beim Minister den Eindruck entstehen – das Gefühl oder die Illusion –, Schule sei klar vertikal strukturiert und funktioniere vor allem aufgrund von Vorgaben, Anordnungen etc; Ein- und Nebenwirkungen, z. B. durch Ideologien und Arten von Dissens im gesellschaftlichen Raum, seien unerheblich. Er sei »oben«, und Schüler, Lehrer und Eltern seien »unten« und nicht »Mitarbeiter« und »Partner«, sondern eher so etwas wie Befehlsempfänger. An der vielfach beklagten Misere und allem Misslichen seien vor allem sie schuld, weil sie die Anordnungen nur teilweise und nicht engagiert genug ausführten oder gar hintertrieben. Und wenn er sie öffentlich tadele, wie das öfter geschehen ist[435], sei das der richtige Weg zum Erfolg, zur Information der Öffentlichkeit und zur Sorge für Effizienz,
- lässt ihn denken, dass alles, was er »kraft seines Amtes« tut, immer nur richtig sei und zu Optimalem führen müsse und weder Personen schädigen noch Rechtspositionen beeinträchtigen könne. Nachträgliche Kontrollen zur Effizienz seien von vornherein unnötig, dazu habe und brauche er auch kein Personal,
- lässt ihn denken, was er brauche, seien nicht »Berater« zu Schulfragen, die seine Entscheidungsfreiheit womöglich einengten, sondern vor allem PR-Leute, die seine Sicht der Dinge und die seiner Partei in der Öffentlichkeit zu verbreiten hätten, und dafür sei Geld einzusetzen.

8.4.3 Wirkung und Gültigkeit

8.4.3.1 Ohne Platz für den »Menschen«

Der Mensch hat im Bürokratiemodell keinen Platz und keinen Informationswert. Was die Schüler an Mühen haben, an Schwierigkeiten, an Sehnsüchten und Hilfsbedürftigkeit und wie sie sich in ihrem Frust zur Wehr setzen und dabei sich selbst schaden – und uns allen: Alle Informationen darüber aus der Welt der Realitäten kommen auf der oberen Hierarchieebene nicht an. Sie fragt offenbar auch nicht danach und fragt schon gar nicht, mit welchen Maßnahmen man, ganz konkret, den Schülern helfen könnte, institutionell, organisatorisch, psychologisch und individuell. Sie arbeitet mit immer neuen Verfügungen »von oben herab«, als ob sie Lebendiges und so auch die Schüler und gar Schulabbrecheraspiranten in ihre Bahnen zwingen könnte. Der

---

[435] Nachweise bei R. Burandt 1999, S. 149ff.

Unterschied zu dem, was in anderen Ländern für die Schüler getan wird, sogar mit eigenen Unterstützungssystemen[436], könnte größer nicht sein. Man denke nur an das erklärte Ziel der Finnen, »das Wohlbefinden der Schüler zu erhöhen«[437].

Im Ganzen fehlt überhaupt das Verständnis dafür, dass die Kinder, unsere Schüler, das höchste Gut darstellen, das wir besitzen. Sie sind unsere einzige Zukunftshoffnung. Sie sollen dereinst die Republik führen, den Wohlstand mehren, die von unserer Generation aufgehäuften Schulden abzahlen, für ihre eigenen Kinder sorgen und mit ihrer Arbeit unser aller Alter möglichst gut finanzieren. Kann man ihnen je genug helfen, um sie für all das fähig und willens zu machen?

Ziemlich dasselbe ist über Stellung und Wertschätzung der Lehrer zu sagen. Die Lehrer stellen ein einzigartiges Kapital für uns alle dar. Sie haben sich für ihre Fächer und ihren Beruf entschieden, haben dafür lange Jahre studiert, haben zwei Staatsexamina bestanden und den »Vorbereitungsdienst«, das Referendariat, absolviert. Sie bringen einen Fundus an Wissen und Können, an »Kultur«, an Interesse und Engagement mit, Potenziale, die in manchem anderen Land gern gesehen würden. Lehrer sind nicht beliebig auswechselbar, man muss sie weithin nehmen, wie sie sind. Aber Führung sollte versuchen, das Beste daraus und aus ihnen zu machen: Anregen, Qualifizieren durch Fortbildung, Unterstützen und Hochloben sind pädagogische Maximen. Unsere Lehrer könnten eigentlich Optimales leisten, wenn – ja, wenn sie richtig, d. h. nach dem Stand der Zeit, als »Mitarbeiter« und »Praxisexperten« behandelt, unterstützt, geführt und eingesetzt werden. Das zeigt auch wieder Finnland, und die Erfolge angemessenen Führens sind ebenso weithin in der Arbeitswelt zu studieren. Wertschätzung und Erfolg von Lehrern sind auch die zuverlässigste Nachwuchswerbung.

Die Kultusminister merken selbst nicht, wie sie durch das Bürokratiemodell von den Realitäten, von der »Dienst-Leistung« und von ihren Mitarbeitern weggezogen werden in den Elfenbeinturm von Theorie und Ideologie. Das Modell gaukelt ja auch vor, es gebe so etwas wie Psychologie nicht. Dabei bestimmt diese schon seit Langem unser aller Alltag mit. Das Modell ist realitätsblind und menschenverachtend.

8.4.3.2 Mit bundesweiter Gültigkeit

Nach diesem Modell wird offensichtlich bundesweit überall gleichermaßen gearbeitet. Denn wenn nur in einem der Bundesländer ein Kultusministerium

---

[436] Arbeitsgruppe 2003, S. 102ff. und 192ff.
[437] A.a.O., S. 95, siehe auch Kap. 2, Punkt 2.4. und Kapitel 3, Punkt 4.5.

anders organisiert wäre, wenn dort also für Sachaufklärung gesorgt wäre und kompetente »Berater« ihr Wissen für die Aktionen eingesetzt hätten, wäre das in der Öffentlichkeit schnell bekannt geworden; das alte Modell wäre sofort als überholt erkannt und abgebaut worden. Jeder Minister hätte nachziehen müssen, um nicht als rückständig bezeichnet zu werden. Der vielberufene Wettbewerb im föderalen System hat also an dieser Stelle nicht stattgefunden oder eben nicht »funktioniert«. Das Bundesbildungsministerium, Erziehungswissenschaftler und Medienvertreter waren hier ebenso wenig Warner wie Schrittmacher.

8.4.3.3 Abhilfe durch Umbau zum »Modell des lernenden Systems«

Abhilfe kann nicht von allein kommen. Sie muss von außen gefordert sein, von starken Kräften in der Öffentlichkeit und gerade in den Medien, und sie muss in breiter Übereinstimmung gewollt sein, eingeleitet und in allen Phasen durchgezogen werden hin zum »Modell des lernenden Systems«. Das ist Schwerarbeit und braucht seine Zeit. Einzelne Landesregierungen wären damit leicht überfordert, Zusammenarbeit über Ländergrenzen hinweg ist sinnvoll. Die Werte sind unabdingbar: Aufklärung, Nutzung aller wissenschaftlichen Erkenntnisse und Verfahren, Lernen, Gespräch, gemeinsame Vergewisserung, Konsensbemühen, Absprache, Kooperation.

8.4.4 Bildungspolitik als Mittel der Machtpolitik

Das hinter all dem stehende Streben nach Macht mit den Mitteln der Bildungspolitik wurde gelegentlich sogar unverblümt ausgesprochen. So warb z. B. Kultusminister Werner Remmers, CDU, in Niedersachsen um 1980 herum wiederholt in seiner Partei um das Fahren »am politischen Mittelstreifen entlang«. Er wollte faktisch bloß seine Sicht von Politik mit seiner Partei in der politischen Mehrheit durchsetzen. Auf die bestmögliche Förderung der Schüler kam es nicht an, auch nicht auf die langfristig zuverlässige Sicherung des Gemeinwohls durch eine »wissensbasierte« Schülerförderung oder auf die sorgsame Beachtung der Rechtsansprüche der Schüler und ihrer Eltern. Remmers wollte nur die Mehrheit. Sachaufklärung war dafür eher hinderlich. Die Unklarheiten waren das sicherste Mittel, mit Schlagworten und verstärkt durch »Nebelwerfer«[438] die Sache der Partei zu fördern und die Bürger über die sachlichen Zusammenhänge und die wirklichen Ziele im Unklaren zu lassen, und das ist heute noch ebenso.

---

[438] Belege dazu R. Burandt 1999, S. 49ff. und S. 128.

8.5 Führungs- und Organisationsschwächen im Niedersächsischen Kultusministerium um 1969

8.5.1 Die Zustandsbeschreibung, die Kritiker und eine Auswertung

8.5.1.1 Beschreibung der Zustände in dem Essay eines Schulrektors

In Niedersachsen hat sich in den 1960er-Jahren im Rahmen der Lehrerfortbildung ein »Arbeitskreis für praktische Schularbeit« gebildet, in dem sich vor allem Rektoren von Volksschulen trafen. Für die Jahrestagung 1969 dieses Arbeitskreises in Schloss Schwöbber berichtete der Osnabrücker Rektor Karl Heinz Castrup in einem Essay »Über das allgemeine Unbehagen an der Schule«:

»[...] Wie Mehltau lag es auf den Äußerungen, durchzog Monologe und Dialoge, verhakte die Argumente und belastete die Fragen: Ein mehr oder weniger großes Unbehagen an der Schule [...] Zugrunde liegt dem Unbehagen die Enttäuschung über administrative Maßnahmen und kommunale Engherzigkeit, aber vor allem über den Mangel an praxisgerechter Förderung der Schule mit den Folgen: Diskontinuität und Unergiebigkeit ihrer Entwicklung.

Eine weit verbreitete Hoffnung auf kooperative Maßnahmen für die Zukunft ist nicht vorhanden, jeder zieht sich auf kleine Projekte zurück, in denen er individuelle Fähigkeiten erproben und Erfolge registrieren kann. Aber diese kleinen Projekte (es wurde von ›Karriereprojekten‹ gesprochen) fügen sich nicht zusammen, finden keinen Zusammenhang, keinen Anschluss an Konzeptionen, sondern stoßen sich gegenseitig ab, behindern sich, neutralisieren sich, bleiben unfertig stecken und sind ohne Wirksamkeit. Vor allem: In einer größeren Effektivität des Unterrichts schlagen sie sich nicht nieder.

Niemand und keine ›Stelle‹ ist da, durch die die Einzelaktionen koordiniert, nach Wichtigkeit eingestuft oder Perspektiven ihrer Realisierung erdacht werden, kurz: Wer führt eigentlich die Schule zu besseren Erfolgen?

Das Ministerium, das seiner Überlieferung nach dafür zuständig ist, kann diese Aufgabe nicht zusammen mit der Verwaltung des Bestehenden lösen. Es wird selbst sehr von den verschiedenen politischen und gesellschaftlichen Kräften gezerrt und ist auch in sich keineswegs zur Kooperation angelegt. Und was die Politik betrifft, so wird leider viel zu viel als politische Entscheidung denaturiert, was im Grunde rational zu klären und empirisch zu prüfen wäre.«[439]

---

[439] Der Beitrag wurde bei einem Regionaltreffen des Arbeitskreises am 7. Juni 1969 in Hannover gehalten, Bericht bei A. Dumke 1987, S. 309ff.

8.5.1.2 Zu Person und Selbstverständnis der Kritiker

Diese Ausführungen machte 1969 dieser Rektor offenbar in Absprache mit Kollegen, die alle Teil der »Schulaufsicht« waren, also Insider. Sie werden berichtet von Artur Dumke, der »als Leiter des Referats Lehrerfortbildung im Niedersächsischen Kultusministerium zwischen 1962 und 1969 maßgeblich das Profil der Lehrerbildung unseres Landes mitgeprägt hat«[440]. Dumke bringt diese Ausführungen im Nachwort seines Buches und fügt hinzu: »D. musste sich eingestehen, dass ihn keine optimistische Zufriedenheit erfüllte, dass seine alten Tage vielmehr von einem tief greifenden Unbehagen überschattet waren. Es wurde auch durch den Anblick der Schule hervorgerufen, der so wenig den Zielen und Erwartungen entsprach, denen er gelebt und für die er gearbeitet hatte.«[441] 1979 war zwar schon das »Niedersächsische Landesinstitut für Lehrerfortbildung, Lehrerweiterbildung und Unterrichtsforschung« (NLI) gegründet worden, aber es hat offensichtlich keine nennenswerten Veränderungen erreichen können.

Zum Selbstverständnis der Kritiker ist wichtig:

- Da kamen »18 Pädagogen aus den verschiedenen Landesteilen Niedersachsens zusammen, aus eigener Initiative, auf eigene Kosten […] und reflektieren vielseitige Erfahrungen aus vielen Dienstjahren und unterschiedlicher Funktion«.[442] Sie machten sich über ihr eigenes Aufgabengebiet hinaus Gedanken über das größere Ganze. Sie sahen Defizite und Erfordernisse, sprachen miteinander darüber und suchten Vergewisserung.

- Sie sahen sich als »Praxisvertreter«, beklagten entsprechend einen »Mangel an praxisnaher Förderung der Schule« und sahen großen Bedarf an Führung zu »besseren Erfolgen«.

- Sie nannten die Schwächen und Defizite beim Namen und forderten Verbesserungen, haben aber leider nicht gesagt, worin diese im Einzelnen bestehen, wie sie herausgefunden, eingeleitet und durchgeführt werden sollten.

- Sie waren alle für Neuerungen offen und zu intensiver Kooperation mit der Führung bereit. Aber diese Kooperationsbereitschaft wurde nicht abgerufen. Niemand hat nach ihrem Rat gefragt, sie sahen auch keinen Ansprechpartner im Ministerium, der sich für ihre Sorgen und Anregungen interessiert, sie weitergetragen und für die Erledigung gesorgt hätte.

---

[440] Ebd., Zitat der anerkennenden Worte aus dem Kultusministerium bei seiner Verabschiedung.
[441] A.a.O., S. 311.
[442] A.a.O., S. 309.

- Alle waren überzeugt, dass für die erhofften Verbesserungen mancherlei kleine Projekte nichts bringen würden. Erfolge erwarteten sie nur von einer großen, umfassenden »Konzeption«, die mit der Bündelung aller Mittel und Kräfte zentral geplant, eingeleitet und durchgeführt werden sollte. Aber dafür fehlte es, sahen sie, an Führungswillen, -fähigkeit und -wissen.
- Über den amtierenden Kultusminister und seine Vorgänger sagen diese – loyalen – Kritiker kein direktes Wort. Doch über die Verhältnisse im Ministerium äußern sie sich deutlich.

8.5.1.3 Zur Gültigkeit und Übertragbarkeit dieser Analysen

Die Zitate kennzeichnen alle die Verhältnisse im Niedersächsischen Kultusministerium von ca. 1960 bis 1987. Sie sind angesichts der langjährigen Erfahrungen ihrer Kritiker als gültig anzusehen. Und sie lassen vermuten, dass es heute, einige Jahrzehnte danach, in diesem Ministerium prinzipiell kaum anders aussieht und zugeht. Das gilt vermutlich ebenso für die meisten anderen oder gar alle Kultusministerien. Denn Ämter tun sich mit Änderungen immer besonders schwer. Und sollten je irgendwo durchschlagende Änderungen durchgeführt worden sein und hätten zu überzeugend besseren Ergebnissen geführt, wäre davon überall in den Medien berichtet worden und das hätte zu entsprechendem Nachmachen geführt. Aber von solchen Änderungen ist zu keiner Zeit etwas bekannt geworden, an der Misere als solcher dürfte sich dementsprechend nichts geändert haben.

8.5.2 Defizite an Sachaufklärung und an Führung als Hauptpunkte der Kritik

Die Ausführungen machen klar:
- Es existiert keine Person oder »Stelle«, die aus kleinen Einzelaktionen etwas Größeres und Zusammenhängendes machen könnte, die die Kräfte bündelt, alles koordiniert und für größere Effektivität des Unterrichts sorgen könnte.
- Es ist unklar, wer eigentlich die Schule zu besseren Ergebnissen führen könnte.
- Das Ministerium, das für diese Aufgabe eigentlich zuständig ist, kann sie zusammen mit der Verwaltung des Bestehenden nicht lösen.
- Es ist selbst weithin zum Spielball der verschiedenen gesellschaftlichen und politischen Kräfte geworden und ist in sich ohnehin nicht zur Kooperation angelegt.

- In den Entscheidungen ist viel zu viel »politisch denaturiert, was im Grunde rational zu klären und empirisch zu prüfen wäre«[443].

Die Kritiker bemängeln also:
- Im Kultusministerium fehlt es weithin an Transparenz und schon an Willen zu Aufklärung, Lernen und Effizienz.
- Mit dem Pochen auf »politische« Entscheidungen, die faktisch nur parteipolitische sind, ist die Absage an Sachentscheidungen und an eine »rationale Schulpolitik« gegeben. Der Ideologie und den Zufallsentscheidungen sind Tür und Tor geöffnet.
- Die »Führung« merkt das nicht oder stört sich nicht daran. Jedenfalls unternimmt sie nichts zur Besserung der Dinge und zur Fürsorge für die Schüler.
- Der gesamte Schulbereich ist eine Art Dunkelbereich. Das wird parteipolitisch ausgenutzt.

Das Fazit: Vielzahl und Komplexität der Aufgaben machen es ganz unwahrscheinlich, dass ein Nicht-Profi ihnen auch nur einigermaßen gerecht werden könnte. Unter dieser Überforderung hat jeder Kultusminister zu leiden, aber an den Folgen davon, mit Unklarheiten und Unerledigtem, leiden wir alle mit. Änderungen können nur Kultusminister selbst einleiten.

8.6 Wissenschaft – ihr Selbstverständnis und ihre Nutzung als »Abholaufgabe«

8.6.1 Selbstverständnis und Nutzung

Forschung kennt immer nur den Gang in eine Richtung, nach »vorn«, hinein ins Unbekannte und mit immer feinerer Spezialisierung. Der Forscher versteht sich als Spezialist und kennt sich neben seinem Spezialgebiet nur in wenigen Nachbargebieten aus und auch nicht in seiner gesamten eigenen Disziplin oder auch bloß großen Teilen von ihr. Über Einzelheiten aus Spezialgebieten von Kollegen zu sprechen, ohne selbst Spezialist dafür zu sein, ist verpönt, das gilt als dilettantisch. Mit einem solchen Etikett möchte sich niemand behaften. Das begünstigt die immer weitere Aufspaltung von Forschung in ein »Klein-Klein«. Das erschwert den Überblick, die Zusammenfassung und mögliche Nutzung.

Für die Nutzung seiner Erkenntnisse fühlt sich ein Forscher normalerweise nicht zuständig. Das ginge wohl gegen seine Ehre. Faktisch könnte er

---

[443] A. Dumke 1987, S. 310.

das auch kaum leisten, denn dazu müsste er über ganz andere Wissensbestände verfügen. Wissenschaftsnutzung ist damit – überall – ein »Geschäft auf Abholung«. Das Wissen steht frei zur Verfügung, der Abholer muss nur kommen und den Wissenstransfer leisten.

Wer in diesem Sinne Abholer sein und Wissenstransfer leisten will, muss sich sehr gut auskennen, möglichst aufgrund eigener langjähriger Tätigkeit in dem Praxisgebiet, in dem er Verbesserungen anregen will. Er muss genug Zeit haben, um sich in der relevanten wissenschaftlichen Literatur gründlich einlesen zu können. Er muss den »guten Riecher« dafür haben, wie Einzelheiten aus verschiedenen Disziplinen zusammenpassen, und eine »konstruktive Fantasie« dafür, wie diese, miteinander kombiniert, von der Ebene der abstrakten Erfindung oder Erkenntnis heruntertransferiert werden können auf die verschiedenen Ebenen der Praxis, wie und wo sie dort eingesetzt werden können, mit welchen Verfahren und Zielen und mit welchen zu erwartenden Ergebnissen.

Das ist zumeist eine hochrangige Leistung ganz eigener Art, gleichgültig ob es sich um den Technologie- oder den Wissenstransfer handelt.

8.6.2 Keine Investition in Wissenstransfer für Schule und Unterricht

Das bisher über Forscher Gesagte gilt natürlich auch für die Erziehungswissenschaftler. Gerade wenn sie sich als »Wissenschaftler« verstehen, müssen sie sich um Spezialisierung auf wenigen Gebieten bemühen. Damit sind sie zumeist weit von der Schulpraxis entfernt und können darum zur Lösung von Praxisproblemen für die Kultusminister kaum breite und fundierte Beratung leisten. Das ist ein Problem für sie selbst und ihr Selbstverständnis wie auch für die Wünsche der Kultusminister. Schule braucht für den Fortschritt das moderne Wissen in seiner ganzen Breite, ein »Generalistenwissen«. Dafür ist bisher aber noch keiner zuständig, dafür gibt es noch keine Lehrstühle, und Teamarbeit ist wenig üblich. Es fehlt vor allem an Einsicht.

8.7 Die neue »Gesamtstrategie der KMK zum Bildungsmonitoring« (August 2006[444])

Nach den PISA-Ergebnissen haben die Kultusminister in der letzten Zeit für sich in der KMK das Thema Bildungsplanung neu entdeckt und dazu eine »Gesamtstrategie der Kultusministerkonferenz zum Bildungsmonitoring« bekannt gemacht, in Zusammenarbeit mit dem Institut zur Qualitätsentwick-

---

[444] KMK 2006.

lung im Bildungswesen, Humboldt-Universität zu Berlin. Diese Erklärung wird im Folgenden ausgewertet.

Die KMK will ihren Erfolg haben, »indem die folgenden zentralen Verfahren und Instrumente in einen Gesamtzusammenhang eingeordnet werden:

- internationale Schulleistungsuntersuchungen,
- zentrale Überprüfungen des Erreichens der Bildungsstandards in einem Ländervergleich,
- Vergleichsarbeiten in Anbindung oder Ankoppelung an die Bildungsstandards zur landesweiten oder länderübergreifenden Überprüfung der Leistungsfähigkeit aller Schulen,
- gemeinsame Bildungsberichterstattung von Bund und Ländern.«[445]

»Kern der Bildungsberichterstattung ist ein überschaubarer, regelmäßig aktualisierbarer Satz von statistischen Kennziffern, die jeweils für einen zentralen Aspekt von Bildungsqualität stehen. Diese Kennziffern (Indikatoren) werden aus amtlichen Daten und sozialwissenschaftlichen Erhebungen in Zeitreihe dargestellt, wenn möglich im internationalen Vergleich und aufgeschlüsselt nach Ländern. Auf diese Weise bietet der Bericht eine verlässliche Grundlage für Zieldiskussionen wie politische Entscheidungen und sorgt für Transparenz im Bildungsgeschehen.«[446]

Mit all diesem Messen etc. müssten tatsächlich die jeweiligen Ist-Zustände zuverlässig festzustellen sein. Aber aus diesen vorwiegend statistischen Befunden kann keiner herauslesen, was ein Lehrer oder Schulleiter angesichts eines unbefriedigenden Ist-Zustands in den Bereichen Organisation, Verhalten und Unterricht ändern müsste, um ein Mehr an Schülerförderung und an Ertrag zu erzielen. Und automatisch kann sich das auch nicht einstellen. Hier werden also gravierende Denkfehler und Lerndefizite erkennbar: Mit Statistik kann man nichts im Pädagogischen, also im Umgang mit Menschen, verbessern. Das sind zwei ganz verschiedene Bereiche mit unterschiedlichem Vokabular.

Wesentliche Ziele von Bildungspolitik sind seit Jahrzehnten dieselben und als solche unstrittig: »Weiterentwicklung des Unterrichts, Verbesserung der Schülerförderung, Lehrerfortbildung«[447]. Andere Ziele fehlen jedoch noch immer, und die Verfahren sind den Zielen und den Beteiligten unangemessen. Bildungspolitik ist Arbeit mit und für Menschen. Diese lassen sich aber im zivilen Bereich nicht kommandieren, zumal als Schüler, wie die Abbrecher

---

[445] A.a.O., S. 6.
[446] A.a.O., S. 23.
[447] A.a.O., S. 22–23.

zeigen. Menschen muss man gewinnen. Man muss sie informieren, ihnen Wege zeigen, Belastungen abbauen, Erfolge absehbar machen, im Gespräch überzeugen und sie zum »Mittun« gewinnen. Dazu braucht man Kenntnisse in den einschlägigen Humanwissenschaften, man muss das Fachvokabular beherrschen und in der Lage sein, es in der Praxis anzuwenden. Man braucht Erfahrung und Geschick im Umgang mit »Mitarbeitern«, Lehrern, Schülern, Eltern und Mitbürgern. Weder im einen noch im anderen Bereich haben die Kultusminister bisher Wollen und »Können« gezeigt, und in der neuen »Gesamtstrategie« sind auch keinerlei Hinweiswörter auf diesen Denkbereich vorhanden. Das heißt: Im Denken der Kultusminister gibt es nicht den »Humanbereich«, die modernen Verfahren von Information und Kommunikation, Konsensbemühen und Kooperation und die Vorstellungen vom »Mitarbeiter« und vom »Mitbürger«. Sie gehen noch ganz vom alten Hierarchiemodell aus, zeigen sich damit als »Obrigkeit von vorgestern« und nehmen gutem Wollen von vornherein jede Erfolgschance. Der Abstand zu den Entwicklungen in der Arbeitswelt, in der man mit Lernfortschritten die Effizienz immer weiter steigert, ist riesig. Unter diesem Mangel an Einsicht und an Lernwillen bei unseren Verantwortungsträgern haben Schüler und Lehrer und wir alle zu leiden.

Zur Gründung und Einbeziehung des im Juni 2004 von der KMK gegründeten, »bundesweit tätigen, von den Ländern gemeinsam getragenen Instituts für Qualitätsentwicklung im Bildungswesen – Wissenschaftliche Einrichtung der Länder an der Humboldt-Universität zu Berlin (IQB)«[448] in das »Bildungsmonitoring« merkte *DIE ZEIT* kritisch an: »Was Köller [der Institutsdirektor, R.B.] und Baumert [Direktor am Max-Planck-Institut für Bildungsforschung und IQB-Vorstandsmitglied, R.B.] als Ausdruck der wissenschaftlichen Stärke und Vielfalt des Instituts preisen, ist für Thomas Jahnke denn auch purer Aktionismus im Auftrag des Staates, der so ein Deckmäntelchen über das komplette Versagen der Bildungspolitiker werfen wolle [...]. ›In Wirklichkeit testen sie vor sich hin, ohne dass sich auch nur irgendetwas ändert‹. Es müsse endlich mehr Geld in die Verbesserung der Unterrichtsqualität fließen.«[449]

»Die Festlegung der Bildungsstandards der KMK als Bezugsrahmen [...] bietet allen Beteiligten im Bildungsbereich eine Reihe von Vorteilen.« Aber – Schule soll den Schülern »Hilfe« geben, nicht »Beteiligten« Vorteile. Soll an Hilfe etwa erst zu denken sein, wenn der letzte Bildungsbericht 2019 abgeliefert ist?[450]

---

[448] A.a.O., S. 5.
[449] J.-M. Wiarda in *DIE ZEIT* vom 3.7.2008, S. 63.
[450] KMK 2006, S. 22 und 26.

Im Ganzen ergibt sich:

- In der KMK überschätzt man weit die eigenen Wirkensmöglichkeiten als »Obrigkeit« ohne Sachaufklärung und ohne eigenes Lernen. Man sieht nicht die Unterstützungsbedürftigkeit bei den Mitarbeitern auf allen Ebenen und sieht vor allem nicht die Notwendigkeit der Aufarbeitung und Nutzung der Erkenntnisse aus den einschlägigen Wissenschaftsgebieten.
- Die Enge des Bildes von Schule und Ministerauftrag, das Denken in den einfachsten Strukturen von tradierter Obrigkeit mit Anordnen und Ausführen, das Hinweggehen über »Mitarbeiter« und »Mitbürger« und das immer weitere Hinausschieben überfälliger Klärung in vielen Sachfragen müssen erschrecken. Und wenn die damals amtierende Präsidentin der KMK, die Kultusministerin Ute Erdsiek-Rave, ihr Vorwort damit schließt, sie sei »zuversichtlich, dass wir international wieder an die Spitze kommen, wenn wir diesen Weg konsequent gehen«[451], ist dabei der Abstand zu den Nöten der Schüler, Lehrer und Eltern und zu den gesellschaftlichen Realitäten riesengroß und geradezu unverständlich. In welcher Welt leben diese Frau und ihre Kollegen?

8.8 Lehrerfortbildung – eine bisher ungelöst gebliebene Aufgabe in der Schulpolitik

8.8.1. Fehlen eines systematischen Konzepts

Aufgabengerechte Lehrerfortbildung ist eine zentrale Vorbedingung für jede Art von Verbesserung von Schule und Lernen. Sie wird seit Jahrzehnten von vielen Seiten gefordert, nicht nur von Kultusministern und Lehrern. Tatsächlich ist vieles angeboten und versucht worden. Aber zu einem »bedarfsgerechten, systematischen Lehrerfortbildungskonzept« hat es nie gereicht:

In den »Informationen des Philologenverbandes Niedersachsen« legt der Verband einen »Forderungskatalog für neue Akzentsetzungen in der Schulpolitik vor«. In »Vordringliche Maßnahmen im Einzelnen« heißt es dazu unter Punkt 7: »Fortbildung realitätsbezogen gestalten: Es ist ein systematisches Lehrer-Fortbildungskonzept zu entwickeln. Den Lehrkräften sind bedarfsgerechte, insbesondere fachbezogene und an den Anforderungen der schulischen Praxis ausgerichtete Fortbildungskurse anzubieten.«[452]

---

[451] KMK 2006, S. 5. Ähnliche Wissens- und Denkdefizite im »Bildungsmonitor 2008« des Instituts der deutschen Wirtschaft, ausgewertet bei Burandt in *Profil* 12/2008, S. 38–40.
[452] *phvn*: »Gymnasium Aktuell«, August 2009.

Das heißt: Die bisherigen Angebote der Fortbildung sind für die Anforderungen in der Praxis unzureichend. Darüber ist auch immer wieder von Lehrern geklagt worden. Bessere Angebote sind erforderlich, aber noch nicht einmal in Sicht. Und das gilt mit Sicherheit nicht nur für Niedersachsen, sondern bundesweit gleichermaßen und für alle Schulformen.

Allein die Klagen der Schüler über unzureichende Unterstützung durch ihre Lehrer[453] und die unzureichende Förderung schwächerer Schüler[454] machen massive Defizite in der Lehrerfortbildung und Schulpolitik erkennbar.

Die Kultusminister haben immer wieder Forderungen dazu erhoben und Versprechungen gemacht. Aber sie haben zu wenig für deren Realisierung getan. Sie haben die Durchführung überwiegend den Lehrern und ihren Verbänden überlassen oder »zugeschoben«. Denen wurden dafür aber nicht die nötigen Befugnisse übertragen und die nötigen Gelder zur Verfügung gestellt. So blieb alles im »Klein-Klein«, »handgestrickt«. Die Versprechungen erweckten immer neue Hoffnungen und verhinderten zugleich die erwünschten großen Lösungen.

Nordrhein-Westfalen hat von 2002 bis 2008 das Modellvorhaben »Selbständige Schule« durchgeführt, an dem 278 Schulen aller Formen teilnahmen. Darüber berichten Holtappels/Klemm/Rolff (Hg.)[455], und in der Auswertung dazu schreiben die beiden Letztgenannten in der ZEIT: »Auch blieben bei den Fachleistungen Verbesserungen aus – bis auf geringe Leistungssteigerungen, die allerdings auch zufällig eingetreten sein könnten. [...] Unterrichtsentwicklung darf sich nicht erschöpfen in der Etablierung vermeintlich neuer Methoden [...] Sie muss sich an einer Idee von Unterricht orientieren, in der Unterricht als Lehr- und Lernprozess begriffen wird, der sich auf einer von Lehrenden und Lernenden geteilten Wertbasis vollzieht, bei dem weniger Techniken und mehr die Beziehungen zwischen Lehrern und Schülern im Mittelpunkt stehen. Wenn Engagement und Haltung von Lehrpersonen wirklich den Einfluss auf die Unterrichtsergebnisse haben, von dem die Unterrichtsforscher berichten, dann müssen Engagement und förderliche Haltungen unterstützt und im Zweifel auch trainiert werden. Das bedeutet vielfach Coaching von Lehrern, damit sie sich selbst zu Lerncoachs weiterentwickeln. Dies ist allerdings aufwendiger als Methodentraining und erfordert erhebliche Ressourcen für die Lehrerfortbildung. Wir müssen endlich einsehen: Umsonst ist der Wandel von der verwalteten zur lernenden Schule nicht zu haben.«[456]

[453] Vgl. hier Kap. 3, Punkt 4.3.
[454] Vgl. hier Kap. 3, Punkt 5.
[455] H.-. Holtappels u.a. (Hg.) 2009.
[456] K. Klemm u.a. in *DIE ZEIT* vom 8.10.2009, S. 80.

8.8.2 Forderungen nach neuem Lehrerkönnen und -verhalten

Die Ergebnisse der Unterrichtsforscher und der beiden Auswerter zusammen machen deutlich, dass in der Schule der Unterrichtsertrag nur teilweise durch Informationsübermittlung, Methoden und Techniken bestimmt wird. Viel wichtiger ist das Verhalten der Lehrkräfte in ihrer Beziehung zu den Schülern auf »gleicher Wertbasis«. In dieser Hinsicht werden Schwachpunkte erkannt und wird Abhilfe gefordert. Das passt zu den Klagen der Schüler in der PISA-Befragung über unzureichende Unterstützung durch die Lehrer.[457] Dabei spielen Strukturen und Methoden kaum eine Rolle, das Menschliche und Zwischenmenschliche werden als Hauptfaktoren herausgestellt. Hier sollen Verbesserungen gesucht werden, vielfach auch mit einem Coaching.

Das sind sensationell andere Erkenntnisse, als man bisher vielfach vernommen hat. Sie weisen über die üblichen Vorstellungen und Praktiken weit hinaus. Die Begriffe allein verlangen die Öffnung der herkömmlichen Schulpädagogik hin zu den Erfahrungswissenschaften, die Nutzung moderner Forschungsergebnisse in der Neurobiologie, in Psychologie und Psychotherapie und die Einbeziehung ihrer Vertreter. Dafür hat der Neurobiologe Joachim Bauer bereits vorgesorgt. Er hält sein Fortbildungsangebot bereit.[458] Sein Modell sieht fünf Module mit je fünf Doppelstunden bei maximal zehn bis zwölf Teilnehmern vor. Die Kosten betragen 150 Euro pro Person und Kurs, die Leitung übernehmen ausgewiesene Therapeuten. Besseres kann man sich wahrscheinlich kaum wünschen. Die Kosten aus dem Privatportemonnaie sind zumutbar. Mindestens sollten alle Schulleiter und ihre Vertreter und ohnehin alle Funktionsstelleninhaber von A 15 aufwärts eine Teilnahme sofort als Ehrensache ansehen und bemüht sein, die neuen Erkenntnisse zu gewinnen, umzusetzen und weiterzugeben. Baldmöglichst sollten die nötigen Gelder für die Einbeziehung auch der Referendare und aller anderen Lehrer in diese Fortbildung zur Verfügung gestellt werden. Das müsste das pädagogische Binnenklima sehr beleben und Unterrichtsqualität und -ergebnisse erheblich steigern helfen.

Daneben sollten die alten Konzepte der Lehrerfortbildung neu überarbeitet und angereichert werden. Sie müssen zum einen auf die Beziehungskomponente abzielen, sollten zum anderen in der Wertbasis auf die »gute Autorität« nach Wolfgang Bergmann setzen[459] und zum Dritten alles berücksichtigen, was zu Lernen und Entwicklung heute in den relevanten Disziplinen empi-

---

[457] Vgl. hier Kap. 3, Punkt 4.3.
[458] J. Bauer u. a. »Gesundheitsprophylaxe«, o. J.
[459] W. Bergmann 2005.

risch gesichert vorliegt.[460] Es sollten Modelle ausformuliert werden für grundlegende Teile der Unterrichtsarbeit, die Einführung neuen Lernstoffs, das Abfragen und Einüben, den Umgang mit Regeln und Regelhierarchien, für spätere Kontrollen, Vergewisserung und Wiederholung, ebenso für die Anregung von Motivation und den Umgang mit Lern- und Arbeitstechniken, also für Hilfen aller Art und ebenso für die dazu passenden Sanktionen.

Die Defizite im Wissen und Können der Lehrer sind offensichtlich überall ziemlich die gleichen. Es ist also viel ökonomischer und erfolgversprechender, Konzepte dafür landes- oder gar bundesweit entwickeln zu lassen als an der einzelnen Schule. Denn dann müssen diese allen Ansprüchen genügen und können überall akzeptiert werden. In diesem Punkt werden die Leistungsgrenzen der »Selbständigen Schule« deutlich und die Vorteile zentralen Planens und Forschens, auch und gerade im Ökonomischen.

8.8.3 Beziehungspflege – der Wendepunkt in Richtung Schulreform?

Mit den Forderungen nach Beziehungspflege zwischen Lehrern und Schülern auf gleicher Wertbasis und nach einem »Lehrercoaching« ist wohl ein Wendepunkt zu verzeichnen: Die Öffnung der Schule hin zu den Erfahrungswissenschaften wird gefordert und sie wird nicht mehr aufzuhalten sein. Dazu gehören die Übernahme ihrer empirisch gesicherten Erkenntnisse und Verfahren, die (zu bezahlende) Mithilfe ihrer Repräsentanten und die Akzeptanz der geforderten Verhaltensänderungen weit über den Klassenraum hinaus.

Das heißt, Beziehungspflege muss als Wert die gesamte Schule durchziehen und Elternhäuser ebenso wie die ganze Gesellschaft. Sie kann in der Schule nur funktionieren, wenn sie auch außerhalb der Schule zur Selbstverständlichkeit und zum Kennzeichen des ganzen Systems wird. Das ist zugleich die Absage an andere Werte, bisherige Vorstellungen und Praktiken, z.B. an bürokratischen Druck, autoritäres Anordnen und Durchsetzenwollen, parteipolitische Vorgaben und die Forderungen von Theorien und Ideologien.[461]

Das Ganze stellt sich dar als die Summe von Ergebnissen pädagogischer Tatsachenforschung.

---

[460] Vgl. hier vor allem bei Kap. 2, Punkt 2.2.
[461] Dieselben Ergebnisse schon in Kap. 3, Punkt 3.1.2. und Punkt 4.6.

9 Aus der Welt der politischen Parteien: Gabriele Behlers wiederholte Kritik an der Bildungspolitik der Parteien

9.1 Die Kritik von 2005

9.1.1 Einzelheiten

Über die Auswirkungen parteipolitischer Entscheidungen auf Schulpolitik und Schulpraxis gibt es von Politikerseite kaum je offene Aussagen. Eine Ausnahme bildet Gabriele Behler.[462] So schreibt sie z. B. in der ZEIT vom 12. Mai 2005 über »Irrwege und Perspektiven – Die Ziele der SPD-Bildungspolitik sind zeitlos modern – doch in der Praxis wurde mancher Unsinn getrieben«[463]. Dabei befasst sie sich eingehend mit der Bildungspolitik der SPD. Sie kritisiert »die alten Mythen«, die »Leugnung der Probleme der Gesamtschulen«, das Hochspielen der Schulstrukturfragen und die neuerlichen Anzeichen von Re-Ideologisierung. Sie verlangt, dass sich die SPD endlich dieser Debatte stellt, und fordert von den Konservativen ein entsprechendes Denken, »die Überwindung der Ideen von gestern«. Denn nur »bei einem Konsens über Wege und Ziele in der Gesellschaft kann die überfällige Modernisierung unseres Bildungswesens gelingen«. In der Sache kritisiert sie die Abwertung der »bürgerlichen Literatur«, des »soliden Fachwissens«, von Fleiß, Pünktlichkeit und Ordentlichkeit als »bloßen Sekundärtugenden«, von Leistungsprinzip und systematischem Lernen und schließt mit fünf Thesen:

- »Wir müssen in der Gesellschaft die Wertschätzung von Bildung und Leistung einfordern.
- Heranwachsenden müssen angemessen Normen und Werte nachdrücklich vermittelt werden.
- Es muss eine Balance zwischen interner und externer Qualitätssicherung in der Schule hergestellt werden.
- SPD-Bildungspolitik setzt den Konsens mit dem aufgeklärten und liberalen Bildungsbürgertum voraus. Formale Bildung ist unverzichtbar.
- Oben auf die Prioritätenliste gehören die Verständigung über Bildungs-

---

[462] G. Behler, SPD, war 1995 bis 2002 Kultusministerin in Nordrhein-Westfalen und ab 1998 zusätzlich Ministerin für Wissenschaft und Forschung. Im Januar 2005 legte sie das Landtagsmandat nieder. Sie begründete dies damit, dass sie mit der rot-grünen Schulpolitik nicht einverstanden sei.
[463] DIE ZEIT vom 12. Mai 2005, S. 85.

inhalte und eine konsequente Leistungsorientierung sowie Möglichkeiten der Differenzierung nach Leistung und Neigung.«[464]

Gabriele Behler erhielt für diese Ausführungen zwei Wochen später in *DIE ZEIT* die ausdrückliche Zustimmung von Sigmar Gabriel (SPD), Ex-Ministerpräsident von Niedersachsen, ab Ende 2005 Bundesumweltminister, seit 2009 Führer der SPD und ihr Sprecher im Bundestag. Für ihn »muss Leistung geradezu ein sozialdemokratischer Kampfbegriff in der Bildungspolitik werden«[465].

9.1.2 Kernpunkt »Wahrnehmungsverweigerung«

Behler unterscheidet klar zwischen den eigentlichen Zielen der SPD-Bildungspolitik, die sie als »zeitlos modern« bezeichnet, und der langjährigen Praxis, in der ganz andere Ziele verfolgt wurden und in der so »mancher Unsinn getrieben wurde«. Diese Kritik ist zurückhaltend formuliert, in den Einzelheiten wird es viel schärfer. Denn alle Kritikpunkte von Behler und Gabriel lassen sich, besonders deutlich in der Kritik an den alten Mythen, an der Leugnung der Probleme der Gesamtschulen und der Warnung vor Re-Ideologisierung, auf einen Kernpunkt zurückführen, nämlich auf die »systematische Wahrnehmungsverweigerung«, die Norbert Walter, Chefökonom der Deutschen Bank, 1996 bei »der deutschen Gesellschaft seit einem Vierteljahrhundert« konstatiert und moniert hat[466]. Man könnte auch von Lernverweigerung sprechen. Behler und Gabriel gebrauchen diesen Ausdruck selbst zwar nicht, aber dass sie das gemeint haben müssen, ist aus ihren sämtlichen Formulierungen zu schließen. Denn ihre Kritik und die Forderungen daraus bedeuten das Gegenteil zu allem bisher Betonten und Gewohnten, in Vorstellungen und Praktiken wie in Werten und Zielen. Sie bedeuten für die SPD, ohne dass es offen ausgesprochen wurde, die Absage

- an alle Klassenkampfmodelle,
- an das alte Feindbild CDU mit dem liberalen Bildungsbürgertum, mit bildungsbewussten Eltern, mit dem Gymnasium, seinen Bildungszielen und seiner Lehrerschaft,
- an pädagogische Moden und Sozialutopien,
- an Konfrontation, Konkurrenzdenken, Meinungsführerschaft, Dominanzstreben,
- an das eigene Fortschritts- und Sendungsbewusstsein,

---

[464] Ebd.
[465] S. Gabriel in *DIE ZEIT* vom 25. Mai 2005, S. 84.
[466] Bei Burandt 1999, S. 62, hier mehrfach.

- an die scheinbar so eindeutigen Ziele mit der Strukturdebatte und der Gesamtschuldurchsetzung,
- an die Fortschritte und die Fortschrittlichkeit der gerade durch die SPD in den letzten Jahrzehnten bestimmten Bildungspolitik,
- und an den jahrzehntelangen Verzicht auf umfassende und grundlegende Aufklärung und Wissenschaftsnutzung.

9.1.3 Folgerungen und Folgen

Mit diesen Ausführungen stellen Behler und Gabriel für die SPD sowie ihre Mitglieder und Sympathisanten weithin das alte Welt- und Menschenbild in Frage mitsamt der Vorstellung, die Partei und ihre führenden Politiker könnten sich schlechterdings nicht irren, sondern immer nur das Richtige verfolgen und durchsetzen – nach dem alten Slogan »Die Partei hat doch immer recht«. Dabei zielen alle Forderungen letztlich immer nur auf das eine hin, die Realitäten endlich in den Blick zu nehmen und sich selbst, alle Äußerungen und Maßnahmen auf sie auszurichten.

Zwei Teilaspekte sollen noch besonders herausgehoben werden:

- Beide Politiker zielen mit ihren Forderungen sowohl auf den einzelnen Schüler und seine optimale Förderung als auch auf die Schule als Ganzes, auf Gemeinwohl, auf Effizienz und auf unser aller Behauptung in der Welt der Globalisierung. Dabei sind die Belastungen, die die kritisierte Politik für Generationen von Schülern, Lehrern und Eltern mit sich bringt, noch kaum mit angesprochen.
- Gerhard Schröder hat vor Jahren als Bundeskanzler vehement die Meinung vertreten, es gebe keine rechte oder linke Wirtschaftspolitik, sondern nur eine gute und eine schlechte. In der Bildungspolitik dürfte das kaum anders sein. Diesen Standpunkt vertreten jedenfalls Behler und Gabriel. Sie fordern ja nicht einseitige, also linke Profilierung, sondern Verständigung, Konsens und letztlich Kooperation.

Beide Politiker zeigen damit, dass sie selbst gelernt haben und dass solches Lernen auch bei anderen führenden SPD-Politikern möglich sein müsste. Beide haben für die Veröffentlichung dieser Kritik wohl mit guten Gründen *DIE ZEIT* gewählt. Die Zeitung gilt als kritisch und wird in intellektuellen Kreisen, die sie sich als Adressaten wünschen, viel gelesen und diskutiert. Behler hat vielleicht von vornherein auf ein besonderes Interesse der Redaktion und ihrer Mitarbeiter gesetzt. Diese hätten ja die Kritik aufgreifen, vertiefen und immer wieder neu hochspielen können, und sie hätten Aufklärung in der Sache verlangen und sie vielleicht sogar selbst vorantreiben können, z. B. mit

Hilfe der ZEIT-Stiftung. Das hätte sicher in der Öffentlichkeit gewirkt, hätte »Mittäter« mobilisieren und »Steine ins Rollen bringen« können. Aber erfolgt ist von dieser Seite tatsächlich nichts. Mit dem viel gerühmten »Wächteramt der Presse« hat es wohl nicht funktioniert.

Behler hat noch einen zweiten Versuch unternommen, für ihre Forderungen in der Öffentlichkeit Verständnis und Unterstützung zu finden. Ihre Ausführungen sind noch einmal unter demselben Titel und Untertitel im Septemberheft von *Profil* abgedruckt worden. Aber auch das ergab keine merkbaren Reaktionen.

Die CDU hat die Gunst der Stunde, diese Möglichkeit zu einer grundlegenden und parteiübergreifenden Diskussion und Aktion nicht erkannt. Sie griff Behlers Ausführungen jedenfalls nicht auf. Sie hatte und hat allerdings auch keine Personen oder Personengruppen, die in Bildungsfragen kompetent und für die Partei zu sprechen ermächtigt sind. Sie hat ja auch keine eigenständig ausformulierte Bildungspolitik[467], vermeidet Diskussionen zur Sache in der Öffentlichkeit, lässt der SPD die Meinungsführerschaft und beschränkt sich in der Praxis auf so etwas wie hinhaltenden Widerstand gegen die Aktionen der SPD, besonders die für die Gesamtschule und gegen das Gymnasium.

Die Folgen liegen auf der Hand: Im Schulbereich ist alles so ungeklärt geblieben, wie es war, im Dunkel von Mythen und Ideologien – und ganz den Parteipolitikern überlassen.

9.2 Die neue »Standortbestimmung« von 2008/9

Gabriele Behler hat am 17. Oktober 2008 in Lindlar einen Vortrag zur Sache gehalten.[468] Aus diesem werden zwei Gruppen von Zitaten hier gebracht und ausgewertet, die Nutzanwendung ergibt sich daraus.

- »Es sei mir noch einmal erlaubt, den Blick nach Hamburg zu richten. Bekanntlich gibt es dort keine SPD-Regierung, auch keine hessischen Verhältnisse. Die schwarz-grüne Regierung hat beschlossen, die Klassen fünf und sechs der weiterführenden Schulen den Grundschulen zuzuschlagen, mit der Begründung, längeres gemeinsames Lernen sei der richtige Weg, um die in der Tat skandalös enge Kopplung von Schulerfolg und sozialer Herkunft zu lockern. Laut Presseberichten war das auch die Forderung der FDP bei den Verhandlungen mit der CSU in München; SPD und Grüne setzen eh auf die Auflösung der Schulformen. Der Hamburger Weg erfährt viel Sympathie in den Medien, und vielerorts höre ich, das sei doch ein guter Kompro-

---

[467] So auch Th. Kerstan in *DIE ZEIT* vom 12.5.2010, S. 14.
[468] Abgedruckt in *Profil* 1/2/2009, S. 12–20.

miss zwischen konservativem Leistungsanspruch und sozialer Pädagogik. Ich halte das für den falschen Weg. Leistung und soziale Gerechtigkeit sind kein Gegensatz. [...] Ich hätte den ungeheuren Kraftaufwand dafür lieber in sinnvolle Unterrichtsentwicklung investiert [...] Heike Schmoll hat dies [den Hamburger Koalitionskompromiss, R.B.] in der *FAZ* mit der Formulierung ›Verflachung der Schule für Vertiefung der Elbe‹ auf den Punkt gebracht.«

Hier wird kritisiert, dass mit der Forderung nach Strukturänderungen immer von viel wichtigeren Fragen abgelenkt werde, z.B. denen nach Inhalten, Unterrichtsverfahren, »sinnvoller Unterrichtsentwicklung«, Effizienzkriterien etc. Damit werden alle Gespräche dazu verhindert, der Wissens- und Modernitätsrückstand bleibt erhalten. Zum anderen wird der Kuhhandel kritisiert: »Gemeinschaftsschule (Grüne) gegen Elbvertiefung (CDU)«[469] – Parteienprofilierung auf Kosten unserer Kinder! Ein krasses Beispiel für die Missachtung von Kindes- und Elternrechten durch die Politiker, ausgezeichnet geeignet für eine Diskussion über Entscheidungskriterien, Führungsgrundsätze und die Missachtung von Minderheiten. Zum Dritten wird zu Recht Leistung verlangt. Wir müssten unseren Schülern und Lehrern dafür eigentlich jede Hilfestellung geben, die »nach dem Stande der Zeit« möglich ist. Doch das unterbleibt, und das ist faktisch Hilfeverweigerung! Zum Vierten wird leider nur subjektiv argumentiert: »Ich halte das für den falschen Weg.« Die einschlägigen Erkenntnisse aus empirisch gesicherter Forschung bleiben ungenutzt, werden nicht einmal angesprochen.

- »Wenn heute bildungspolitische Fragen, die eigentlich Fachfragen sind, von Parteien usurpiert werden, um ein Auseinandersetzungsfeld zu haben, dann wird dieser Prozess selbst zum größten Entwicklungshindernis [...] Notwendig wäre hingegen ein fachlich geschützter Raum für unsere Schulen, in dem nachhaltig wirkende Veränderungen entwickelt und systematisch ausgebaut werden können [...] Ich bin davon überzeugt, dass auf diese Weise Bildungspolitik ihren schleichenden Legitimationsverlust überwinden kann. Und deshalb ist das Plädoyer für (scheinbare) Politikferne in der Bildungspolitik in Wirklichkeit ein Plädoyer dafür, Fachkompetenz in der Fachpolitik durchzusetzen. Das kommt der Bildungspolitik und den Schulen zugute und nutzt damit der Gesellschaft, den Kindern und Jugendlichen, für die ja eigentlich Schule und Politik da sind.«

Behler stellt somit fest, als Expertin und mit »gesundem Menschenverstand«:
- Bildungspolitische Fragen sind eigentlich Fachfragen.

---

[469] A.a.O., S. 16.

- Wenn die Parteien ausgerechnet in der Bildungspolitik die Auseinandersetzung mit den politischen Konkurrenten versuchen, verhindern sie genau damit die (nötige) Entwicklung.
- Notwendig wäre ein fachlich geschützter Raum für unsere Schulen, in dem nachhaltig wirkende Veränderungen entwickelt und systematisch ausgebaut werden können.
- Behlers Plädoyer für (scheinbare) Politikferne in der Bildungspolitik ist in Wirklichkeit ein Plädoyer dafür, Fachkompetenz in der Fachpolitik durchzusetzen, denn allein das kommt allen zugute.

Das Ganze ist also ein einziges Plädoyer gegen die gängige Bildungspolitik, gegen die üblich gewordene Unterschätzung des Fachwissens mit der Überbewertung parteipolitischer Gesichtspunkte und *für* die Neubewertung von Fachkompetenz, von Aufklärung und Kontrolle. Unsere Schulmisere, heißt das, beruht auf dem jahrzehntelangen Versagen der Bildungspolitiker vor ihren eigentlichen Aufgaben. Damit halten sie uns in einem Entwicklungsrückstand fest, zu unser aller Schaden. Diese Diagnose stellte schon Thilo Bode in »Die Demokratie verrät ihre Kinder«[470].

9.3 Die Kritik von 2010 an den Ideologie-Elementen in der Reformpädagogik

»Nein, mit der Ächtung des sexuellen Missbrauchs ist es nicht getan. Die Reformpädagogik muss endlich hart mit sich selbst ins Gericht gehen [...] Zwar gibt es kein einheitliches reformpädagogisches Programm. In der Realität gibt es aber eine Gemeinschaft von Reformpädagogen, die großen Erfolg mit ihrem selbstgerechten Anspruch hatte, das Leitbild für die Schule überhaupt vorzugeben [...] die Schule als Lebensraum, in der ›alle gemeinsam‹ leben und lernen, die ganze Litanei – als sei die ›Gemeinschaft‹ das Wichtigste, als dürfte es kein Leben außerhalb der Schule geben [...] Einfach schrecklich wurde es, wenn die getreuen Adepten der verschiedenen reformpädagogischen Richtungen die Alltagstauglichkeit solcher Theorien unter Beweis zu stellen meinten, voller Selbstgerechtigkeit, mit großem missionarischem Eifer, der aus pädagogischen Prinzipien Heilslehren machte und dabei geprägt war von einem Zerrbild der Regelschulen [...]. Regelhaftigkeit und Grenzziehung wurden als Ausfluss autoritärer Gesinnung diskreditiert [...] Ausgeblendet wurde mit schöner Regelmäßigkeit das, was nicht in die pädagogische Heilslehre passte [...] große Fragmente der Reformpädagogik sickerten in den Alltag der Leh-

[470] Th. Bode 2003.

rerbildung, in Richtlinien, Lehrpläne, politische Programme und Schulversuche aller politischen Richtungen ein [...] Dabei wurden Mythen mit dem Nimbus von Wissenschaftlichkeit verkleidet; jenseits der unterschiedlichen Strömungen aber wurden die zugrunde liegenden Lehren zur Norm, man schaue sich die Preise und Wettbewerbe an, die auf dem Markt sind [...] Kritiker werden gleich in Außenseiterpositionen gedrängt, Selbstzweifel werden ihnen auferlegt, eine Methode, mit der die Moderatoren sich selbst unangreifbar machen und Kritiker moralisch disqualifizieren [...] Schulversuche dieser Tradition scheinen es überhaupt an sich zu haben, die Realität an anderen Schulen auszublenden, sich selbst zu zelebrieren [...] Dem müssen sich die Pädagogen und die Schulverwaltungen stellen [...].«[471]

Behler macht mit ihrer Kritik zum einen an den ideologischen Komponenten in der Reformpädagogik, ihrer breiten Akzeptanz und ihren Wirkungen bis tief in die Schulpraxis hinein, und zum anderen an den schon im Vorstehenden monierten Bildungsvorstellungen vieler Schulpolitiker, gerade aus der SPD die massive Ideologiebestimmtheit von Schulpolitik und Schulpraxis bei uns erkennbar, den Abstand zu den Realitäten, die mehrfach betonte »Wahrnehmungsverweigerung«.

Behler bestätigt damit auf ihre Weise die Richtigkeit der hier vorgelegten Befunde und Schlussfolgerungen. Sie verlangt in einem »Forderungskatalog« von sieben Punkten – mindestens prinzipiell – ziemlich dasselbe wie L. Wössmann und wie hier ich, nämlich »wissensbasierte Bildungspolitik«.

10 Aus pädagogischer Langzeitforschung: Die LifE-Studie von Helmut Fend (2009)

10.1 Zur LifE-Studie

Das Buch »Lebensverläufe, Lebensbewältigung, Lebensglück. Ergebnisse der LifE-Studie« (Wiesbaden 2009) von Helmut Fend, Fred Berger und Urs Grob (Hg.) ist beeindruckend.[472] Das gilt für alles, für seinen wissenschaftlichen Ansatz, die Fülle des Materials und die Qualität seiner Verarbeitung. Das Buch berichtet in einer Längsschnittstudie, auf früheren Untersuchungen

---

[471] G. Behler in *DIE ZEIT* vom 23.9.2010, S. 75; ähnlich W. Steinbrecht in *phvn* 3/2010, S. 13ff.
[472] H. Fend u. a. 2009.

aufbauend, über Lebensverläufe von 1527 Personen vom 12. bis zum 35. Lebensjahr (LifE – Lebensverläufe ins frühe Erwachsenenalter). Über die Jahre hat eine Vielzahl von Wissenschaftlern daran mitgewirkt. In der Hauptsache ging es um die zwei Fragen:

- Wie verlaufen heute die Lebensgeschichten von Frauen und Männern?
- Können wir die Vielfalt der Lebensläufe vorhersagen, wenn wir die späte Kindheit und Jugendzeit kennen?

Für unsere Fragestellung interessiert darin Fends Aufsatz »Chancengleichheit im Lebenslauf – Kurz- und Langzeitfolgen von Schulstrukturen«[473]. Aus ihm lassen sich wichtige Einsichten gewinnen, lassen sich sogar so etwas wie Lehren oder Grundsätze für die Gestaltung von Schule ableiten. Zu den verschiedenen Gesichtspunkten bringe ich jeweils zuerst die Zitate, dann die Auswertung.

10.2 Die Haupterkenntnisse zu Chancengleichheit, zur Bedeutung des Elternengagements und zum Maßstab für Schülerförderung

10.2.1 Zur Chancengleichheit in Gymnasium und Gesamtschule – Zitate und Auswertung

- »Chancengleichheit ist dann erreicht, wenn lediglich schulische Leistungen bestimmen, wie weit jemand im Bildungswesen kommt.«[474]
- »Bildungsgerechtigkeit kann bedeuten, dass vor allem ein Grundniveau der Qualifizierung und Bildung sichergestellt werden muss, das allen Kindern eine angemessene ökonomische, soziale und kulturelle Teilhabe am Leben und eine selbständige Lebensgestaltung ermöglicht.«[475]
- »Der Gesamtschule gelingt zwar in der 6. Stufe noch eine bessere Förderung der Arbeiterkinder als im herkömmlichen Bildungswesen, in der 9. Stufe hat sich dieser Effekt dann aber verloren. Bis in diese Schulstufe haben dann sogar die weniger begabten Arbeiterkinder im dreigliedrigen Bildungswesen in der Summe aller Leistungen höhere Werte als die Arbeiterkinder im Gesamtschulsystem. Von der Gesamtschule haben aber die Arbeiterkinder in den oberen 13 Prozent der Intelligenzverteilung stärker profitiert als im herkömmlichen Bildungswesen. Das Bild ist allerdings sehr gemischt, je nach Fach und nach länderspezifischem Modellversuch unterschiedlich [...] Der Kern der Leistungsprobleme lag vor allem im

---

[473] A.a.O., S. 37ff.
[474] A.a.O., S. 39.
[475] A.a.O., S. 39.

Fremdsprachenunterricht (Englisch), der von allen Fächern am stärksten konsekutiv aufgebaut ist und schnell Leistungsdifferenzen zeigt. In der Summe wurde sichtbar, dass mit einer eher undifferenziert arbeitenden Gesamtschule nicht von selbst – weil sie die eine Schule für alle ist – schon positive Fördereffekte für die Schüler, insbesondere für diejenigen, die leistungsmäßig eher Mühe haben, verbunden sind.«[476]

- »Die größere Chancengleichheit [in Gesamtschulen, R.B.] während der Schulzeit verliert sich auf den weiteren Etappen der Bildungs- und Ausbildungswege und den Berufspositionen. Die Schulstrukturen zeigen somit keine nachhaltigen Effekte in Bezug auf die Chancengleichheit im Lebenslauf.«[477]

- »In der Summe ist sichtbar, dass für ein Hochrechnen auf ein Land oder gar die Bundesrepublik mehrere Einschränkungen zu beachten sind, die eine vorschnelle Verallgemeinerung, Gesamtschulen können keine Chancengleichheit schaffen, nicht erlauben.«[478]

- »Allerdings sind die Problemgruppen deutlich unterrepräsentiert, insbesondere ehemalige Jugendliche ohne Abschluss, Hauptschüler und Migranten.«[479]

Die Formulierungen zeigen die Umsicht in der Forschung und die Vorsicht im Urteilen. Insgesamt wird dabei deutlich, dass das Gymnasium sich mit der besonderen Art seiner Förderung in relativ homogenen Lerngruppen sehen lassen kann und es seine Erfolge hat. Das zeigen auch die PISA-Studien. Unzureichendes Engagement in der Chancengleichheit ist dem Gymnasium nicht vorzuwerfen. Das sind neue, wichtige Töne.

10.2.2 Zum Elternengagement für Schule und dessen Gewinn für uns alle

10.2.2.1 Zitate

- »Forschungen zeigen, wie Eltern agieren, um auch bei nicht sehr stabil durch Schulleistungen abgesicherten Empfehlungen ihre Kinder im Gymnasium zu platzieren. Sind die Kinder im Gymnasium, dann haben sie angesichts der Haltekraft und des Fördereffektes von Gymnasien sowie wegen entsprechender Stützmaßnahmen gute Chancen, auch bei durchschnittlicher kognitiver Grundfähigkeit zum Abitur zu kommen.«[480]

---

[476] A.a.O., S. 49.
[477] A.a.O., S. 63.
[478] A.a.O., S. 65.
[479] Ebd.
[480] A.a.O., S. 66.

- »Eltern sind die primären Nutzungsakteure, um ihrem Nachwuchs optimale Lebenschancen zu verschaffen [...] Hinter der intergenerationalen Transmission von Bildungstiteln stehen umfassende elterliche Erziehungsprogramme und Bildungsanstrengungen, die sich auf keinem Gebiet als so wirksam erweisen wie bei der Gestaltung der Schullaufbahn der Kinder. Auf diesem Gebiet hat die moderne Familie nicht nur keinen Bedeutungsverlust erlitten, sondern einen deutlichen Bedeutungszuwachs.«[481]
- »Gleich begabte Kinder in Hauptschulen haben nach mehreren Schuljahren schlechtere Leistungen als gleich begabte Gymnasiasten.«[482]
- »Die Eltern der Oberschicht bzw. Bildungsschicht nutzen auf diese Art und Weise jedes Bildungssystem, um ihre Ziele zu verwirklichen. Das Oberflächenphänomen ist dann dies: Kinder der Arbeiterschicht müssen im oberen Drittel der Intelligenzverteilung sein, um dieselben Chancen zu haben, auf dem Gymnasium zu sein, wie Kinder der Bildungsschicht aus dem unteren Drittel.«[483]
- »Was familienpolitisch positiv ist, nämlich ›starke‹ Familien in der optimalen Förderung ihrer Kinder zu haben, kann in sozialpolitischer Sicht problematisch erscheinen, und zwar wegen der Benachteiligung eher bildungsferner Familien.«[484]

10.2.2.2 Auswertung

Hier wird sozusagen »bescheinigt«:
- den Gymnasien u. a., dass sie mit ihrer »Haltekraft und den Fördereffekten« auch durchschnittlich begabte Schüler zum Abitur kommen lassen,
- den Eltern aus der Bildungsschicht, dass sie sich sehr intensiv um ihre Kinder kümmern und dabei auch Erfolg haben,
- den Lehrern in der Hauptschule (und schon in der Grundschule), dass sie tatsächlich nicht alle Schüler gleichermaßen fördern können, neben den lernschwachen eben auch nicht die gut Begabten. Das ist die Bestätigung für die hier schon mehrfach betonten naturgegebenen Begrenztheiten bei Lehrern.

Fend spricht von »familienpolitischer und sozialpolitischer Sicht«. Er sieht bei letzterer mit Unbehagen vor allem die »Benachteiligung bildungsferner Familien«. Dazu ist zu sagen:

[481] Ebd.
[482] Ebd.
[483] A.a.O., S. 67 f.
[484] A.a.O., S. 68.

- Die bildungsengagierten Familien folgen letztlich ihrem Brutpflegeinstinkt. Das ist etwas Natürliches und als solches normal zu nennen.
- Die Bemühungen zielen auf die besondere Förderung der eigenen Kinder, sie sind von vornherein nicht gegen die Kinder aus anderen Familien gerichtet. Aber unterschwellig klingt dieser Vorwurf mit dem Wort »problematisch«[485] durch. Dabei sind die Plätze im Gymnasium ja in der Regel nicht der Zahl nach beschränkt.
- Die Bemühungen dieser Elterngruppen sorgen dafür, dass wir als Volk eine relativ hohe Zahl an höheren Abschlüssen und damit hoch qualifizierten Nachwuchs haben. Das wissen die Bildungs- und Schulpolitiker und gerade auch die Wirtschaftswissenschaftler zu schätzen. Solches Engagement und seine Erfolge liegen in unser aller Interesse. Sie können darum eigentlich gar nicht hoch genug gelobt werden. Fend zeigt sich hier zwiespältig.
- Die entsprechend geringen Erfolge bei Kindern aus bildungsfernen Schichten zeigen, dass Lehrer und die gesamte Schulorganisation bei diesen nicht leisten oder ausgleichen können, was die Eltern aus der Bildungsschicht für ihre Kinder tun. Jeder Versuch dazu würde einen ungeheuren Mehraufwand an Personal und an Geld erfordern. Das wäre nicht bezahlbar, und die Erfolgsaussichten wären immer noch zweifelhaft. Die Eltern aus der Bildungsschicht leisten somit in der Fürsorge für das schulische Fortkommen ihrer Kinder einen Beitrag, der finanziell in seiner Höhe gar nicht abzuschätzen und ideell nicht zu ersetzen ist und der uns allen zugute kommt.
- Die Konsequenz daraus ist: Der Staat sollte sich bemühen, die Eltern aus bildungsfernen Schichten anzuregen, ihre Kinder entsprechend schulisch zu unterstützen. Dazu muss er die Informationen weit und gezielt streuen, über Medien, Verbände und Vereinigungen, über die Freiwillige Feuerwehr wie über Heimat- und Schrebergartenvereine etc. Das ist eine sehr langwierige und mühsame, viel Einfallsreichtum verlangende und nur bedingt Erfolg versprechende Arbeit. Aber sie ist auf Dauer unverzichtbar. Die Initiative dafür müsste wohl am besten das Bundesbildungsministerium ergreifen. Es müsste Gelder und Ideen zur Verfügung stellen und dabei wiederum auf jede Weise länderübergreifend, regional und kommunal unterstützt werden.

Insgesamt wird deutlich: Ein moderner Staat ist offensichtlich zwingend auf die Unterstützung durch Bürger- und Elternengagement angewiesen. Es wäre hoch fahrlässig und unverantwortlich, auf diesen Beitrag zu verzichten oder das Enga-

---

[485] H. Fend 2009 in Punkt 10.2.2.1. Zitat 5.

gement der Bürger einzuschränken. Die derzeitigen Ansätze dazu in Hamburg gehen damit genau in die falsche Richtung. Es ist widersinnig, eine bewährte Institution wie das Gymnasium ganz oder in Teilen abzuschaffen, nur um Strukturen neu aufzubauen, deren Erfolge fraglich sind und deren Erfolgsaussichten fast nur auf dem Prinzip Hoffnung bestehen. Auch hierzu schweigt Fend.

10.2.3 Individuum oder Prinzip als Ziel und Maßstab für Schülerförderung und Schule?

10.2.3.1 Zitate

■ »Es ist eine gesinnungsethische Haltung durchaus legitim. Sie postuliert jenseits der obigen Wirksamkeits- und Durchsetzungsargumente, dass eine frühe Trennung der Kinder in verschiedene Schulformen ethisch nicht akzeptabel sei, da es Menschen im unmündigen Alter auf differenzielle Lebensgeschichten festlege.«[486]

■ »Die hier vorgestellten Ergebnisse fordern dazu auf, mehrere Zielkriterien einer Schulsystemveränderung zu beachten. Sie muss auch die Perspektive der optimalen individuellen Förderung enthalten, die darin bestehen kann, dass jeder Schüler zu seinem Optimum an schulisch erwerbbaren Kompetenzen geführt wird.«[487]

10.2.3.2 Auswertung

Im ersten Zitat wird die »gesinnungsethische Haltung«, also ein Prinzip oder eine Ideologie, als Ziel und Maßstab zur Förderung von Schülern als »durchaus legitim« bezeichnet. Bei »Chancengleichheit« ist es ebenso ein Prinzip.

Im zweiten Zitat wird für die Schulsystemveränderung gefordert, sie müsse »auch die Perspektive der optimalen individuellen Förderung enthalten«. Es sieht mit dem »auch« so aus, als sei für Fend das Prinzip von vornherein das Übergeordnete und der Anspruch des Individuellen auf Förderung das Untergeordnete, Unwichtigere. Damit ist indirekt eine Art Rangordnung mit Prioritäten gesetzt. Das kann nicht unwidersprochen hingenommen werden.

Das Problem der Rangordnung der Werte und Maßstäbe im Schulbereich kann letztlich wohl nur auf der Ebene der pädagogischen Praxis, aus der Erlebensperspektive und den Rechtsansprüchen des einzelnen Schülers heraus gelöst werden. Das heißt:

■ Wenn nach »gesinnungsethischer Haltung«, also aus Prinzip, alle Kinder in heterogenen Lerngruppen vor die objektiv gleichen Anforderungen gestellt werden, sind diese subjektiv, d.h. auf die unterschiedliche Leistungsfähig-

---

[486] H. Fend 2009, S. 69.
[487] A.a.O., S. 70.

keit der Schüler bezogen, nicht die gleichen. Die leistungsstärkeren und die lernschwachen Schüler werden dabei von vornherein ihrer Art nach unzureichend gefördert. Ob dabei die mittlere Gruppe noch zu ihrem Recht kommt, ist auch fraglich, denn die Interessen der Randgruppen können so viel Aufmerksamkeit des Lehrers erfordern, dass für die anderen nicht mehr Zeit und Kraft bleibt.

- Über die Überforderung der lernschwachen Schüler in heterogenen Lerngruppen berichten Untersuchungen aus der Orientierungsstufe. Sie sprechen u. a. von »Entmutigung, geringem Selbstwertgefühl und der Neigung zu Verhaltensauffälligkeiten«[488]. Das sind Belastungen, die selbst auf kurze Dauer unzumutbar sind. Die »gesinnungsethische Haltung« kann so für den Schüler zu unangemessenen Belastungen führen und ihn in seiner Persönlichkeitsentwicklung sehr hemmen.
- Prinzipielles, egal welcher Art, kann auf Individuelles keine Rücksicht nehmen. Aber Schüler können verlangen, dass sie nach ihrer persönlichen Art gefordert und gefördert und in der Schule nicht als Mittel zur Erreichung anderer Zwecke benutzt werden. Sie haben dabei auch das Grundgesetz auf ihrer Seite mit seinem ersten Artikel: »Jeder hat das Recht auf freie Entfaltung der Persönlichkeit.«
- Die Förderung des Individuums muss der Maßstab sein, nach dem die Schule zu ordnen und zu führen ist. Das spricht klar für relativ homogene Lerngruppen. Prinzipien wie Chancengleichheit etc. konnen Ergänzung und Korrektiv sein. Sie sind nicht Selbstzweck.

Fend leistet Aufklärung. Er stellt uns eine Vielzahl von Informationen zur Verfügung. Sie zu nutzen ist der Auftrag an Gesetzgebung, Exekutive und uns alle.

10.3 Defizit: Das Fehlen von Lebensverläufen von Schulabbrechern

Fend sagt selbst, dass in seiner Untersuchung[489] »die Problemgruppen deutlich unterrepräsentiert sind, insbesondere ehemalige Jugendliche ohne Abschluss, Hauptschüler und Migranten [...]«. Unter Fends 1527 Probanden ist aber kein Einziger von diesen vertreten. »Unterrepräsentiert« ist also ein irreführender Ausdruck. Die gesamte Problematik ist praktisch ausgeklammert geblieben. Diese Lücke kann auch die Perspektive im Ganzen eingeengt haben.
Jedenfalls kann auch Fend so keine Anregungen dazu geben, wie diesen Prob-

---

[488] Vgl. hier Kap. 3, Punkt 5.4.1.1.
[489] Siehe Punkt 10.2.1. f.

lemschülern geholfen werden kann und werden sollte. Diese Lücke ist deshalb besonders schmerzlich, weil es um genau die Schülergruppe geht, die Hilfe schon lange dringend bräuchte. Aber über deren Lebensverläufe und -verhältnisse, über ihre Wünsche und Möglichkeiten wissen wir nichts Sicheres. Entsprechend leiden wir unter dem Streit der Meinungen zu diesem Thema.

Natürlich muss es auch sehr schwierig sein, Informationen über Lebensverläufe von Schulabbrechern zu erhalten. Befragen in solcher Situation, noch gar wiederholtes, kann peinlich und womöglich unzumutbar sein für beide Beteiligten. Es gibt ja so etwas wie Menschenwürde, Diskretion und Achtung der Privatsphäre! Aber dass wir dieser Personengruppe endlich helfen sollten, ebenso behutsam wie zielstrebig und um ihrer selbst wie zugleich um unser aller willen, ist keine Frage. Einen ebenso traurigen wie aufschlussreichen Einblick gibt ein Artikel aus *DIE ZEIT* vom Februar 2010.[490]

11 Aus der Welt der Schüler: Missachtung ihrer Bedürfnisse nach Hilfe als Absage an den Rechts- und Sozialstaat

11.1 »Föderaler Eigensinn« und »koalitionspolitische Opportunität«

11.1.1 Zitate

Martin Spiewak schreibt in *DIE ZEIT* vom 19. November 2009 (S. 71) unter der Überschrift »Experimentitis – Jede neue Koalition bedeutet eine Schulreform. Das ist Unsinn«: »Ein Virus geht um in der Schulpolitik. Es ist hochansteckend und schwächt den Lehrkörper. Die Krankheit, die es auslöst, nennen Bildungsforscher ›Experimentitis‹. Gerade wütet sie in Sachsen, in Schleswig-Holstein und – in Thüringen. Dort will die neue rot-schwarze Koalition der Schulstruktur ihren Stempel aufdrücken [...] In Sachsen dagegen wird diese Schulform gerade wieder abgeschafft. Der Reform der Reform liegt wie so häufig keine pädagogische Einsicht zugrunde, sondern koalitionspolitische Opportunität [...] In Kiel ist eine ähnliche Reformrücknahme geplant. Die Große Koalition wollte Haupt- und Realschulen abschaffen und zu einer neuen Schule fusionieren. Doch unter dem neuen Bündnis von Schwarzen und Gelben darf zumindest die Realschule weiterleben [...] Statt weniger gibt es dann im Norden mehr Schulformen als vorher. Es lebe der föderale Eigensinn! Im Saarland will die neue Koalition die fünfjährige Grundschule

[490] Vgl. Chr. Denso u.a. unter Kap. 3, Punkt 6.3.

einführen [...] Nicht nur Eltern und Schüler sehnen sich nach Kontinuität in der Bildungspolitik. Auch Lehrer wollen nicht jedes Schuljahr mit einer Rundumreform beginnen. Gegen dieses Recht auf Ruhe wird zurzeit dauernd verstoßen. Es ist richtig, dass alle Parteien dem Lernen höchste Aufmerksamkeit schenken. Das darf jedoch nicht bedeuten, dass sie – sobald sie an der Regierung sind – die Schule alle vier Jahre neu erfinden.«[491]

11.1.2 Auswertung

In und hinter diesen Einzelheiten ist offensichtlich nur mit breiten Vorkenntnissen die ganzeMisere von Schule und Gesellschaft bei uns zu erkennen und diskutierbar zu machen:

- Die führenden Parteipolitiker und Koalitionäre denken nur noch in den Kategorien von Schulformen und -strukturen, also in organisatorischen und bürokratischen Regelungen. Sie meinen vielleicht wirklich, mit Änderungen solcher Art die zugesagte Schülerförderung zu leisten, sehen aber in ihnen vor allem die Möglichkeit, in der Öffentlichkeit, für sich persönlich oder für ihre Partei oder Koalition Pluspunkte zu gewinnen, und versuchen das ungehemmt zu nutzen. Missachtung von Wissenschaftsnutzung gilt als »Bildungspolitik«.

- Schüler und Lehrer kommen mit ihren je speziellen Bedürfnissen nach Hilfe von Parteien, Exekutive und Gesellschaft, nach Weiterentwicklung des Unterrichts, nach Neuvermessung von Inhalten, Zielen und Teilzielen, Verfahren, Maßstäben und Werten etc. in solchem Denken und Entscheiden überhaupt nicht mehr vor; nach ihren Rechten wird ebenso wenig gefragt.

- Empirisch gesicherte Erkenntnisse aus Pädagogik, Psychologie und den andern relevanten Disziplinen sind als Hilfen oder als Maßstäbe für diese Entscheidungen auf den höchsten Ebenen nicht gefragt. Für die Betroffenen wirkt das als Beliebigkeit. Das ist der Gegensatz zu dem, was sonst bei uns Anspruch und Leistung sind.

- Berichterstatter wie Martin Spiewak können bei den allgemeinen Wissensdefiziten fast nur Vordergründiges ansprechen, z. B. die Sehnsucht von Eltern und Schülern nach »Kontinuität in der Bildungspolitik« und nach dem »Recht auf Ruhe« in der Schule; und er greift dabei noch unkritisch die vielfältigen Beteuerungen »aller Parteien« auf, »dem Lernen höchste Aufmerksamkeit zu schenken«. Täten diese das wirklich, hätten wir keine Schulmisere. Diese zeigt also, dass das alles seit Jahrzehnten nur Lippen-

[491] M. Spiewak in *DIE ZEIT* vom 19.11.2009, S. 71..

bekenntnisse sind. Tatsachlich interessieren sich die Parteien nicht dafür, wie Lernen funktioniert und wie sie es in der Schule unterstützen sollten und könnten. Sie bemühen sich ja auch nicht um Aufklärung und eigenes Lernen und um das Wissen, um wirklich »helfen« zu können.

An allen Einzelheiten wird erkennbar: Die Parteiführer fragen für ihre »Bildungspolitik« nicht nach den relevanten wissenschaftlichen Erkenntnissen und entscheiden ohne Bedenken nach eigenem »Dafürhalten«. Der »Mensch« – Schüler, Lehrer, Eltern und Bürger – spielt als Richtmaß oder »Auftraggeber« kaum noch eine Rolle, er hat sich unterzuordnen und nach den Vorgaben zu »funktionieren«. Die Parteien tun so, als seien sie frei von der Bindung an Normen und Gesetze. Das ist der Abschied vom Rechts- und Sozialstaat und das Einschwenken in das Totalitäre, bisher noch in einem Mehr-Parteien-System, aber ohne Hürde für eine Ein-Parteien-Mehrheit z. B. nach dem Vorbild der alten DDR mit dem bekannten Slogan »Die Partei hat immer recht«.

Nach jeder der erwähnten Koalitionsverhandlungen hätten regional Wellen des Protestes losbrechen müssen, und spätestens nach diesem Spiewak-Artikel mit seiner Zusammenschau hätten bundesweite Solidaritätskundgebungen mit den Betroffenen hinzukommen müssen.

Aber dazu ist offensichtlich nichts laut geworden, außer in Hamburg. Da gab es aber auch die regionale Begrenzung und eine Person als Kristallisationspunkt. Das hat sicher zum Abstimmungssieg beigetragen. (Vgl. Punkt 11.4.)

11.2 »Ein Mindestmaß an Bildung für die schwächsten Schüler!« – Jürgen Baumert im Interview

11.2.1 Rahmen und Aussagen

Der Bildungsforscher Jürgen Baumert, Direktor am Berliner Max-Planck-Institut für Bildungsforschung, trägt seine Ansichten und Forderungen in einem Interview in *DIE ZEIT* vom 21. Januar 2010[492] vor: »In erster Linie muss den schwächsten Schülern ein Mindestmaß an Bildung vermittelt werden.« Unter dieser Überschrift fügt Baumert noch Forderungen u. a. zur Hauptschule und zur Strukturfrage an. Ich bringe die Zitate in kleinen Gruppen geordnet und dann die Auswertung:

- »Bei allem, gelegentlich belächelten, Traditionsbewusstsein hat Bayern aber immer wieder ein modernes Bildungsverständnis bewiesen. Die Haupt- und

---

[492] J. Baumert im Interview in *DIE ZEIT* vom 21. Januar 2010, S. 64. Zur Sache vergl. auch hier Kap. 3, Punkte 5.4.1.4 und 7.3.

Landschulreform der 60er-Jahre etwa war ein großes Modernisierungsprogramm. Viele bayerische Hauptschulen erreichen heute bessere Ergebnisse als Realschulen in anderen Ländern. Früher galt ja das katholische Mädchen vom Lande als Synonym des Bildungsverlierers. Die Zeiten sind lange vorbei.«

- »Auch eine andere Maßnahme halte ich für sehr bedeutend, die sich erst langfristig auszahlen wird: die Einführung nationaler Bildungsstandards. Mit ihnen wird bundesweit festgelegt, welche Kompetenzen Schüler am Ende der Grundschule und der Sekundarstufe erworben haben sollen.«
- »Die Zusammenlegung verschiedener Schulformen ist dort geboten, wo – wie in manchen Großstädten – nur noch zehn Prozent der Schüler die Hauptschule besuchen. An diesen Schulen ballen sich die Probleme.«
- »Die wichtigste ist keine einzelne Reform, sondern die Konzentration darauf, den Schwächsten der nachwachsenden Generation – es sind die 20 Prozent der Risikogruppe – jenes Maß an Bildung zu vermitteln, dessen sie für eine gesellschaftliche Teilhabe bedürfen.«

11.2.2 Auswertung: Das Versagen von Hilfe mit einem »pädagogischen Konzept«

- Baumert lobt die bayerische Haupt- und Landschulreform der Vergangenheit und bescheinigt ihr überragende Erfolge bis heute. Das heißt, in Bayern hat man sich seinerzeit etwas einfallen lassen, hat neue Konzepte entwickelt, besteht mit ihnen mit der Hauptschule den Praxistest hervorragend und sticht die Konkurrenz aus. Warum fordert Baumert die Hauptschulen anderswo und die für sie Verantwortlichen nicht auf, endlich von Bayern zu lernen und es womöglich noch besser zu machen als dort?
- Baumert setzt betont auf »nationale Bildungsstandards« und auf das Arbeiten mit Kompetenzen. Aber mit dergleichen macht man immer nur Ist-Zustände erkennbar und kann nicht einmal minimale Verbesserungen erreichbar machen. Denn niemand kann auf der Grundlage von (abstrakten) Bildungsstandards und Kompetenzen einem Lehrer erklären, mit welchen (pädagogischen) Maßnahmen er seine Schüler im Unterricht besser fördern und zu mehr Erfolg bringen könnte. Hier zeigt sich die verbreitete Überschätzung der Wirksamkeit bürokratischer Mittel und die Unterschätzung des »Menschlichen«.
- Baumert sagt nicht, dass die ärgerliche »Ballung der Probleme« in Großstädten schon lange besteht und dass Pädagogen, Schulaufsicht und Kultusminister es jahrzehntelang versäumt haben, für diese Risikoschüler pädagogische Konzepte zu entwickeln und ihnen damit die nötigen Hilfen zu verschaffen.

- Er will die selbständigen Hauptschulen abschaffen und mit den Realschulen zusammengeführt sehen. Er will also auf die (pädagogischen) Vorteile der kleinen Einheiten verzichten, gibt aber keinerlei Ratschläge oder gar ein Konzept für die pädagogisch-psychologische Unterstützung der Risikoschüler – wieder dieses spezifische Defizit!
- Baumert nennt als »Wichtigstes« die »Konzentration darauf, den Schwächsten jenes Maß an Bildung zu vermitteln [...]«, lässt zur Realisierung dazu aber als »Pädagogik-Experte« alles im Unklaren.
- Die Risikoschüler in größeren Schuleinheiten unterzubringen ist eine (bürokratische) Kleinigkeit. Dazu gehört nur ein Dreh an der Organisationsschraube, eine Änderung allein in Organisation, Optik und Bezeichnung. Für die Risikoschüler selbst bleibt die Schule damit nur die Fortsetzung des Bekannten und als untragbar Erlebten. Baumert will ihnen weder (pädagogische) Hilfen für den Abbau bestehender Defizite in Wissen und Können geben noch Hilfen für emotionale und motivationale Stabilisierung, noch will er zur Aufklärung darüber Kräfte und Forschungsgelder eingesetzt sehen. Er trägt also nichts bei zur geforderten »Konzentration« der Kräfte etc., sondern weicht aus vor der Klärung – große Worte ohne Vorschlag für das Praktische!
- Wenn Baumert fordert, »ein Mindestmaß an Bildung« zu vermitteln, ist das auch voller Unklarheiten. Er sagt nicht, was er als »Mindestmaß« oder bloß mittleres Maß ansieht, wieso er »Bildung« verlangt, wo andere bei den Schwächsten schon glücklich wären über jeden Zuwachs an Sicherheit in den Kulturtechniken. Und mit dem Wort »vermitteln« bringt er ein ganz missverständliches Bild, als ob den Schülern eine Art »Mindestmaß« von den Lehrern »übermittelt« oder »serviert« werden könnte. Tatsächlich ist Lernen vor allem ein Akt der individuellen Aneignung, des Wollens und Könnens. Lernen ist immer mühsam, und jede Hilfestellung, persönlich, fachlich, pädagogisch oder organisatorisch, kann voranbringen. Aber von solchen »Lernhilfen« spricht Baumert nicht.
- Baumert sagt auch nicht, wie die Risikoschüler die vielen Schulstunden, von denen sie keinen Gewinn haben, jahrelang herumbringen sollen, wie Unterrichtsstörungen für Mitschüler und Lehrer und Niveausenkung verhindert werden sollten. Er versagt sich ganz den Problemen der Praxis.

11.2.3 Fazit: Das Versagen von »pädagogischer« Hilfe für die Schüler und uns alle

Mit diesem Interview macht Baumert erkennbar: Weder er noch Kollegen kennen sich übergreifend aus in den Erkenntnissen der Grundlagenforschung in Pädagogik, Psychologie, Kindertherapie etc. Darum kann keiner diese zu einem pädagogischen Konzept für den Problemfall bündeln und Verantwortungsträger und Öffentlichkeit über all das rechtzeitig, grundlegend und umfassend informieren. In der gesamten Diskussion um Bildung, Schülerförderung und Strukturen fehlt es so überall an übergreifendem Sachwissen und Maßstäben, an der gemeinsamen und kreativen Entwicklung weiterführender Konzepte und an wirksamer Hilfe für die Schüler. Aber das sieht keiner, und keiner will wahrhaben, dass die Schüler, und gerade die schwächeren, vor allem Hilfe brauchen, Zuwendung im Menschlichen und jede Art von Hilfen für Lernen, Behalten und Können. Mit der Verweigerung dessen ist die Schulmisere großenteils erklärbar. Die Schüler – und wir alle – werden pädagogisch regelrecht im Stich gelassen. In anderen Ländern sind wenigstens »unterstützende Systeme« für die Schüler schon lange selbstverständlich.[493]

11.3 »Das Versagen der Erziehungswissenschaften« in der derzeitigen Bildungsdiskussion – die Kritik von Wolfgang Bergmann und das Fazit

Wolfgang Bergmann schreibt als Kindertherapeut in der Kritik an B. Buebs Buch »Lob der Disziplin«, wie schon zitiert, von der »Kälte«, die seit einiger Zeit die Kindererziehung kennzeichnet, und fährt dann fort: »Die Ursachen sind vielfältig, eine davon ist das bis auf wichtige Ausnahmen kaum verständliche Versagen der Erziehungswissenschaften. Sie haben auf die Veränderungen moderner Kindheit keine oder seltsam versponnene Antworten gegeben, lassen sich politisch und in öffentlichen Debatten hilflos ins Abseits drängen und hecheln in letzter Zeit einem trostlosen Geist der Technokratisierung von Schule und Erziehung hinterher, nachdem andere diesen Pfad bereits breit ausgetrampelt haben. Wer von diesen Wissenschaften ausgebildet wird, hat für die radikalen Veränderungen moderner Kindheit keine Erklärung, erst recht kein Verständnis. Das macht unsicher und ängstlich.«[494]

Daneben sind die Leiter und Lehrer in der Referendarausbildung diesen Trends und den Vorgaben und Abstraktionen der »Obrigkeit« und mancher »Experten« vielleicht etwas zu schnell gefolgt; und dabei haben sie offenbar den Schüler, wie er leibt und lebt und in seiner Hilfsbedürftigkeit etwas aus

---

[493] Arbeitsgruppe 2003, S. 102ff.
[494] W. Bergmann in M. Brumlik (Hg.) 2007, S. 33–34; entsprechende Wissensdefizite kritisiert als Kinderpsychiater auch z. B. M. Winterhoff 2010.

den Augen verloren und lassen auf ihre Weise Schüler, Eltern und Kollegen pädagogisch-psychologisch im Stich. Das ist in *bak – Seminar* zu verfolgen. Das Fazit: Ohne pädagogisches Wissen und Wollen und Bindung an Wissenschaft ist Schule nicht Hilfe für individuelles Lernen und Reifen, sondern Spielball der Mächtigen und Spielfeld von Ideologien, die Absage an den Rechtsstaat.

11.4 »Hamburger Aufruhr« – Konfrontation und Volksentscheid exemplarisch

11.4.1 Der Gang der Dinge 2009 bis 2010 mit Schulsenatorin Christa Goetsch

11.4.1.1 Bericht in DIE ZEIT im November 2009

»Die Schulen der Hansestadt stehen vor einem radikalen Umbau. Mit einem neuen Schulgesetz hat die Koalition aus CDU und Grünen im Oktober des Jahres beschlossen, die sechsjährige Primarschule einzuführen und das Elternwahlrecht beim Übergang auf die weiterführenden Schulen abzuschaffen. In Zukunft bestimmt die Schule, welche Schüler auf das dann sechsjährige Gymnasium kommen und wer die Stadtteilschule besucht, die Haupt- und Realschule vereint und auch zum Abitur führen kann. In den vergangenen drei Wochen haben die Reformgegner versucht, im Rahmen eines Volksbegehrens 62 000 Unterschriften zu sammeln. So viele sind notwendig, um einen Volksentscheid zu erwirken. Ein Fünftel aller Hamburger Wähler, das sind rund 240 000 Bürger, müssen sich dann gegen die Reformpläne aussprechen, um die Hamburger Bürgerschaft zu einer Änderung des Schulgesetzes zu bewegen.«[495]

11.4.1.2 Bericht in DIE ZEIT im Januar 2010

Über Entwicklungen und den jüngsten Stand der Dinge in Hamburg berichtet *DIE ZEIT* vom 21. Januar 2010. Ich bringe zuerst die Zitate in Kleingruppen, dann die Auswertung:

- »Sie hat es doch schon hundert Mal gesagt, warum Hamburg diese Schulreform braucht, dass das längere gemeinsame Lernen nicht verhandelbar ist, dass sich alle Schulen verändern müssen, ohne Ausnahmen, Sonderwege, Modellversuche. Hat ihr denn niemand zugehört?«[496]

- »Jetzt muss sich Christa Goetsch [die Schulsenatorin, R.B.] ständig fragen lassen, welche Fehler sie gemacht hat, warum ihre Botschaft nicht angekommen ist. 184 500 Hamburger haben ihr in einem Volksbegehren im November 2009 bescheinigt, dass sie die geplante Schulreform nicht wollen. Dass sie sich

---

[495] Ohne Namen, in *DIE ZEIT* vom 19.11. 2009, S. 73.
[496] Dieses und die folgenden Zitate in *DIE ZEIT* vom 21.1.2010, S. 61.

nicht bevormunden lassen und ihnen ihre Kinder zu kostbar sind für Experimente. Der Mann, der der Protestbewegung ›Wir wollen lernen‹ ein Gesicht gibt, heißt Walter Scheuerl, hat selbst zwei Kinder [und ist Anwalt, R. B.].«

- »Der Stadt droht jetzt ein Volksentscheid, dessen Ausgang verbindlich wäre […].«
- »›Die Emotionalisierung des Elternwahlrechts habe ich völlig unterschätzt‹, sagt Christa Goetsch […] ›Ich kann mich nicht auf Kompromisse einlassen, die pädagogisch und fachlich nicht haltbar sind.‹«

11.4.1.3 Die Kernfrage: Hat Christa Goetsch alle eigenen Lernmöglichkeiten genutzt?

Christa Goetsch sagt, sie habe »die Emotionalisierung des Elternwahlrechts völlig unterschätzt«. Sie zielt so allein schon mit dem Wortgebrauch »Emotionalisierung« auf die Abwertung der Eltern und sucht zugleich eine Entschuldigung für sich und ihre Situation. Das zeigt: Sie hat jahrzehntelang alle Gelegenheiten, Engagement und Vorstellungen von Schülereltern und Elternvereinigungen sowie von ihren Mitbürgern kennenzulernen, offensichtlich nicht genutzt, hat also in diesem Punkt wesentliche Teile der Realität für sich ausgeblendet. Das wird sie auch in anderer Hinsicht gemacht haben und weiter so zu machen geneigt sein.

- Sie bezeichnet andere als die eigenen Vorstellungen als »pädagogisch und fachlich nicht haltbar« – ohne Begründung im Einzelnen –, ihre eigenen Positionen als »nicht verhandelbar«, und schließt »Ausnahmen« ausdrücklich aus. Das ist die Absage an Gespräch und Lernen, es bedeutet die Abwertung aller anderen Meinungen und zielt auf Gleichschaltung der Menschen – eine Horrorvorstellung, die sich bei den alten Griechen, den Entdeckern von Individualität und Demokratie, im Mythos vom Räuber Prokrustes und seinem Prokrustesbett ausformte.[497] Goetsch stellt sich so dar als Besserwisserin und als Heilsbringerin der Nation, in einer Linie mit anderen Kämpfern gegen die Traditionen europäischer Aufklärung, mit Sektenführern und Ideologen. Geradezu ein Musterbeispiel für die Möglichkeiten von Koalitionsvereinbarungen!
- Die Erfahrungen in unseren Nachbarländern mit dem pädagogischen Konsens sind hinreichend eindrücklich.[498] Es ist ganz unwahrscheinlich, dass

---

[497] Der Räuber Prokrustes lebte in einem abgelegenen Waldstück an einem Wegekreuz. Jeden Wanderer, der dorthin kam, warf er auf sein Bett und passte ihn an dessen Maße an. Wer kleiner war, wurde auseinander gezogen, und wer länger war, bekam die Beine gekürzt.

[498] Vgl. hier Kap. 3, Punkt 5.3.

ein Konfrontationskurs den Erfolg und nachhaltig den Schulfrieden bringen und sich als stärker sollte erweisen können als ein Konsenskurs. Denn schon alte Volksweisheit sagt: Einigkeit macht stark!

11.4.1.4 Der Stand im März 2010

Über die weitere Entwicklung berichtet Heinz-Peter Meidinger: »Die Volksinitiative hatte in den Verhandlungen mit dem Senat angeboten, bis zu 50 Primarschulen auf freiwilliger Basis zuzulassen, um nach drei Jahren dann zu evaluieren, ob dieses Modell bessere Ergebnisse zulässt. Darauf wollte sich der schwarz-grüne Senat auf keinen Fall einlassen.«[499] Das Parlament hat inzwischen einstimmig die Senatsvorlage angenommen.

11.4.2 Der Volksentscheid in Hamburg vom 18. Juli 2010

»Volksentscheid – Niederlage für Schwarz-Grün – Hamburg
Der Sieg der Primarschulgegner steht nach dem vorläufigen Endergebnis des Hamburger Volksentscheids fest. Die Initiative ›Wir wollen lernen‹ vereinte gestern das erforderliche Quorum von mindestens 247 335 Menschen auf sich und schmetterte damit das geplante Vorhaben des schwarz-grünen Senats ab. Demnach fielen 58 Prozent der Stimmen (276 304) auf die Vorlage der Initiative, 42 Prozent dagegen. Insgesamt hatten sich 39 Prozent der Stimmberechtigten an der Wahl beteiligt.« (ddp)[500]

11.4.3 Schlussfolgerungen daraus

Dieser Volksentscheid hat wahrscheinlich bundesweite Signalwirkung. Einige Schlussfolgerungen können sofort aus ihm gezogen werden:

- Zum Konfrontationskurs: Dieser Kurs von Schwarz-Grün hat massenweise Gelder und Kräfte gekostet und hat sich nicht ausgezahlt. Er war ein (voraussehbares) Verlustgeschäft.
- Zu den Elternrechten: Eltern haben deutlich gemacht, dass sie sich nicht mit Schlagwörtern zudecken lassen, sondern zuverlässig informiert sein wollen. Sie bestehen auf ihren Rechten. Sie verlangen Gehör und Mitsprache.
- Zu Aufklärung, Kommunikation und Kooperation: Diese Verhaltensweisen gelten schon länger als Garanten für Erfolg und Fortschritt, nicht nur in den Wissenschaften, sondern auch in unserem Alltag, in der Arbeitswelt und z.B.

---

[499] H.-P. Meidinger, »Hartz IV der Hamburger CDU?«, in *Profil* 3/2010, S. 3.
[500] *LVZ* vom 19. Juli 2010, S. 1.

in der Außenpolitik. Gabriele Behler, SPD, hat dergleichen schon wiederholt von Bildungspolitikern gefordert. Mit dem Konfrontationskurs in Hamburg zeigen maßgebliche Politiker und Parteien, welche Wissensdefizite sie haben.

- Zu pädagogischen Hilfen gerade für die schwächeren Schüler: Seit über 40 Jahren streiten bei uns die Schulpolitiker vor allem um Strukturänderungen und versagen alle vor den primär »pädagogischen« Aufgaben. Wissensdefizite und Einfallslosigkeit werden durch immer neue Versprechungen überdeckt. Der Bürokratismus und die Angst vor Aufklärung und Gespräch verhindern jede Verbesserung.

- Zur Zukunft der CDU: Die CDU hat in Hamburg durch die unkritische Übernahme der Bildungsvorstellungen der Grünen engagierte Mitglieder vor den Kopf gestoßen oder gar aus der Partei herausgedrängt. Sie wird solchen Gruppen nur wieder Heimat bieten und sich zur »Volkspartei« auswachsen können, wenn sie ihre alten Werte neu kultiviert und die Herausforderungen der Zeit bewältigt. Dazu muss sie grundlegend und umfassend Aufklärung leisten, muss endlich eine eigenständige Bildungspolitik formulieren und sie überzeugend vertreten, muss die Wünsche und Sorgen, Ängste und Nöte der Schüler, Lehrer und Eltern gleichermaßen ernst nehmen und ihnen flexibel Rechnung zu tragen suchen. Sie muss engagierte junge Leute sich zu Bildungsexperten qualifizieren lassen, muss für ihre Sachlösungen und die Maßstäbe werben und zugleich die anderen Parteien zu Gespräch und Absprache einladen. Mit der Ernsthaftigkeit ihrer Bemühungen verdient sie sich Glaubwürdigkeit und schafft sich Daseinsberechtigung.

- Am 20. Februar 2011 verlor die CDU bei der Hamburger Bürgerschaftswahl fast die Hälfte ihrer Wähler und kam lediglich auf 21,9 Prozent der Stimmen. Es war das schlechteste CDU-Ergebnis bei einer Bürgerschaftswahl. Die Sozialdemokraten holten mit 62 der 121 Sitze die absolute Mehrheit der Mandate und stellen nach fast zehn Jahren in der Opposition wieder den Ersten Bürgermeister.

12 Bildungseffizienz zwischen Wunsch und Wirklichkeit – Hinweise ab ca. 1963

12.1 Hinweise aus der Bildungsökonomie

1963 gab Friedrich Edding sein Buch »Ökonomie des Bildungswesens – Lehren und Lernen als Haushalt und als Investition« heraus: Es war das Angebot an die Bildungspolitiker, sich die Erkenntnisse der Ökonomie für eine fortschrittsbewusste Bildungspolitik zugunsten von uns allen mit einer Weitung des Blickfeldes zunutze zu machen. Aber die Politiker haben sich dafür damals und seither in knapp 50 Jahren kaum interessiert.

2007 legte Ludger Wössmann, Professor für Bildungsökonomie an der LMU München und Abteilungsleiter am renommierten ifo Institut für Wirtschaftsforschung, seine Empfehlungen für eine Effizienzsteigerung in der Schule vor.[501] Neben der Auswertung von »empirisch belegten Fakten« aus der internationalen Fachwelt[502] führt er dazu eigene Erkenntnisse und Forderungen an.

12.1.1 Zitate

- »Bei PISA lag der Anteil der 15-jährigen Schüler, die kaum über Mindestkompetenzen in Lesen und Rechnen verfügten, bei alarmierenden 22 Prozent. Und – wie gesagt – in so gut wie keinem anderen Land ist die Streuung der PISA-Leistungen so hoch wie in Deutschland.«[503]
- »Bildung ist eine Investition in die Zukunft.«[504]
- »Was bei der Bildung versäumt wird, kann durch spätere politische Maßnahmen kaum mehr eingeholt werden.«[505]
- »Ist der Staat zukunftsorientiert (Bildungsausgaben) oder zahlt er nur hinterher bei dem drauf, was er vorher versäumt hat (Ausgaben für sozialen Ausgleich)?«[506]
- »Die Volkswirtschaft braucht bessere Schulbildung.«[507]
- »Mit besseren Schülerleistungen steigt das Wirtschaftswachstum.«[508]
- »Die Ergebnisse belegen, dass zwar sowohl die Bildungsquantität als auch die Bildungsqualität für wirtschaftliches Wachstum von Bedeutung sind, dass aber die Qualität sich als wesentlich wichtiger erweist.«[509]
- »Bessere Ergebnisse gibt es nur durch Anreize.«[510]

[501] L. Wössmann 2007
[502] A.a.O., S. 24 und 34.
[503] A.a.O., S. 58.
[504] A.a.O., S. 44.
[505] A.a.O., S. 51
[506] A.a.O., S. 64.
[507] A.a.O., S. 59.
[508] A.a.O., S. 61.
[509] A.a.O., S. 60 und 62.
[510] A.a.O., S. 100ff.

- »Der positive Zusammenhang zwischen Bildung und individuellem Einkommen gehört wohl zu den robustesten Befunden in der gesamten datengestützten Wirtschaftsforschung.«[511]
- »Man könnte sagen, dass jedes Jahr mehr an Investition in Bildung dem Investor eine lebenslange jährliche Mehr-Rendite von durchschnittlich acht Prozent einbringt – in Deutschland sind es sogar knapp neun Prozent.«[512]
- »Über 24 Prozent der Personalausgaben aller öffentlichen Haushalte gehen an Lehrer, Professoren und Angestellte in der Bildungsverwaltung.«[513]
- »Eine faktenbasierte Schulpolitik wird zu einem zentralen Bestandteil erfolgreicher Wirtschaftspolitik, ohne den wir die Herausforderungen unserer modernen wissensbasierten Volkswirtschaft nicht mehr bewältigen können.«[514]
- »Wann werden wir endlich begreifen, dass eine gelungene Schulpolitik eine Investition ist, die sich ganz handfest auszahlt?«[515]
- »Wir müssen bereit sein, bei der Analyse und Lenkung des Schulsystems selbst immer wieder zu lernen, was denn nun funktioniert und was nicht. Und das heißt, dass wir jede schulpolitische Reform durch eine Überprüfung begleiten müssen, die Fakten darüber erzeugt, wie sich diese Reform tatsächlich auf das ausgewirkt hat, was sie erreichen wollte. Eine gewisse Experimentierfreudigkeit ist also durchaus zu begrüßen – nur muss sie unbedingt mit einer überzeugenden wissenschaftlichen Überprüfung der tatsächlichen Ergebnisse aller schulpolitischen Reformen verbunden sein.«[516]
- »Schließlich gilt auch für die Schulpolitik selbst: ›Lernen, lernen, lernen!‹«[517]
- »Die Europäische Union hat sich in letzter Zeit sehr stark gemacht für eine ›evidenzbasierte Bildungspolitik‹ in den Mitgliedsstaaten.«[518]
- »Zum Ersten sind besser gebildete Menschen im Durchschnitt weniger kriminell, und das spart dem Staat Geld – für Prävention, Strafverfolgung etc. Zum Zweiten sind sie die besseren Staatsbürger [...] Zum Dritten bewirkt eine höhere Bildung der Mutter gesündere Kinder [...] Durch Effekte wie verringerte Kriminalität, engagierteres Staatsbürgertum und verbesserte

---

[511] A.a.O., S. 46.
[512] A.a.O., S. 48–49.
[513] A.a.O., S. 63.
[514] A.a.O., S. 66.
[515] Ebd.
[516] A.a.O., S. 40.
[517] A.a.O., S. 164.
[518] A.a.O., S. 167.

Gesundheit anderer hat Bildung also einen günstigen Einfluss auf die Allgemeinheit, der sich wiederum positiv auf die gesamtwirtschaftliche Entwicklung auswirken kann.«[519]

- »Es fehlt bei uns weithin an Wissen und an gezielter wissenschaftlicher Forschung im Schulbereich.«[520]

12.1.2 Auswertung: Ziel ist eine »wissensbasierte« Schulpolitik

Wössmann weitet den Blick auf Zusammenhänge, die bisher in Bildungsdiskussion und Bildungspolitik weithin unbeachtet geblieben sind, nämlich auf die Zusammenhänge von gezieltem Investieren in Bildung und von Erfolg in der modernen Volkswirtschaft. Aufbauend auf schon Bekanntem betont er, dass ein Mehreinsatz an Geld nicht unbedingt den Mehrertrag bringe; es komme vielmehr darauf an, die Gelder anders einzusetzen, aus den eingesetzten Geldern ein Mehr an Ertrag herauszuholen und Verlustmöglichkeiten abzubauen. Das verlangt vor allem Forschung und Überprüfen von Reformen, Lernen für eine »wissensbasierte« Schulpolitik – und genau an solcher zeigt sich auch die EU interessiert.

Bei Wössmanns Forderung nach Strukturänderungen sind allerdings Begrenzungen seines Blickfeldes unübersehbar. Er schaut als Wirtschaftswissenschaftler sehr weit von außen auf die Schule. Er kennt sich nicht aus im Innenbereich von Schule, in der Hilfsbedürftigkeit und den Wünschen der Schüler und in den Ergebnissen der pädagogisch-psychologischen Grundlagenforschung. So kann er mit seiner Forderung nach Strukturänderungen nur ablenken von den Verbesserungserfordernissen im Pädagogischen. Hier ist er selbst Opfer des von ihm kritisierten Mangels an Transparenz, der breiten Wissensdefizite und der Einseitigkeiten in der allgemeinen Meinung.

12.2 Hinweise aus der Kommunikationswissenschaft zur Effizienzsteigerung

12.2.1 Einzelheiten/Zitate

Das Buch »Millionenverluste durch Führungsfehler« von W. Böckmann stammt aus dem Jahr 1967. Die Probleme haben sich inzwischen sicher vervielfacht. Eine Vorstellung von den Größenordnungen, um die es dabei geht, geben zwei Pressemeldungen:

---

[519] A.a.O., S. 63.
[520] A.a.O., S. 68ff.

- »Studie: Deutschland verschenkt Milliarden. Rund 4,5 Milliarden Euro gehen Deutschland durch fehlende Weiterbildung verloren. Geringere Wertschöpfungszuwächse lassen sich dabei auch auf mangelnde IT-Weiterbildung zurückführen. Denn 75 Prozent des Produktivitätswachstums wird durch die Nutzung von Informationstechnologie generiert. Das ist das Ergebnis einer Studie des Deutschen Instituts für Wirtschaftsförderung (DfW) im Auftrag der Initiative IT-Fitness von Microsoft Deutschland und Partnern.«[521]
- »Immerhin 45 Prozent der deutschen Führungskräfte, die das Meinungsforschungsinstitut Gallup im Jahr 2004 befragte, machten Kommunikationsmängel als größtes Produktionshindernis aus. Allein weil erwartetes Lob und aufmunternde Bemerkungen ausbleiben, so Johannes Siegrist, Schweizer Professor für Medizinsoziologie, würden 10 bis 30 Prozent der Arbeitnehmer unter emotionalem Stress leiden. So wird Arbeitskraft vergeudet.«[522]

12.2.2 Auswertung: Wissensdefizite als Verlustquellen im sozialen Miteinander

Wenn wir diese Informationen auf den Schulbereich zu übertragen versuchen, heißt das:

- Die Erkenntnisse aus der Grundlagenforschung und die Erfahrungen aus der Arbeitswelt müssen endlich für die Fortbildung der Lehrer und der Beamten in der Schulaufsicht und im Ministerium genutzt werden. Die Leute dort arbeiten zwar alle, wird unterstellt, mit vollem Einsatz ihrer Kräfte, aber eben nicht mit dem modernen Wissen und Können, wie das nach dem Stande der Zeit möglich wäre. Die »Produktivität« ist reduziert auf der Ebene jeder einzelnen Person, bei Lehrern wie bei Führungskräften. Hinzu kommt, dass Kommunikation und Kooperation mit Kollegen, Vorgesetzten und Mitarbeitern zumeist nicht so gepflegt werden, wie das die modernen Erkenntnisse verlangen und möglich machen; es fehlt ja allein schon an gemeinsamem Wissen um Wege und Nutzen von Kommunikation und Kooperation. Die Synenergieeffekte entfallen mithin. Das gilt für die Ebene im sozialen Miteinander unter Gleichgestellten und ebenso für die Ebene im betrieblichen Miteinander von »Führungskräften« und »Mitarbeitern«. Das bedeutet enorme Verluste.
- Die Schüler erfahren deshalb institutionell, schulorganisatorisch und individuell nicht so viel an Förderung und bekommen nicht das an Lernhilfen, wie sie es gern hätten und brauchten. Der Ertrag im Lernen und

---

[521] In *LVZ* vom 29./30. November 2008, S. 5.
[522] St. Brunner in *DIE ZEIT* vom 16.10.2008, S. 82.

in der allgemeinen Entwicklung ist entsprechend geringer. Für eine Vielzahl von Schülern und gerade für die schwächeren sind damit die Chancen für umfassendere Bildung und für die Entwicklung der Fähigkeiten und der Persönlichkeit, für anspruchsvollere berufliche Ausbildung und Betätigung, für persönliche Zufriedenheit und für das entsprechende Einkommen mit der Aussicht auf höhere Rente von vornherein reduziert. Das bedeutet für den Einzelnen erhebliche persönliche Einbußen, ideell und materiell, und es bedeutet für die Gesellschaft zugleich ein Defizit an qualifizierten Arbeitskräften in der Arbeitswelt und das Defizit an Arbeitsleistung, an der Zahlung von Steuern und Sozialabgaben. Dadurch gehen dem Individuum und der Gesellschaft Jahr für Jahr Riesenbeträge verloren. Das ist die Ebene der Schüler.[523]

- Die Gesellschaft – als der Arbeitgeber von Schule – ist bisher über diese Zusammenhänge, über Aufklärung, Nutzung neuen Wissens und zu erwartende Gewinne nur unzureichend informiert. Sie muss jedoch unbedingt umfassend informiert und zum Verständnis und zur Unterstützung für alle Neuerungen und gerade für die Schüler angeregt und gewonnen werden.

12.3 Überschlagskalkulation für die derzeitigen Verluste

Bei diesen Einbußen ist die Produktivität der Schule oder ihre »Leistung« im Ganzen pro Jahr wohl bloß auf etwa 70 bis 80 Prozent des an sich Möglichen zu veranschlagen oder gar noch auf viel weniger. Das heißt: Etwa 20 bis 30 Prozent der gesamten Gehaltssummen für sämtliche Mitarbeiter – oder gar noch mehr – »rentieren« sich nicht. Hohe Beträge, die als Investitionen gedacht sind, erweisen sich als Fehlinvestitionen, weil es vorher an Aufklärung und Erfolgskontrollen gefehlt hat. Dabei wird zum einen das Potenzial der Schüler – und der Lehrer und der Mitarbeiter in der Schulaufsicht – nicht ausgeschöpft, zum anderen werden die Gelder nicht zielorientiert genug eingesetzt. Über die Jahrzehnte hin sind die Kosten für die Unterlassungen riesig, die Verluste und »Einbußen« summieren sich mit Sicherheit allein im Finanziellen zu hohen Milliardensummen.

[523] Vgl. auch hier Kap. 3, Punkt 6.7.

4. Kapitel: Vergewisserung zu Recht und Gesetz – Umschau nach Maßstäben

1 »Verantwortung« als Auftrag im Grundgesetz

Artikel 65 GG bestimmt: »[Verteilung der Verantwortung] Der Bundeskanzler bestimmt die Richtlinien der Politik und trägt dafür die Verantwortung. Innerhalb dieser Richtlinien leitet jeder Bundesminister seinen Geschäftsbereich selbständig und unter eigener Verantwortung.« In den Bundesländern ist die Aufteilung der Verantwortung zwischen dem Ministerpräsidenten und seinen Ministern entsprechend. Dazu gehört auch die Leistung des Amtseides.

Im Grundgesetz ist »Verantwortung« zwar nicht näher definiert, sie kann aber im Rahmen des Ganzen, wenn man an die Interessen und Rechte der Bürger denkt und an die Pflicht des Staates zur Daseinsvorsorge und zu weit vorausschauender Zukunftssicherung, nur als Auftrag an die Politiker gemeint sein im Sinne der »Verantwortungsethik« nach Max Weber, d. h. als »Haltung, die die Richtigkeit eines Handelns in erster Linie nach seinen vorhersehbaren Folgen beurteilt«[524] und als Erwartung an die Bereitschaft des Politikers, »für sein Wollen und Handeln sowie für dessen Folgen einzustehen«[525]. Wer im Sinne des Grundgesetzes »verantwortlich« Politik machen will, muss also, so ist abzuleiten,

- in allen Sachfragen für ebenso grundlegende wie umfassende Aufklärung und die eigene Informiertheit sorgen, um sachgerecht und zieloptimiert handeln zu können, und

- sich zugleich um entsprechende Informiertheit der Bürger und das Gespräch mit ihnen bemühen, damit sie sein Handeln verstehen und billigen können und damit mögliche Amtsnachfolger die angefangenen Maßnahmen aufgreifen und zum guten Ende führen können – Information, Kommunikation, Konsensbildung und Kooperation als Maßstäbe für moderne Führung.

---

[524] Lexikon zur Soziologie 1973, S. 719.
[525] dtv-Lexikon 1970, Bd. 19, S. 142.

Ganz in diesem Sinne bemühen sich Unternehmer in der Arbeitswelt, alle nur je erreichbaren Informationen aus allen Teilen der Praxis und der Wissenschaft zu bekommen, um Schwachstellen und Fehler erkennen und abbauen zu können und den Erfolg in Nachhaltigkeit zu sichern. Das ist vor allem kennzeichnend für moderne Familienunternehmen. Da sind die Führenden Profis, setzen auf optimale Beratung, denken in langen Zeiträumen und fühlen sich persönlich verantwortlich für Unternehmen, Eigentümer und Mitarbeiter. Sie sind zumeist auch persönlich haftbar. Dagegen sind Politiker in der Regel in den Sachfragen nicht Profis, denken oft nur in kurzen Zeiträumen/Wahlperioden und setzen eher auf Außenwirkung als auf Rundumberatung. Verantwortung scheint leichter, denn haftbar ist keiner.

2 Grundrechte von Schülern und Eltern

Im schwedischen Länderbericht »wird deutlich, wie ernst die Verantwortung genommen wird, die einzelnen Schüler auf ihrem Bildungsweg zu führen und zu begleiten«[526]. Im »Beschluss der Kultusministerkonferenz vom 15.5.1973« zur »Stellung des Schülers in der Schule« heißt es dazu z. B. in der Einleitung: »Die Kultusminister wollen dazu beitragen, eine wirklichkeitsnahe Sicht der Schule zu ermöglichen.« Und bei »I. Aufgabe der Schule« heißt es: »Der Bildungsauftrag der Schule muss sich an den Normen des Grundgesetzes orientieren. Das muss vor allem dadurch geschehen, dass bestmögliche Bedingungen für die Förderung des einzelnen Schülers und für die Chancengleichheit geschaffen, das eigenständige Recht des einzelnen Schülers auf Erziehung und Bildung gewahrt, legitime Interessen der Eltern an der Erziehung ihrer Kinder durch die Schule beachtet werden«[527]. Nach Art.2.1. GG »hat jeder das Recht auf die freie Entfaltung seiner Persönlichkeit, soweit er nicht die Rechte anderer verletzt.«

Hinter all dem stehen auch die Menschenrechte. Wann ist die »Würde des Menschen« verletzt? »Dazu gibt es seit 1956 die Objektformel Günter Dürigs, Professor in Tübingen, einer der ganz Großen im Verfassungsrecht der Bundesrepublik: ›Die Menschenwürde als solche ist getroffen, wenn der konkrete Mensch zum Objekt, zu einem Mittel, zur vertretbaren Größe herabgewürdigt wird.‹ Noch einfacher gesagt: Wenn der Mensch wie eine Sache behandelt wird.«[528]

[526] Arbeitsgruppe 2003, S. 56.
[527] Grundwerk KMK, Neuauflage 1982 Nr. 824, S. 1 und 2.
[528] U. Wesel in *DIE ZEIT* vom 27. November 2008, S. 108.

Nur wo Transparenz herrscht, können diese Rechte auch beachtet und eingefordert werden. Die Pflicht des Staates zu Aufklärung und Transparenz ist unübersehbar.

Der Leitsatz von Egon Bahr lautet: »Realität anerkennen, um sie zu verändern!«

5. Kapitel: Schwächen unseres Staates und seiner Führung

Wenn man in einem Bereich des Staates tief in Einzelheiten hineinleuchtet, muss man auch die Chance nutzen, nach Grundlegendem zu fahnden und daraus Schlüsse zu ziehen, die »das Ganze« und Prinzipien des Führungshandelns betreffen. Zieht man Erkenntnisse aus einem anderen Ressort hinzu, kann man womöglich Parallelen entdecken und dabei typische Stärken oder Schwächen des Staates und seiner Führung erkennen. Wir versuchen das:

1 Führungsfehler von Parteien und Exekutive im Schulbereich

1.1 Situationsanalyse und Umschau

Die Ursachen für die Probleme der Schule von heute hat Gabriele Behler schon vor Jahren beim Namen genannt:

- »Die Parteien haben die Bildungspolitik zum Auseinandersetzungsfeld mit dem politischen Konkurrenten gemacht.«
- »Sie haben die bildungspolitischen Fragen, die eigentlich Fachfragen sind, für sich usurpiert.«
- »Dieser Prozess selbst wird zum größten Entwicklungshindernis« (siehe auch Kap. 3, Punkt 9.1.1. mit allen Begründungen im Einzelnen).

Damit trifft Behler den Kern der Sache. Es geht um Führungsverhalten und Führungsfehler auf den obersten politischen Ebenen. Die Führer der politischen Parteien und weithin auch die Kultusminister als ihre Beauftragten haben die Bildungspolitik zum Instrument der Parteien- und Machtpolitik gemacht und nehmen damit den (pädagogischen) Sachfragen Wert und Würde. Das zeigt sich vielfach in Koalitionsverhandlungen, wenn bei ihnen Regelungen zu Schulfragen zu verhandelbaren Versatzstücken werden (3.11.1.), mit vollmundigen Lippenbekenntnissen zur Schülerförderung ohne fundierte Sachkenntnis (»Gemeinschaftsschule gegen Elbvertiefung«, 3.9.2.). »Dieser Prozess«, das Ignorieren von Fachfragen als solchen, ist – mit Behler – das »größte Entwicklungshindernis«. Dazu gehören die obrigkeitliche, nicht »wissensbasierte« Festsetzung der neuen Themen mit ihrem Anspruch auf Gültigkeit und die entsprechend gesteuerte Informationspolitik.

Hinter allen Einzelheiten zeigt sich immer dasselbe: Die Missachtung der Realitäten. Die uralte Neigung der Menschen dahin kritisiert anschaulich schon die alte Volksweisheit: Da will einer »mit dem Kopf durch die Wand«. Und aus solchem Verhalten ist zwingend zu folgern, dass solche Politik gravierende Nachteile, Belastungen und Verluste für alle Betroffenen mit sich bringt, für die Schüler wie für uns alle in Staat und Gesellschaft. Über diese Folgen redet man bisher nur kaum. Wer aber Kurskorrekturen für sinnvoll oder gar für unabdingbar hält, muss sich darum bemühen, diese Folgen nach Umfang und Gewicht erkennbar und diskutierbar zu machen. Das versuchen wir.

1.2 Strukturveränderungen und Bildungsstandards als Forderungen der Führung

Die neuen Themen haben in den letzten Jahrzehnten alle anderen verdrängt: Da ist zum einen die Forderung nach Strukturveränderungen, die vornehmlich zuungunsten des Gymnasiums gehen. Sie wurde z. B. schon 1920 auf der Reichsschulkonferenz erhoben und verfolgt primär zwei Ziele, nämlich:

- die Angleichung aller Lehrergehälter an die der Gymnasiallehrer mit der Hoffnung auf den entsprechenden Zuwachs an beruflichem Ansehen; das ist die besoldungspolitische und die standespolitische Komponente;
- und die Schwächung des Gymnasiums mit der Reduzierung der Stimmenanteile seiner Lehrer- und Elternschaft in der Politik; das ist die partei- und machtpolitische Komponente. Dazu wird heute in der Zeit der Globalisierung gern als Ziel auch die Angleichung an die tradierten gesamtschulähnlichen Strukturen bei vielen unserer Nachbarn angegeben. Aber dass diese »tradierten« Strukturen pädagogisch sinnvoller und effektiver sind als unsere »tradierten« und vielfach überprüften, ist bisher nicht nachgewiesen (Kap. 3, Punkt 5.4.3); und die Zahlen der Schulabbrecher anderswo sprechen auch eher dagegen (Kap. 3, Punkt 6.1.2.).

Da ist zum andern das Setzen auf Bildungsstandards, Schulinspektion, Vergleichsarbeiten, Kontrollen etc. (Kap. 3, Punkte 2.2.2.4 und 8.2.2). Mit diesen Maßnahmen will man die Ist-Zustände von Leistung bei Schülern und Lehrern möglichst genau erfassen und hofft, aus den statistischen Zahlen – bis in die Dezimalstelle hinein – Leistungssteigerungen durchsetzen zu können. Das sind die tradierten Vorstellungen und Instrumente der Bürokratie zur Durchsetzung von Herrschaft und zur Lenkung der allgemeinen Meinung. Aber zur Steigerung des Lernertrags können solche äußerlichen, »bürokratischen« Regelungen nichts bewirken; denn sie erreichen den Menschen nicht in seinem Innern, und jeder »Druck« nutzt sich schnell ab (Kap. 3, Punkt 3.1.3). Zudem kann bisher kein Statistiker und auch keine andere Person im »System Schule« einem Lehrer und einer Schule, die schlechtere Vergleichswerte bekommen haben, erklären, was sie und wie sie es besser machen könnten, um erfolgreicher zu sein.

Wer Schüler und Lehrer wirklich zu besseren Ergebnissen führen will, muss mit Hilfen beim »Menschen« ansetzen und sich bei den einschlägigen Fachwissenschaften Rat holen (Kap. 3, Punkt 8.6). Das hätten die Verantwortlichen schon vor Jahrzehnten wissen und dafür gleich Aufklärung und Wissenstransfer, Lernen und Gespräch einleiten müssen! Das taten sie nicht, und darin zeigen sich exemplarisch die Defizite an Aufklärung, Wissen und Lernwillen, und diese Defizite bestimmen seitdem Schulpolitik und Schulpraxis. (Oder stehen dahinter Politikerängste, Veränderung nicht steuern zu können? Der Gegensatz zum modernen Unternehmer?)

1.3 Einzelheiten zum »Entwicklungshindernis« für Schule und Gesellschaft

Die Entwertung der Fachfragen hat zur Folge, dass an diesen jedes breitere Interesse von vornherein sozusagen abgewürgt wird. Es gibt kein Interesse an den angefallenen und anfallenden Forschungsergebnissen, keine Aufarbeitung dazu, keine Nutzung des neuen Wortschatzes mit Aufklärung, Information und Diskussion, wenig Bemühen um Weiterentwicklung des Unterrichts, um Lernhilfen für Schüler und Lehrhilfen für Lehrer und um Abbau bestehender Belastungen. Es gibt im Grunde kaum das offene Sachgespräch unter den Parteien und mit und unter Lehrern und Bürgern, also auch keine Entwicklung in der Sache. Es herrschen alte Mythen und Schlagwörter – und die Sprachlosigkeit. Man spricht nicht miteinander, weil von vornherein alles »klar« ist und Themen und Ergebnisse vorgegeben sind.

Für alle ihre Entscheidungen »vom Grünen Tisch« haben die Verantwortlichen sogar den passenden Menschentyp erfunden: Das ist der Schüler, der nicht emotional reagiert, sondern wie ein Roboter zuverlässig nach den jeweiligen Vorgaben der Politiker »funktioniert«; und das sind die Parteiführer und Minister, die »kraft Amtes« nie »lernen« müssen, sich nicht irren können und keinerlei Kontrollen nötig haben. (Das ist die Umkehrung von Pädagogik: Die Politiker fragen nicht, was dem Schüler gut tut und was sie für ihn tun sollten, sondern wovon sie sich politisch Vorteile versprechen können.)

Das sind die neue »Anstatt-Pädagogik« und das neu verordnete »Schulmenschenbild«

1.4 Selbstbehauptungserfolge der Schulpraktiker

In diesem Rahmen suchen sich Normalbürger und Schulpraktiker zu behaupten, wie es jeder kann und weiß. Im Schulbereich bemühen sich viele, vom Kultusminister, der die Dinge nicht durchschaut, über die Ministerialbürokratie und Schulaufsicht herab zum einzelnen Lehrer und Schulleiter, in ihrem Aufgabengebiet unter den gegebenen Umständen und nach dem jeweiligen Verständnis von Pädagogik das Bestmögliche zu machen. Tatsächlich wird damit auch Großes geleistet. Erfolg wird erlebt und Befriedigung verspürt. Gäbe es solches Bemühen und diese Ergebnisse nicht, sähe es bei uns im Schulbereich auch ganz anders aus, und bei PISA hätten wir nicht entfernt so gut abschneiden können. Das sind Leistungen, die nicht alle gleichermaßen würdigen, auf die wir aber alle solz sein können. Und wir sollten darum auch allen denen, die in der Schulmisere und gegen sie tätig waren und sind, Lob und Anerkennung aussprechen, wie sie es verdienen. Ich tue das hiermit auch ausdrücklich.

Fragt man jedoch nach dem Wissensstand, auf dem allgemein diskutiert und gehandelt wird, wird man auf die Jahre um etwa 1960 verwiesen. Denn selbst die Ergebnisse des Sammelbands »Begabung und Lernen« von Heinrich Roth (1969) sind noch längst nicht Allgemeingut, z.B. mit den Problemen um Entwicklung und Lernen[529], und es »entwickeln sich« auf dem Boden der antiautoritären Erziehung immer noch »in unzähligen Schulen regelrechte Grabenkämpfe«.[530] Es fehlt ja auch überall der Wortschatz der modernen Forschung als Absage an Vorstellungen und Schlagwörter von vorgestern und als gesicherte Basis für Lernen und Gespräch, für Konsensbemühen und Kooperation. Das heißt: Wir stehen heute in Schul- und Bildungsfragen rund 50 Jahre hinter dem, was der »Stand der Zeit« wäre, im Modernitätsrückstand.

1.5 Die Zusatzbelastungen solcher »Schul- und Bildungspolitik«

Die »Schul- und Bildungspolitik« ist eine solche weitgehend nur noch dem Namen nach zur Beruhigung und Irreführung der Bürger; faktisch ist sie weitgehend in der Parteipolitik aufgegangen. Und das führt zu Zusatzbelastungen weit in die Gesellschaft hinein.

[529] H. Aebli, S. 151ff.
[530] J. Bauer 2007, S. 63.

Die Parteioberen denken vor allem in der kurzfristigen Perspektive und in den Kategorien von Meinungsführerschaft und Macht, vom Ausstechen des politischen Konkurrenten, von Siegen und Verlieren. Und mit diesem Fixiertsein auf schnellen »politischen« Erfolg drängen sie die in die Zukunft weisenden Aufgaben des Staates wie z.B. Aufklärung, Langzeitplanung, Sicherung von Qualität und Qualitätsmaßstäben, Nachhaltigkeit und Daseinsvorsorge und Werte wie Kooperation, Wir-Gefühl und »das Gemeinwohl« in den Hintergrund.

Parteiobere und Kultusminister zeigen wenig Neigung, die Menschen, ihre »Partner« und »Mitarbeiter« (Lehrer, Eltern und Bürger) über Einzelheiten und Zusammenhänge in allen Fachfragen umfassend und rückhaltlos zu informieren und sie zum Verstehen und zum Mittragen aller wünschenswerten Maßnahmen zu gewinnen und darüber auch das Gespräch mit ihnen zu führen – Schule als Teil der Gesellschaft in der Verantwortung aller. Damit bleiben sie Wesentliches schuldig zur Sicherung unseres Staates und zur Identifikation des Bürgers mit Parteien, Parteienstaat und Demokratie. Der Unmut vieler Bürger darüber, z.B. in der Schulfrage in Hamburg, und eine offenbar wachsende Parteien- und Staatsverdrossenheit bei uns sind die Alarmsignale – unüberhörbar!

Im Umgang mit Geldern und Kräften missachten Parteiobere und Exekutive auch – systemkonform – die Erkenntnisse und Forderungen aus der Bildungsökonomie (Kap. 3, Punkt 12.1) und der Kommunikationsforschung und verzichten auf Ergebniskontrolle. Sie können darum nicht Belastungen abbauen und zielorientiert in Lernhilfen für Schüler investieren. So belasten sie mit schwach Qualifizierten die Sozialkassen und vergrößern das Ausmaß der Bildungsungerechtigkeit. Die Einbußen sind riesig, und jeder ist dafür blind.

Im Rechtsbereich zeigen sich entsprechend schwere Schlagseiten, denn zum einen haben die Parteien jahrzehntelang nicht für Sachaufklärung und für breites Grundlagenwissen in der Gesellschaft gesorgt, zum andern durchsetzen sie die Exekutive mit Parteianhängern und Sympathisanten statt mit Leuten mit relevanten Sonderkenntnissen (Kap. 3, Punkt 8.5). Dadurch nehmen sie der Exekutive vorsätzlich die Fähigkeit zu Sachentscheidungen, zu Unabhängigkeit und Unparteilichkeit. Mit den herrschenden Wissensdefiziten und zusätzlich durch Vernebelung von Zusammenhängen erschweren sie dem Bürger und den gesetzlich vorgesehenen Kontrollinstitutionen die Möglichkeit zu Kontrolle und Kritik und schränken so von vornherein alle Chancen ein, durch Anregung und konstruktive Kritik zu »lernen« und Verbesserungsgegebenheiten zu erkennen und zu nutzen. Entsprechend fragen sie wenig nach Grundrechten der Schüler und Eltern und der Bürger allgemein.

Ihre Entscheidungen sind so, streng genommen, vielfach Zufälligkeits- und Partei- oder eben Beliebigkeitsentscheidungen. Schüler, Eltern und Bürger sind diesen recht- und schutzlos ausgeliefert, der Rechts- und Sozialstaat ist teilsuspendiert. Das für eine Demokratie zentrale System der »Checks and Balances« ist ausgetrickst.

- Die zunehmende »Entfremdung zwischen Regierenden und regierten Bürgern« (Lehmann-Grube), die Parteien- und Staatsverdrossenheit, müsste überall – bei Politikern und Parteien wie bei den Bürgern – die Alarmsirenen schrillen lassen: »Achtung! Demokratie in Gefahr!«

1.6 Die Zusammenschau

In der Zusammenstellung werden immer wieder dieselben Grundlinien erkennbar: Grundlegende empirisch gesicherte Erkenntnisse aus wohl ziemlich allen Disziplinen der erfahrungswissenschaftlichen Forschung bleiben von den Bildungspolitikern ungenutzt. Damit zeigen diese nicht nur eine Missachtung dieser Erkenntnisse, sondern auch die entsprechende Missachtung der in diesen Disziplinen tätigen Wissenschaftler und der dafür eingesetzten Steuergelder. Sie zeigen mit diesem Verhalten die Missachtung von Wissenschaftsnutzung generell, von Aufklärung, Lernen und Gespräch, von Transparenz und Effizienz. Das ist zum einen »Wahrnehmungsverweigerung«, es geht an den »Realitäten« der Welt und der Menschen vorbei, und es verstößt zum anderen zugleich gegen grundlegende Forderungen und Werte unserer Zeit und unseres Staats. Täuschung und Selbsttäuschung gehen Hand in Hand. Damit sind in der »Wirklichkeit« keine Versprechungen zu erfüllen, weder in der Schülerförderung noch für den schulischen Fortschritt. Der Staat wird eher in seinen Fundamenten geschwächt. Das sind Führungsfehler, zum Teil dank der typischen Überschätzung von »Obrigkeit« und »Amt« in der Annahme, sie könnten mit ihren (bürokratischen) Mitteln auf den »Menschen« einwirken und »Gutes« stiften. Mit diesen Verhaltensweisen wird die vornehmste Staatsaufgabe der Zukunftssicherung für uns alle nicht geleistet. Die Herausforderungen der Zeit und die internationale Bildungskonkurrenz sind so nicht zu bestehen.

Parteien und Bildungspolitiker sägen hoch fahrlässig an dem Ast, auf dem sie selbst sitzen – und wir alle mit ihnen.

Das ist, kurz gefasst, die Situation heute bei uns in Schule und Staat, in Parteien und Gesellschaft, die politisch vorgeführte Missachtung von Aufklärung, Wissen, Lernen, Gespräch und Kooperation.

2 Das Fehlen von »Unternehmensberatung Schule«

Schon lange gibt es eine Vielzahl von Unternehmensberatungen mit ganz unterschiedlichen Schwerpunkten, und das wissen alle Unternehmen zu ihrem Vorteil zu nutzen. Dadurch offenbar angeregt, haben die Kultusminister Hans Schwier, SPD, (1983 bis 1995) und Martin Rößler, CDU, um 1998 große Summen an die Unternehmensberatung Kienbaum gezahlt für die Suche nach Effizienzreserven im Schulbereich. Beide Male hat dies nur ganz unbefriedigende Ergebnisse ergeben (Kap. 3, Punkt 8.3.1.1). Daraus hätten dann die Auftraggeber, ihre Nachfolger oder Amtskollegen den Schluss ziehen können oder müssen, dass eine »Unternehmensberatung Schule« ein ganz eigenes Sachgebiet ist, dass zu einer solchen Insiderkenntnisse gehören und sie darum von der Schule selbst aus entwickelt werden muss, und sie hätten sich zu entsprechender Initiative entschließen müssen. Sie hätten – nach Absprache im größeren oder kleineren Kreis, z. B. unter Parteifreunden oder Nachbarländern und mit weiter Unterstützung aus der Gesellschaft – eine Arbeitsgruppe bilden können aus engagierten Schulpraktikern, aus Psychologen, Psychotherapeuten, Neurobiologen, Kinderärzten, Arbeitsmedizinern und Betriebswirtschaftlern mit Erfahrung in Unternehmensberatung und sie beauftragen können, binnen drei Jahren so etwas wie eine »Unternehmensberatung Schule« für Minister und Parteien und möglichst auch für Lehrer, Lehrerfortbildung und Schulaufsicht zu entwickeln und das auszuformulieren. Diese Gruppe hätte dann, gegebenenfalls nach Verlängerung, die wichtigen Informationen und Ratschläge mit den Begründungen der Öffentlichkeit vorgestellt. Damit hätte sie die Basis gelegt für eine ausgedehnte öffentliche Sachdiskussion über alle Parteien- und Ländergrenzen hinweg und mit und unter den Bürgern – und für optimale, »wissensbasierte« und wohl auch gleiche oder sehr ähnliche Schulverhältnisse im ganzen Bundesgebiet. Das hätte die Kommunikation überall sehr angeregt und bereichert. Es hätte den Schulwechsel über die Ländergrenzen hinweg für Schüler und Lehrer erleichtert, hätte sicher eine vergleichbare Lehreraus- und -fortbildung ermöglicht und damit wirklich für »Freizügigkeit im ganzen Bundesgebiet« gesorgt, wie es Art. 11 des Grundgesetzes verlangt. Aber alles Derartige ist nicht eingeleitet worden. So haben wir – bis heute – nicht so etwas wie professionelle »Schulberater« und »Schulberatung«, und statt optimaler Regelungen haben wir eine kaum übersehbar bunte Schullandschaft, die überwiegend von Dilettantismus und Besserwisserei gesteuert wird.

In diesem Abstand zu »Aufklärung«, zu Sachgespräch und Sachregelungen wird nicht nur deutlich, dass die Minister immer ganz unzureichend auf ihr Amt und moderne Unternehmensführung mit ihren »Sachaufgaben« vorbereitet sind, sondern gerade auch, dass sie nicht über die Instrumente von »Beratung« und »Beratern« verfügen oder sich diese eben in Überschätzung eigener Kräfte und Fähigkeiten nicht verschafft haben, die schon lange für effiziente Unternehmensführung geradezu als unabdingbar gelten.

3 Defizite in Qualifizierung von Führungsnachwuchs

In allen Betrieben gehört es zu den wichtigsten Aufgaben der Führung, den Nachwuchs für alle Tätigkeitsbereiche zu rekrutieren und zu qualifizieren. Dazu werden Praktika und Seminare der verschiedensten Art angeboten, werden Mitarbeiterqualifizierung und die Professionalisierung gefördert. Nur für Bildungspolitiker und für deren Nachwuchs gibt es – neben der alten »Ochsentour« durch die Parteigliederungen hindurch – so gut wie keine Angebote zur Vorbereitung auf die Sachaufgaben. Diese Leute werden so – als ob die Parteibewährung allein reichte und Fachwissen und »Erfahrung« unwichtig wären – praktisch als »Fachdilettanten« ins jeweilige Amt geschickt und sollen da alles möglichst auf der Stelle »können«. Das ist eine ungeheure Überforderung für diese selbst, geradezu eine Zumutung, und zugleich ein Risiko für unsere Kinder und uns alle, beides gleichermaßen unerwünscht. Im allseitigen Interesse sollten darum gezielt Änderungen eingeführt werden. Es sollten abgestufte Angebote gemacht werden, Praktika und Seminare, gerade zu Sachbereichen wie Kinderbedürfnisse und Lernförderung, Mitarbeiter- und Unternehmensführung und Unternehmensberatung. Einzelheiten sollten vor allem jene vorschlagen oder gar verabreden, die jetzt in den Ämtern sind und die selbst in ihren Anfängen die Defizite an Wissen und Können schmerzlich gespürt haben. Die Schule kann an ihr Optimum nur herankommen, wenn in ihren Führungspositionen nicht vor allem Dilettanten sitzen, sondern mindestens »Halbprofis«.

4 Fehler des Systems: Keine Mitarbeiterunterstützung, kein Flagge-Zeigen

4.1 Schwächen in Aufklärung, Kommunikation und Kooperation im Bereich der Justiz

Kirsten Heisig kritisiert in ihrem Buch »Das Ende des Geduld«[531], die einzelnen Richter/Jugendrichter und die betroffenen Ämter agierten zumeist nur in einem Nebeneinander, man suche allgemein nicht die volle Aufklärung und die Sammlung und Nutzung aller erreichbaren Daten, man suche und praktiziere kaum Gespräche und Zusammenarbeit – jeder stehe sozusagen für sich als »Einzelkämpfer«; man informiere auch nicht die übergeordneten Instanzen und bitte um deren Hilfe, gezielt oder ungezielt. Das heißt: Jeder versucht sich allein oder versucht, schwierigere Aufgaben im System von sich abzuschieben; er fühlt sich für sie zu schwach und nicht hinreichend vom System und von den Oberen – oder der Gesellschaft – unterstützt. Er nimmt an seinem Platz die Misserfolge des eigenen Tuns hin, sorgt damit nicht für die Interessen des Staates und lässt diesen damit als Papiertiger erscheinen. Dabei bleiben die Verantwortungsträger in den oberen Ämtern – Landesminister und Landesregierung, Parteipolitiker und Bundesregierung – uninformiert, kennen weder Einzelheiten noch Probleme und Hintergründe. Sie interessieren sich selbst vielfach auch nicht dafür. So kann – und mag – keiner im Bedarfsfall die Initiative ergreifen und Regelungen durchsetzen. Man lässt »die Dinge laufen«, das Motto ist »Ohne mich!«. Sachaufgaben werden unzureichend und unbefriedigend erledigt.

4.2 Die Schwächen in Aufklärung, Kommunikation und Kooperation im Bereich der Schule

Im Schulbereich gibt es, wie gezeigt, dieselben Verhaltensweisen und Probleme: Die Lehrer, in der Grundschule wie in den weiterführenden Schulen, geben ihre Nöte (und ihre Hilflosigkeit) zu wenig in den eigenen Kollegien und nach außen hin bekannt, an die oberen Instanzen und an Gewerkschaft und Verbände. Man geniert sich (als typische »Einzelkämpfer«), voreinander Misserfolge, Rat- und Hilflosigkeit einzugestehen und Unterstützung anzufordern. Man leistet damit zu wenig Information über den eigenen Rahmen hinaus und sucht und findet darum kaum Verständnis und gar Hilfe. Führung und Gesellschaft bleiben ohne Kenntnis. Die Misserfolge in der Praxis summieren sich.

[531] K. Heisig 2010.

Ohnehin hat die Neigung bei Politikern, zumal bei Kultusministern, sich umfassend Informationen für den Schulbereich zu besorgen und sie zu nutzen, in den letzten ca. 20 Jahren signifikant nachgelassen.[532] Sachaufgaben werden entsprechend unzureichend und unbefriedigend erledigt.

4.3 Die Schwächen in Aufklärung, Kommunikation und Kooperation als Systemfehler

Im Schulbereich sind die Schwächen wohl überwiegend bedingt durch die Tradition, den Anspruch der Ämter auf Fehlerlosigkeit, durch das System und durch die Organisation nach dem »Bürokratiemodell«. Hinzu kommen alte und neue Trends.

Der Systemfehler zeigt sich »oben« und »unten«, und zwar gleich in mehrfacher Hinsicht:

- Die Führungsebenen, die Mittelinstanzen und die »Leute vor Ort« haben sehr unterschiedliche Informationsstände. Es gibt allenfalls lose Verbindung untereinander, kaum jedoch so etwas wie Information und Kommunikation und gar lebendige Kooperation.
- Die Verantwortungsträger haben die Notwendigkeit und die Vorteile von Information und Kommunikation noch nicht eingesehen oder gar genug Kräfte und Gelder dafür investiert.[533]
- Für die Schwächen und Fehler in der derzeitigen Konstruktion gibt es kein Bewusstsein, es gibt keine Kontrollen, keine Fehlerdiskussion und darum keinen Fehlerabbau. Dementsprechend gibt es dafür auch keinen Ausgabentitel und kein Personal. Und wo es kein Fehlerbewusstsein gibt, bleiben Fehler, auch schwere, unentdeckt, und sie können sogar als »Fortschritt« gepriesen werden.
- Die Wissenschaftler folgen in allen Disziplinen den erlebten Zwängen der Zeit nach immer weiterer Spezialisierung hinein in das Klein-Klein. Es fehlen alle Anreize, Leute dazu anzuregen, mit kreativ-unkonventionellen Ansätzen Einzelheiten zusammenzufassen, fachübergreifend und ressortübergreifend zu forschen. Das wäre das Ziel: Durchblick und Überblick zu suchen und zu geben, Fehlendes, Fehler und Zusammenhänge im System offenzulegen und zu Kommunikation anzuregen, um Kooperation, Fehlerabbau und den Fortschritt möglich zu machen, also nach den Forderungen unserer Zeit zu arbeiten.
- Tradierte Vorstellungen und Verhaltensweisen, die Neigung zur gegen-

[532] Vgl. hier Kap. 3, Punkt 8.3.2.
[533] Vgl. hier Kap. 3, Punkt 8.4.

seitigen Abschottung, zu Besserwisserei und Dominanzstreben mit dem unzureichenden Lernverhalten in den Parteien und in der Gesellschaft stehen der Aufklärung und Modernisierung im Weg.

■ Kirsten Heisig fordert für die Justiz in ihrem Bereich Abhilfe. Aber aus unserer ressortübergreifenden Zusammenstellung ist zu schließen, dass die kritisierten Systemschwächen nicht nur in ihrem Bereich, sondern ebenso in der Schule vorhanden sind.

4.4 Die Wirkung von Koalitionsvereinbarungen

In Parlamenten gibt es immer häufiger Koalitionsabsprachen. Die Koalitionäre betonen zwar in der Regel die Sachaufgaben, faktisch geht es jedoch vor allem darum, die eigenen partei- und machtpolitischen Interessen relativ kurzfristig durchzusetzen. Sachaufgaben bleiben auf diese Weise vielfach »auf der Strecke«. Damit sieht z. B. Hinrich Lehmann-Grube »die politische Wirklichkeit von den Ordnungsprinzipien des Grundgesetzes weit entfernt«[534]. Sorge macht ihm »die Entfremdung zwischen Regierenden und regierten Bürgern«. Entsprechend will er »Anregungen geben, in welcher Richtung man nachdenken sollte, um unser System der parlamentarischen Demokratie stabiler und leistungsfähiger zu machen«[535].

In der Arbeitswelt bemüht man sich intensiv, an empirische Befunde aus allen Teilen der Praxis und der Wissenschaft heranzukommen, um mögliche Fehler und Schwachstellen schnellstmöglich zu erkennen und um die entsprechenden Verbesserungen einbauen zu können. Das ist professionell, zielt auf Erfolg und Nachhaltigkeit. Alles Gegenteilige ist Dilettantismus.

4.5 Die Folgen dieser Verhältnisse für die Staatsbediensteten

■ Die Staatsbediensteten arbeiten unter Bedingungen, die weithin der Tradition entsprechen, die aber den veränderten Verhältnissen, den neuen Erkenntnissen, Erfordernissen und Belastungen nicht Rechnung tragen und so die Erfolge reduzieren. Das merken sie selbst auch schmerzlich.

■ Sie erhalten in der Ausbildung und in der Fortbildung nicht das an Wissen und an »Training«, gerade im Hinblick auf die modernen Forderungen nach Kommunikation und Kooperation, was sie unter den neuen Verhältnissen für ein erfolgreiches Arbeiten bräuchten.

■ Sie erleben fast jeden Tag aufs Neue, dass die vorgesetzten Ämter und Per-

---

[534] H. Lehmann-Grube 2010, S. 120.
[535] A.a.O., S. 127.

sonen über ihre Arbeitsbedingungen und ihre Alltagsprobleme nur wenig Bescheid wissen, sich kaum für sie interessieren und fast nie bereit sind, ihnen den Rücken zu stärken, gerade gegenüber Medien und Gesellschaft. Damit verzichten sie auf Erfolgssicherung oder gar die Erfolgsmaximierung. Das bremst wiederum das Engagement der Mitarbeiter. Sachaufgaben werden so vielfach unzureichend und unbefriedigend erledigt, und das mindert den Erfolg.

■ In der Summierung der Einzelheiten bedeutet das eine Menge Belastungsmomente; das sind Einbußen an Effizienz, mental und ökonomisch hohe Verluste für uns alle.

4.6 »Autorität« des Staates als Haupt- und Problempunkt

Natürlich muss ein Staat Autorität haben und zeigen. Aber Autorität ist als Begriff schon seit Langem stark umstritten. Die seit 1968 aufgewachsene Generation lebt weitgehend in den Vorstellungen und Forderungen der antiautoritären Erziehung, sie hat kaum ein reflektiertes Verständnis für Autorität und gar »gute Autorität« nach Wolfgang Bergmann[536] und setzt Autorität nur zu leicht gleich mit »autoritär«. Das zeigt sich auch in der allgemeinen Meinung und in den Medien, und das macht es den Personen, die als »Autoritäten« den Staat zu vertreten und staatliches Handeln durchzusetzen haben, schwer. Die Führungsspitzen halten sich zudem auch als »Autoritäten« und mit »Autorität« in der Öffentlichkeit im Verhalten und mit Aussagen stark zurück, um nicht Angriffsflächen zu bieten. Sie wollen ja wählbar bleiben. Die Staatsbediensteten vor Ort bekommen so kaum Rückenstärkung für die Erfüllung ihres Auftrages. Sie bekommen persönlich und in der allgemeinen Meinung nicht oder nur ganz unzureichend den Bonus des Amtes, die »Amtsautorität« und das Image.

Aber wo der Staat nicht Flagge zeigen will oder kann, kann er auch nicht viel erreichen. Er gilt als schwach. Gesetze und Verordnungen etc. bleiben teilweise unerfüllt und unerfüllbar. Das zeigt sich seit Jahrzehnten gerade im Schulbereich, in den immer neuen Reformansätzen von unzureichend informierten Politikern, in der Verunsicherung vieler Lehrer im Umgang mit schwierigen Schülern und wenig informierten Eltern, in vielfach schwachen Leistungen der Schüler und in den Abbrecherquoten. Aber die Angst vor dem Zeigen von Flagge, das Einknicken der Obrigkeit vor der allgemeinen oder veröffentlichten Meinung ist kein guter Ratgeber, wie Heisig mehrfach betont.[537] Schülern bekommt das jedenfalls nicht, es verhilft ihnen nicht zu ihrem »Besten«.

---

[536] W. Bergmann 2005.
[537] K. Heisig 2010, S. 82, 94, 139, 143.

5 Ergebnis: Die Schwächen des Staates als Führungsschwächen der Verantwortungsträger

Der ressortübergreifende Vergleich führt zu einer zentralen Entdeckung: Sachaufgaben werden bei uns unter den derzeitigen Verhältnissen in den Bereichen der Justiz und der Schule vielfach gleichermaßen unzureichend und unbefriedigend erledigt. Die Gründe liegen vor allem in den Wissensdefiziten und Führungsschwächen der Verantwortungsträger, in dem vielfachen Mangel an Aufklärung und Lernwillen, in der Unterschätzung von Professionalität und besonders in der Verkennung und Missachtung der Realitäten; und diese Gründe liegen sehr tief. Darum müsste, was für die beiden behandelten Bereiche aufgewiesen ist, ebenso in allen anderen gelten. Für den Staat bedeutet das eine nicht unwesentliche Schwächung und eine enorme Einbuße an Erfolg und Effizienz. Er kann seine Aufgaben, u. a. der Daseinsvorsorge und der weit vorausschauenden Zukunftssicherung, nicht zuverlässig und »verantwortlich« erfüllen.

Für Kirsten Heisig lässt sich das aus ihrer Sicht so zusammenfassen: »Wir leben in einer Gesellschaft, in der an den Problemen bewusst vorbeigeschaut wird: aus Tradition seitens der Zuwanderer, aus Bequemlichkeit und Angst bei den Deutschen.«[538] Und: »Das Recht wird aus der Hand gegeben und auf die Straße verlagert oder in ein paralleles System verschoben, in dem dann ein Imam oder andere Vertreter des Korans entscheiden, was zu geschehen hat.«[539] Das ist mit der Wahrnehmungsverweigerung der Abschied auch vom Rechts- und Sozialstaat und von allen Strängen der europäischen Überlieferung und unserer Geschichte.

6 Das Gefährdungspotenzial

Jeder einzelne dieser Faktoren gefährdet allein schon unser aller Zukunft, in der Summierung tun sie es allemal. Möglicherweise kommen noch weitere, bisher unerkannte hinzu. Aber es gibt ohnehin schon zusätzliche Schwachpunkte:

- Man hat sich allgemein an diese Verhältnisse »gewöhnt«, kann sich Alternativen kaum vorstellen. Die Gesellschaft müsste sich schon einen »Ruck« geben und sich geschlossen zu einer Initiative aufraffen.

[538] A.a.O., S. 143.
[539] A.a.O., S. 142.

- Alle Institutionen, die zur Kontrolle der Exekutive vorgesehen sind, die Parlamente und Landesrechnungshöfe, evtl. der Bundesrechnungshof und vor allem die Medienvertreter und die Macher der öffentlichen Meinung, haben die Entwicklung der Dinge bisher kaum und jedenfalls nicht fortlaufend, fundiert und massiv kritisiert. Das Dunkel, das über den Sachfragen liegt, ist in diesen Jahren so dicht geworden, dass es nur mit ganz umfassenden Spezialkenntnissen zu durchdringen ist. Wer hat solche schon!?
- Es ist nach dem Gesetz keine Person und keine Institution erkennbar, die die Umkehrentwicklung einleiten und zum guten Ende führen könnte. Das können allein die politischen Parteien, und die müssen dazu erst einmal den Willen und die Kraft aufbringen.

6. Kapitel: Ausblick auf die Schule der Zukunft

1 Schule mit Wissenstransfer und »Regelverhalten«

Die Schule der Zukunft wird vor allem bestimmt sein durch zwei Komponenten im Verhalten aller beteiligten Erwachsenen: Das ist zum einen die selbstverständliche Kooperation von jedem mit jedem, die die gelingende Beziehung sucht und mit einer freundlich-warmen Zugewandtheit verbunden ist. Das ist zum anderen die konsequente Nutzung von Wissenschaft, die alles in Einzelheiten und Zusammenhängen transparent und jede Art von Verständigung und Hilfe möglich macht. Beide Komponenten zusammen sorgen für das optimale Schul- und Lernklima und machen die Schule zu einem Ort, an dem sich jeder wohlfühlen kann, an dem gern jeder im allgemeinen Strom mitschwimmt und daran Freude hat, immer sein Bestes zu geben. Das wird ungeahnte Kräfte auf allen Seiten freisetzen und lässt entsprechende Erfolge erwarten. Schule ist dann fast ein Erfolgsversprechen. Wissenschaft und Wissenstransfer haben im Schulbereich schon lange selbstverständlich ihren Platz im Fachunterricht und in der Ausbildung der Lehreranwärter. Sie gehören ohnehin in weiten Teilen zu unserem Alltag, nicht nur in der medizinischen Versorgung. So ist es im Grunde bloß konsequent und ein längst überfälliger Schritt, wenn wir sie von jetzt an auch möglichst vollständig und für sämtliche Bereiche und Ebenen in Erziehung und Schule zu nutzen versuchen. Das gilt für Verhalten und Entscheidungen der Lehrer und Eltern wie der Amtsträger und Politiker generell.

Diese Erkenntnisse oder Forderungen sind als »Regeln« zu bezeichnen, die, wie die Wortbedeutung erkennbar macht, allgemein gültig sind, an die man sich also zu halten hat. Diese Regeln ermöglichen eine Regeldiskussion, ein Regelbewusstsein und die Feststellung von Regelverstößen. Sie erzwingen damit bei allen Beteiligten eine Regelhaftigkeit im Tun und Lassen. Das hat seine Folgen. Jeder kann sich über das Angemessene informieren und dazu das Gespräch suchen. Jeder kann sich gemeinsam mit anderen des »Richtigen« und Sinnvollen vergewissern und hat damit für sein Tun die Orientierungs-

und Zielpunkte und zugleich die Maßstäbe. Das steigert die Qualität der Arbeitserledigung bei allen, auch beim Lehrer, erheblich. Dieser beschert seinen Schülern damit neue, ungewohnte Erfolge und Erfolgserlebnisse. Er kann die Rückwirkungen auch an sich selbst erfahren und sich davon in seinem Tun bestärken lassen. Eine positive Entwicklung ist damit in Gang gesetzt. Damit wird der Schüler zum Gewinner und zugleich die Lehrer und Eltern und wir alle mit ihm.

Dieses Arbeiten mit Regelhaftigkeit ist eine Entwicklung, die im Schulbereich mit rund 50 Jahren Verspätung konsequent auf die der Mediziner folgen wird. Die Mediziner galten noch bis in die ersten Jahre nach dem Zweiten Weltkrieg als »Halbgötter in Weiß«, die meinten, bei ihrer Arbeit keinen Fehler zu machen. Dann aber kam es in der Folge von Gerichtsverhandlungen und -urteilen zu einem Umschlagen, zur Entwicklung von Fehlerbewusstsein, zu einer breiten Diskussion um den medizinischen »Kunstfehler« und zur Festsetzung einer Fehlergrenze. Damit wurden Fehler diskutierbar, nachweisbar und eher vermeidbar. Bald sprach man von einem »Regelsystem« und einem »Regelverstoß«, dann vom »Behandlungsfehler«[540]. Heute können ärztliche Behandlungsfehler sogar auf Kongressen erörtert werden, um Kollegen zu informieren und zu warnen. Das war ein sehr langer Prozess. Er hat geholfen, die ärztliche Kunst weiterzuentwickeln und zu verfeinern. Dem Patienten kommt das auf doppelte Weise zugute. Es garantiert ihm eine deutlich verbesserte Leistung und gibt ihm zusätzlich ein vorher ungekanntes Maß an Absicherung für den Fall eines möglichen Behandlungsfehlers. Eine solche Entwicklung hat die Schule noch vor sich, aber sie wird mit Sicherheit kommen. In der Schule werden dann auch das Regelsystem und die Regelhaftigkeit zu diskutieren sein, der Regelverstoß gilt als nicht tragbar. Schule als System wird dann berechenbar und diskutierbar sein – für alle. Die Angleichung der Kollegen an das Regelverhalten und damit aneinander ist unausweichlich, regionale und Länderbesonderheiten werden minimiert und damit auch die derzeitigen Nachteile der föderalen Struktur. Das sichert die Freizügigkeit im ganzen Bundesgebiet nach Artikel 11 des Grundgesetzes. Kommunikation und Kooperation werden sich auf allen Ebenen entfalten, sie werden zu Qualitätsgarantie und hoher Effizienz führen. Eine Hilfestellung der Juristen und (Arbeits-)Mediziner kann die Dinge sicher sehr voranbringen. Solcher Erfolg liegt im Interesse der Schüler und Eltern und von uns allen. Die internationale Bildungskonkurrenz macht jedes andere Verhalten indiskutabel.

Die »pädagogische Freiheit« des Lehrers wird damit nicht abgeschafft, sein Recht auf Eigenprofil nicht negiert. Beides wird nur begrenzt. Das schützt den

---

[540] Franzki bei Burandt 1999, S. 174.

Lehrer vor Selbstüberschätzung und dient zur Absicherung seiner eigenen Erfolge wie auch der seiner Schüler. Bei rund 90 Prozent Abdeckung durch das Regelsystem bleiben der Lehrerpersönlichkeit immerhin noch rund 10 Prozent für die Eigenprofilierung. Das sollte reichen. Kleine Eigenheiten, sog. »Marotten«, werden zu ertragen sein, sie können Farbe ins Lernen bringen.

2 Schule mit Effizienz und Effizienzkriterien

Das Ziel, »das Wohlbefinden der Schüler« zu erhöhen, ist durch die Finnen vorgegeben.[541] Dabei geht es jedoch nicht um eine Fortsetzung der »Kuschelpädagogik« vergangener Zeiten, um Verweichlichung und Reduzierung der Ansprüche. Es geht vielmehr darum, möglichst alle Faktoren zu reduzieren, die den Erfolg von Lernen und Entwicklung und die Lernfreude bei den Schülern irgendwie beeinträchtigen könnten. Umgekehrt sollen Bedingungen geschaffen werden, unter denen die Schüler an ihr Leistungs- und Entwicklungsmaximum herangeführt werden können und unter denen sie selbst gern leben, erfolgreich arbeiten und lernen. Das Ziel ist also die bestmögliche Förderung jedes einzelnen Schülers und damit zugleich aller Schüler als Individuen. Dazu gilt es, alle vorhandenen Mittel und Kräfte bei den Schülern wie bei Lehrern, Eltern und Politikern und in der Gesellschaft optimal auszunutzen und dabei das bestmögliche Verhältnis von Aufwand und Ertrag zu erreichen. Das wird natürlich etwas mehr kosten, als wir heute zahlen, und es wird nicht mit Geld allein zu machen sein; aber der Ertrag wird auch höher sein.

Auf dem Weg zum Erfolg wird es nötig sein, sich immer wieder der Richtigkeit von Weg und Ziel und der eigenen Erfolgsfortschritte zu vergewissern. Dazu braucht man Anhaltspunkte, Maßstäbe, Kriterien. Die optimalen müssen dafür wohl erst noch entwickelt werden, aber vorläufige Anhaltspunkte sind schon heute zu formulieren: Unter Schulqualität ist »als Optimum die Gesamtheit von Arbeitsbedingungen zu verstehen, die alle Beteiligten – Schüler, Lehrer, Eltern, Kultusminister und alle Bürger – maximalen Ertrag gewinnen lässt und die zugleich ein Höchstmaß an Zufriedenheit schafft, für jeden an seinem Platz und auf seine Weise.« Kommunikation und Kooperation sind, bis ein zuverlässigeres Messinstrument gefunden wird, die Indikatoren für Schulqualität. Wo sie gesucht und erreicht werden, ist ein Maximum an Erfolg zu erwarten. Fehlt es daran, ist das ein Beleg für Minderqualität.

Die Schule der Zukunft wird Qualität und Intensität fordern und leisten.

[541] Arbeitsgruppe 2003, S. 95.

Sie akzeptiert personenbezogene Unterschiede bei Schülern und Lehrern. Denn es gibt keine Einheitsschüler, -lehrer und -schulen; ein breiter Trend geht, wie die jüngsten Entwicklungen in England, Frankreich und den Niederlanden vermuten lassen, klar zur Differenzierung und zu differenzierten Angeboten, also hin zu relativ homogenen Lerngruppen.[542] Und diese Schule bedeutet zugleich den Abschied von mancherlei Besserwissereien und auch für das tradierte Vorgehen nach dem Prinzip von »trial and error«. Sie ist »wissensbasierte« Schule. Sie wird sich als solche gegen alle anderen Vorstellungen in der Welt durchsetzen und damit uns allen den Erfolg sichern.

---

[542] Vgl. Kap. 3, Punkte 5.5.3.3. und 5.5.4.

7. Kapitel: Ausblick auf Parteienstaat und Demokratie

1 Vielzahl und Gewicht der Aufgaben

Wohin wir auch blicken – der Aufgaben für unseren Staat und für uns alle sind viele. Sie sind zudem vielfältig und schwer und vor allem unbequem. Sie verlangen einen langen Atem, ein besonderes Maß an Lernwillen, Gesprächsfähigkeit und Konsensbereitschaft und den Gewinn von Gemeinsamkeit in der Zielorientierung, bei allen Menschen und zumal bei den Entscheidungsträgern. Im Märchen hat man dafür einen Zauberer, einen einzigen. In der Wirklichkeit hierzulande haben wir eine Vielzahl von Menschen, Individuen, die sich auf das große Ziel hin einigen und zusammentun müssen. In der Verantwortung stehen vor allem die großen Parteien. Nur sie können und müssen – auch im ureigensten Interesse und in der Abgrenzung gegen Extreme an den Rändern – die nötigen Prozesse ins Auge fassen, vorbereiten, einleiten und verfolgen. Einigkeit macht stark, sagt die Erfahrung. Das Zauberwort heißt: Orientierung an den Realitäten und auf sie hin, ohne Schönfärberei, ungeschminkt redlich und ehrlich. Dazu gilt das Versprechen: Die Wahrheit wird euch frei machen!

2 Aufklärung und Lernen für die Zielerreichung im Schulbereich

Für den Weg zur Zielerreichung im Schulbereich stelle ich mir vor:
Die Parteiführer müssen den Kultusministern den Auftrag zu dem entsprechenden Wissenstransfer geben (Kap. 3, Punkt 8.6) und sie auf jede Weise unterstützen. Sie müssen die Bürger umfassend über Gründe und Ziele, Einzelheiten und Zusammenhänge informieren und sie für alles »mit ins Boot zu ziehen« suchen. Die Richtung ist vorgegeben mit der Abkehr von als unproduktiv erwiesenen Verhaltensweisen (Kap. 3, Punkt 9.1–3) und mit dem Zie-

len sozusagen in die Gegenrichtung: Fehlerdiskussion zur Vergewisserung. Maßstab sind u. a. die Zwänge der Zeit.

Wenn ein Unternehmer nicht »nach dem Stand der Zeit« entscheidet, führt er sein Unternehmen in den Ruin. Wenn ein Arzt seinen Patienten nicht »nach dem Stand der Zeit« behandelt, wird er strafrechtlich verfolgt. Können »Bildungspolitiker« von solchen Zwängen befreit sein? Oder ist das die typische Illusion von Amtsträgern, die Obrigkeitsideologie?

Ein Änderungsmoratorium für ca. zehn Jahre, wie schon vorgeschlagen, kann Zeitaufschub bringen, in der Sache jedoch nichts. Denn ohne die Menschen ändert sich nichts: Sie müssen dazulernen und die Einstellungsänderung wollen und leisten.

Wir müssen dazu – wohl alle – erst einmal wieder »lernen«. Wir müssen lernen, die gleiche Sprache zu sprechen, den Schlagwörtern, Mythen und Ideologien von vorgestern abzusagen, die Wörter mit der gleichen Bedeutung zu benutzen, die gleiche Wissensbasis aufzubauen, gleiche oder angenäherte Vorstellungen über Ziele, Verfahren, Maßstäbe und Werte, über Leistung und Können, über »Förderung« und »Belastung« etc. zu entwickeln und das breite Sachgespräch auf gleicher Augenhöhe zu führen. Wortschatz und Maßstäbe dafür liegen zum Abholen und Nutzen bereit in den einschlägigen Forschungsergebnissen (Kap. 2, Punkt 2.2 und Kap. 3, Punkt 3.2–4). Dazu müssen wir uns um Konsens und Absprache bemühen. Ziele sind die Kooperation und die wissensbasierte Bildungspolitik. Grundlage dafür ist der wissenschaftlich abgesicherte »pädagogische Konsens«, im Unterschied gerade auch zum tradierten »pädagogischen Konsens« des Erfahrungswissens (Kap. 3, Punkt 5.3), der bisher auf der Welt gilt. Mit dem neuen Konsens eröffnen wir uns alle Chancen. Die anderen Völker der Welt werden ohnehin folgen müssen. Zu Wissenschaft und Wissenschaftsnutzung gibt es keine Alternative. Das wird für alle anderen Bereiche ebenso gelten.

3 Verstärktes Bürgerengagement im Parteienstaat?

Die bisherigen Erfahrungen mit Politikern und Parteien geben leider wenig Anlass zu Hoffnung. Entsprechend pessimistisch urteilt Thilo Bode schon mit seinem Buchtitel »Die Demokratie verrät ihre Kinder«[543]. So schreibt er

---

[543] Th. Bode 2003. Zur Sache vgl. auch Gerhard Leibholz u. a., »Strukturprobleme der modernen Demokratie«, Karlsruhe 3. Aufl. 1967, und z. B. H. Lehmann-Grube 2010.

in Kap. 8 über »Die Deformation der Demokratie«[544] und findet: »Heute fehlt eine fundierte wissenschaftliche Auseinandersetzung mit der bürgerlichen Demokratie als Gesamtsystem, die Grundlage für weit reichende Reform sein könnte.«[545]. »Die Demokratie muss jedoch von Kopf bis Fuß reformiert werden [...] Diese Reformen werden nur stattfinden, wenn Druck von außen und von unten entsteht.«[546] Und er fährt fort: »Eine Stärkung der Verbraucher-Informationsrechte ist auch eine Stärkung der Demokratie gegen übermächtige Einzelinteressen [...] Wir brauchen eine Bewegung, die direkt die Funktionsweise unseres demokratischen Systems ins Visier nimmt wie etwa die negativen Auswirkungen des Parteienkartells [...] Wir müssen diese Möglichkeiten [von Volksbegehren und Initiativen, R. B.] nutzen, um das System der Gesetze und Regeln unserer Demokratie aufzubrechen und zu erneuern: für mehr direkten Einfluss des Volkes, gegen das Diktat von Minderheiten, gegen die Allmacht der Parteien, gegen den Kauf von Politikern, für eine langfristige Politik.«[547]

Konsequent fordert er die Bürger auf, sich zusammenzutun und die Initiative zu ergreifen. »Wir müssen uns nur auf die Macht besinnen, die wir haben, wenn wir gemeinsam handeln.«[548] Das ist nicht speziell auf die Schule bezogen, aber Schule ist – als Teil des Ganzen – dabei immer schon mitzudenken. So gibt es für sie neben den kleinen Elternvereinen und Schulvereinen bereits einen ersten größeren Zusammenschluss, das »Bildungsbündnis Rheinland-Pfalz«[549].

In der Sache haben wir übrigens ein leuchtendes Beispiel aus unseren Tagen vor Augen, Michail Gorbatschow. Er hat 1987 die Ineffizienz und Undurchsichtigkeit des Sowjetsystems und seiner Parteidiktatur vehement kritisiert. Er hat »Glasnost« (Durchsichtigkeit) und »Perestroika« (Umbau) gefordert[550] und hat für das Zusammenleben der Völker »Kooperation, nicht Konfrontation« verlangt. Damit hat er eine neue Epoche eingeleitet. Das ist eine Aufforderung – auch an uns!

Eine Meldung in der LVZ vom 11. Januar 2011, gerade vor dem Ende der Arbeiten an diesem Buch, lässt aufhorchen: »SPD – Gabriel schwört Partei auf Reformkurs ein. Potsdam (AFP). SPD-Chef Sigmar Gabriel hat bei der Jahresauftaktklausur seiner Partei in Potsdam 2011 als Jahr der Profilierung

---

[544] A.a.O., S. 204ff.
[545] A.a.O., S. 235.
[546] A.a.O., S. 236.
[547] A.a.O., S. 237–238.
[548] A.a.O., S. 238.
[549] Das »Bildungsbündnis Rheinland-Pfalz«, in Profil 4/2010, S. 38.
[550] M. Gorbatschow 1987, S. 245.

ausgerufen [...] Kernpunkt der zweitägigen Klausurtagung ist die Debatte über ein Fortschrittsprogramm der SPD. ›Sozialdemokraten wollen dem Fortschritt wieder eine neue Richtung geben‹, sagte Gabriel. Die Menschen seien zunehmend vom wirtschaftlichen Aufschwung sowie dem technischen und wissenschaftlichen Fortschritt abgekoppelt. Dem müsse die Politik entgegentreten.«[551]

Ist das der Einstieg des »gelernten« Gymnasiallehrers in umfassende Wissenschaftsnutzung, in »wissensbasierte« Schulpolitik, in das breite Gespräch, in Konsensbemühen und Kooperation? Dann wäre es der Schritt in die Zukunft und die Zukunftssicherung für uns alle!

---

[551] *LVZ* vom 11. Januar 2011, S. 2.

Offener Brief:
»Bildungsrepublik Deutschland« –
Der bildungspolitische Leitantrag der CDU vom 27. Juni 2011 – ohne Eingehen auf die Schulmisere und die Zwänge der internationalen Bildungskonkurrenz

Die CDU hat am 27. Juni 2011 ihren bildungspolitischen Leitantrag für den Bundesparteitag im November in Leipzig vorgelegt. Sie hat damit Flagge gezeigt, worauf unzählige Menschen, nicht nur CDU-Anhänger, schon lange gewartet haben. Bringt sie uns endlich die »wissensbasierte Schule« nach dem »Stande der Zeit«?

Der neue Leitantrag legt auf 31 Seiten das »Programm für die zukünftige Bildungsrepublik Deutschland« (S. 31) vor, ein hoher Anspruch! Die Absätze sind überschrieben mit »Die Grundsätze unserer Bildungspolitik«, »Besondere Herausforderungen«, »Auf den Anfang kommt es an«, »Sprachförderung stärken« etc. Das klingt alles gut, zumal mit den eingeschobenen Versprechungen: »Dafür setzen wir uns ein«. Das strahlt Kraft und Optimismus aus und zielt auf eine glänzende Zukunft – wenn nicht, ja, wenn wir nicht so dick in der Schulmisere festsäßen. Und zu der und zu deren Abbau sagt der Leitantrag kein Wort! Das ist das Manko!

Fakt ist: An unzähligen Schulen gibt es »regelrechte Grabenkämpfe« (J. Bauer); die Unklarheiten und Zerstrittenheit in Zielen und Teilzielen, Verfahren, Maßstäben und Werten sind in der Praxis von Erziehung und Schule eine Riesenbelastung für alle Beteiligten und ein Grund für schlechtes Arbeitsklima und vielfaches Gegeneinander. Schuler klagen über mangelhafte Unterstützung durch die Lehrkräfte, international der schlechteste Wert (PISA-Befragung); »das deutsche Erziehungsmilieu ist von Kälte gegenüber Kindern gekennzeichnet« (W. Bergmann); die pädagogischen Probleme, z.B. der Rütli-Schule in Berlin, gingen durch die Presse; die Zahl der Schulabbrecher ist hoch; der Gesundheitszustand bei Lehrern und Schülern ist verbesserungsbedürftig (Leuphana Universität Lüneburg); und *DIE ZEIT* sprach von »Experimentitis – föderalem Eigensinn und koalitionspolitischer Opportunität« bei

Parteipolitikern. Darin zeigen diese die Missachtung der Sachaufgaben in der Praxis, der Fachwissenschaften und von Pädagogik überhaupt. Das spricht alles für massive Defizite an Wissen und an Lernwillen; die sorgen für denkbar ungünstige Arbeitsbedingungen und für unzureichenden Arbeitsertrag. Jetzt will die CDU sogar, auf die alte SPD-Linie einschwenkend, die Hauptschule mit der Realschule zusammenführen. Damit will sie die lernschwächeren Schüler noch weitere vier Schuljahre dem Konkurrenzdruck der lernstärkeren aussetzen und bietet ihnen dafür noch nicht einmal (pädagogische) Hilfen an zur Stabilisierung der Kenntnisse und des Selbstwertgefühls. Kann das bei ihnen zu etwas anderem führen als zu emotionalen Abwehrreaktionen, also zu Schulstörung, Gewalt und vermehrtem Schulabbruch? Man weiß aus der Arbeitswelt, dass Arbeiterfehler zumeist auf Führungsfehler zurückgehen; im Schulbereich kann es nicht anders sein: Fehler bei Schülern, Lehrern und Eltern weisen überwiegend hin auf Fehler und Versäumnisse der Obrigkeit, der Kultusminister und der Parteiführer.

Vor diesen Problemen und Aufgaben verschließt die CDU völlig die Augen, gerade auch mit dem Führungsanspruch für die »Bildungsrepublik«. Sie leugnet die Realitäten: »Die Demokratie verrät ihre Kinder«, belegte Thilo Bode schon 2003 in seinem gleichnamigen Buch (München).
Der neue Leitantrag ist im Grundlegenden völlig ohne Bodenhaftung. Oder ist er seiner Zeit nur weit voraus? Er kann ab ca. 2030 vielleicht optimal sein. Aber bis dahin haben die Parteien und wir alle noch unsere Hausaufgaben in Lernen, Gespräch und Kooperation zu machen. Wir müssen unsere Mittel und Kräfte konzentrieren, um die Schulmisere im Hier und Heute abzubauen, und wir suchen damit zugleich den Einstieg in die »wissensbasierte Schule« und in die »Bildungsrepublik«. Das ist im Interesse aller, nicht nur der Schüler, Lehrer und Eltern, sondern auch aller Mitbürger, der CDU selbst, aller anderen Parteien und unseres Parteienstaates, und es ist die einzig hilfreiche Maßnahme angesichts der Herausforderungen der internationalen Bildungskonkurrenz.

Was ist zu tun? Die CDU sollte öffentlich Zusatzerklärungen abgeben:
- Sie sollte betonen, dass sie allzu lange die laufenden Informationen aus dem Alltag von Schule und Erziehung und die Erkenntnisse der erfahrungswissenschaftlichen Forschung ignoriert hat und diese jetzt allgemein bekannt machen und nutzen will.
- Sie sollte sich auch zu den Fehlern in der Hamburger Schuldiskussion von 2010 bekennen, dem Setzen auf die unfruchtbare Konfrontation, und ebenso zu den neuen Zielen: Aufklärung, Transparenz, Fehlerdiskussion, Vergewisserung, Gespräch und Kooperation.

- Sie sollte engagierte junge Leute anregen, sich zu »Bildungspolitikern« zu qualifizieren. Diese sollten dann, in den Erfahrungswissenschaften rundum kompetent, mit dem neuen Wissen und Wortschatz die allgemeine Diskussion auf ein neues Niveau heben, neue Verhaltensweisen und Regelungen erstrebenswert machen und beitragen zur Zukunftssicherung für ihre Partei wie für uns alle.
- Sie sollte sofort exemplarisch ein Klärungsvorhaben ankündigen, gerade zu dem bisher übersehenen Problem der Arbeitsbedingungen von Schülern und Lehrern. Eine Kommission aus Fachwissenschaftlern und Schulpraktikern oder mehrere kleine, regional parallele, jeweils in Idealkonkurrenz stehende sollten die Aufgabe haben, anhand der vorhandenen Wissensbestände die Arbeitsbedingungen der Schüler und Lehrer zu durchleuchten und konkret Vorschlage zu ihrer Verbesserung auszuformulieren. Nur mit einer solchen Kommission ist zuverlässig für den Schüler, für seinen Lernerfolg und seine Persönlichkeitsentwicklung zu sorgen. Zur Zielerreichung gehören die breite Information der Öffentlichkeit und der neue Aufbau von Wissen und Können bei allen Beteiligten, zumal bei Lehrern und Politikern, und die Prophylaxe gegen Unterrichtsausfall, Lehrerkrankheit und Frühpensionierung mit den Einbußen im Ertrag und mit unnötigen Kosten. Die Arbeitsbedingungen sollen breit diskutiert werden, um sie in der Schule selbst und vom gesellschaftlichen Rahmen her so zu gestalten, dass nicht nur der Spitzenlehrer, sondern auch die breite Masse der Lehrer an ihr Wirkensmaximum herankommen, für optimalen Ertrag bei den Schülern sorgen und selbst genug Erfolgserlebnisse und Bestätigung haben kann. Gute Arbeitsbedingungen sind auch die beste Werbung für leistungsstarken Lehrernachwuchs. Ist in diesem Punkt Transparenz geschaffen und Information geleistet, kann das für alle anderen Fragen im Schulbereich fruchtbar gemacht werden.
- Ziel ist und bleibt die »wissensbasierte Schule«, hohe Effizienz und ein hoher Grad von Zufriedenheit bei allen Beteiligten und Bürgern sowie die Sicherung unserer Zukunft.

Leipzig im Oktober 2011
Rudolf Burandt

Anhang

Dank an die Helfer

Ein solches Buch ist nicht im Alleingang zu schaffen. So hatte ich auch viele Helfer und habe ihnen hier meinen Dank abzustatten. Der gilt in erster Linie meiner Frau Ingeborg für ihre Geduld und für alle Hilfe beim Überlegen, Formulieren und Korrigieren. Um die Rettung alter Daten aus dem Vorgängermodell Atari hat sich Dr. Ulrich Künne, mein stets hilfsbereiter Kollege aus dem KWG, verdient gemacht. Fachlichen Rat und Zuspruch verdanke ich vor allem Vetter Wilfried Burkhardt und seiner Frau Gisela in Stockelsdorf. Dazu kommen die ungezählten Menschen aus unserem Freundes- und Bekanntenkreis, die sich im Laufe der Zeit immer wieder nach dem Stand meiner Untersuchungen erkundigten und mit ihren Fragen stets Bestätigung und Anregung gaben. Bei allem Technischen, bei allen Problemen mit dem PC und dem Drucker und beim Brennen der CDs, war unser Schwiegersohn Manfred Buller jederzeit auf Anfrage zur Stelle und half mit Rat und Tat. Ohne sein Zutun hätte das Buch nicht zustande kommen können. Friedemann Bublitz hat beim Glätten des Textes geholfen und entsprechend Yvonne Rother bei der Schlussredaktion. Carina Hillmann und Bert Kirsten halfen beim Erstellen der Vorlage für den Verlag.

Auf Publikationsanfragen bei (Fach-)Verlagen (und Stiftungen) habe ich immer nur Absagen erhalten. So danke ich den Herren Strathern und Dr. Göbel und Frau Heidi Keller von BUCH&media sehr für ihr Sachinteresse, für Rat und Hilfe und für die gelungene Herausgabe.

Literaturhinweise

Aebli, Hans: Die geistige Entwicklung als Funktion von Anlage, Reifung, Umwelt und Erziehungsbedingungen, in: Heinrich Roth (Hg.): Begabung und Lernen, Stuttgart 1969, S.151ff.
Arbeitsgruppe »Internationale Vergleichsstudie«: Vertiefender Vergleich der Schulsysteme ausgewählter PISA-Teilnehmerstaaten, Stand 1. Juni 2003, entstanden im Auftrag und mit Unterstützung des Bundesministeriums für Bildung und Forschung (BMBF).
Aurin, Kurt: Die realistische Orientierung im Bildungsverständnis des Gymnasiums, in: Gruber, Joachim/Maier, Friedrich (Hg.): Humanismus und Bildung, Auxilia 27, Bamberg 1991, S. 23ff.
Bauer, Joachim: Prinzip Menschlichkeit. Warum wir von Natur aus kooperieren, Hamburg 2006, neuerdings auch als Heyne TB.
Ders.: Lob der Schule. Sieben Perspektiven für Schüler, Lehrer und Eltern, Hamburg 2007.
Ders.: Gesundheitsprophylaxe für Lehrkräfte (Manual für Lehrer-Coachinggruppen nach dem Freiburger Modell), Universitätsklinikum Freiburg, Abt. Psychosomatische Medizin, Freiburg, o.J. (ca. 2007), in Zusammenarbeit mit Institut und Poliklinik für Arbeits- und Sozialmedizin, Technische Universität Dresden.
Ders.: Freiburger Studie: Was Lehrer krank macht – Größte Belastung: Aggressive Schüler und Eltern, in *Profil* 7/8 (2008), S. 40.
Baumert, Jürgen: »Die Schulen wurden lange in Ruhe gelassen – Der Bildungsforscher Jürgen Baumert fordert: In erster Linie muss den schwächsten Schülern ein Mindestmaß an Bildung vermittelt werden« – Interview mit Thomas Kerstan, in: *DIE ZEIT* vom 21.1.2010, S. 64.
Baumert, Jürgen/Becker, Michael/Neumann, Marko/Nikolova, Roumiana (HU Berlin): Frühübergang in ein grundständiges Gymnasium – Übergang in ein privilegiertes Entwicklungsmilieu? Ein Vergleich von Regressionsanalyse und Propensity Score Matching, Max-Planck-Institut für Bildungsforschung, Berlin 2009.
Behler, Gabriele: »Irrwege und Perspektiven. Die Ziele der SPD-Bildungspolitik sind zeitlos modern – doch in der Praxis wurde mancher Unsinn getrieben«, in: *DIE ZEIT* vom 12.5.2005, S. 85, nachgedruckt in *Profil* 9/2005, S. 16–22.
Dies.: »Zur Zukunft des Gymnasiums. Eine pädagogische und gesellschaftliche Standortbestimmung«, in: *Profil* 1/2 (2009), S. 12–20.
Dies.: »Lehrer müssen nicht geliebt werden. Die Reformpädagogik hat versagt. Sie kann nicht einfach so weitermachen wie bisher«, in: *DIE ZEIT* vom 23.9.2010, S. 75, Nachdruck in *Profil* 11/2010, S. 16ff.
Bergius, Rudolf: Analyse der »Begabung«: Die Bedingungen des intelligenten Verhaltens, in: Heinrich Roth (Hg.): Begabung und Lernen, Stuttgart 1969, S. 229ff.
Bergmann, Wolfgang: Gute Autorität. Grundsätze einer zeitgemäßen Erziehung, Weinheim und Basel 2005, 4. Aufl. 2008, Beltz TB 886.
Ders.: »Warum sich Schüler heute allen Ernstes strenge Lehrer wünschen, die ihnen zeigen, wo es langgeht im Leben«, in: *Chrismon. Das evangelische Magazin* 8/2007, S. 24ff.

Ders.: Autoritär und ahnungslos, weltfremd und anti-modern – oder: Wie man pädagogische Bestseller schreibt, in: Micha Brumlik (Hg.): Vom Missbrauch der Disziplin, 2007, S. 33ff.
Bettelheim, Bruno: Kinder brauchen Märchen, Stuttgart 1977 und dtv 1481.
Bildungsbündnis Rheinland-Pfalz, in *Profil* 4/2010, S. 8.
Bliesener, Ulrich (Hg.): Die »Arbeitszeit« der Schüler, Anhörung zur Belastung und Beanspruchung von Kindern und Jugendlichen durch Schule und Umwelt vom 22./23. Juni 1989, Dokumentation, Hannover 1990.
Block, Achim: Kontinuität des Lernens und Standards des Lehrens. Über ungelöste Probleme des öffentlichen Schulwesens, in: *Die deutsche Schule* 3/1989, S. 330ff.
Bode, Thilo: Die Demokratie verrät ihre Kinder. Ex-Greenpeace-Chef fordert die Mächtigen heraus, Stuttgart und München 2003.
Böckmann, Wolfgang: Millionenverluste durch Führungsfehler, Düsseldorf 1967.
Bolz, Norbert: Diskurs über die Ungleichheit. Ein Anti-Rousseau, München 2009.
Brügelmann, Hans: Schule verstehen und gestalten: Perspektiven der Forschung auf Probleme von Erziehung und Unterricht, Lengwil 2005.
Brumlik, Micha (Hg.): Vom Missbrauch der Disziplin. Antworten der Wissenschaft auf Bernhard Bueb, Weinheim 2007.
Brunner, Stefan: »Was reden die da bloß? Gesprächsforscher untersuchen, warum es in Firmen, Flugzeugcockpits und Operationssälen an der Kommunikation hapert«, in: *DIE ZEIT* vom 16.10.2008, S. 82.
Bueb, Bernhard: Lob der Disziplin. Eine Streitschrift, Berlin 2006.
Bundesamt, Statistisches: Kommunale Kassenstatistik, dstgb 2006.
Bundesministerium für Bildung und Forschung (BMBF): Grund- und Strukturdaten 2001/2002, S. 86 und 96.
Burandt, Rudolf: 5-Tage-Woche und Schulreform, Herford 1974.
Ders.: Die Bestandsaufnahme für Gymnasien in Niedersachsen, in: *phvn* 2/1987, S. 68ff.
Ders.: Die Orientierungsstufe im Erleben ihrer Schüler, in: *phvn* 2/1988, S. 56ff.
Ders.: Die Belastung von Jugendlichen in der Schule. Analyse der Belastungsarten und Lösungsmöglichkeiten, in: *phvn* 3/4 (1990), S. 88ff.
Ders.: Sorgen unsere Schulpolitiker zuverlässig für die Erfüllung des pädagogischen Auftrags der Schule?, in: *phvn* 3/4 (1991), Beilage.
Ders.: Wegsehen und totschweigen? Über jüngste Beiträge aus SPD und CDU zur Bildungsdiskussion, in: *dhs* 10/1993, S. 20ff.
Ders.: Entdecken lernen, in: *Mitteilungsblatt des Deutschen Altphilologenverbandes*, Landesverband Niedersachsen, Mai 1999, S. 16ff.
Ders.: Zur Sinnfrage im Lateinunterricht/Oberstufe, in (I): *Mitteilungsblatt des Deutschen Altphilologenverbandes*, Landesverband Niedersachsen, Heft 3 (Sept. 1999), S. 15ff. und in (II): Heft 4 (Dez. 1999), S. 28ff.
Ders.: Ich bin doof, und du bist schuld. Schulreform und Effizienz durch Wissenstransfer und Fehlerdiskussion, Berlin und Hannover 1999.
Ders.: Der »Bildungsmonitor 2008« des Instituts der deutschen Wirtschaft. Irreführung der Öffentlichkeit mit missverständlichem Wortgebrauch – Die Jungen Philologen stellen zur Diskussion, in: *Profil* 12/2008, S. 38ff.
Claassen, Utz: Mut zur Wahrheit. Wie wir Deutschland sanieren können, Hamburg 2007.
Denso, Christian/Wefing, Heinrich: »Aus heiterem Himmel – Sie nennen es ›stiefeln‹

und ›kicken‹: Immer häufiger treten und schlagen Jugendliche ohne erkennbaren Grund zu: Woher kommt die Gewalt?«, in: *DIE ZEIT* vom 11.2.2010, S. 6.

Dies.: »Die Ruhestörerin. Sie war Deutschlands bekannteste Jugendrichterin. Vergangene Woche hat sie sich das Leben genommen. Was bleibt von Kirsten Heisig?«, in: *DIE ZEIT* vom 8.7.2010, S. 2.

Deutsches Institut für Internationale Pädagogische Forschung (DIPF) in Zusammenarbeit mit der Universität Erfurt: Stand und Perspektiven der Orientierungsstufe in Niedersachsen. Gutachten im Auftrag des Niedersächsischen Kultusministeriums, Frankfurt/Main 2001.

Dührssen, Annemarie: Psychogene Erkrankungen bei Kindern und Jugendlichen. Eine Einführung in die allgemeine und spezielle Neurosenlehre, Göttingen 12. Aufl. 1978.

Dumke, Arthur: Schuldienst in Niedersachsen (1945–1975). Erlebte Schulgeschichte, Hildesheim 1987.

Edding, Friedrich: Ökonomie des Bildungswesens, Freiburg/Br. 1963.

Felten, Michael: Auf die Lehrer kommt es an! Für eine Rückkehr der Pädagogik in die Schule, Gütersloh/München 2010.

Ders. (Hg.): Neue Mythen in der Pädagogik. Warum eine gute Schule nicht nur Spaß machen kann. Ein bildungspolitisches Lesebuch, Donauwörth 1999.

Fend, Helmut: Chancengleichheit im Lebenslauf. Kurz- und Langzeitfolgen von Schulstrukturen, in: Fend, Helmut/Berger, Fred/Grob, Urs (Hg.): Lebensverläufe, Lebensbewältigung, Lebensglück. Ergebnisse der LifE-Studie, Wiesbaden 2009.

Fürstenau, Peter: Neuere Entwicklungen der Bürokratieforschung und das Schulwesen, in *Neue Sammlung 1967*, S. 511ff.

Gabriel, Sigmar: »Bildung ist nicht zweckfrei – Gabriele Behler, SPD, die frühere Kultusministerin von NRW kritisierte die vorvergangene Woche an dieser Stelle die deutsche Bildungspolitik – auch die ihrer Partei. Sie erhält Unterstützung von Sigmar Gabriel«, in: *DIE ZEIT* vom 25.5.2005, S. 84.

Ders.: »SPD-Gabriel schwört Partei auf Reformkurs ein", in *LVZ* vom 11.1.2011, S.2.

Gagné, Robert M.: Die Bedingungen des menschlichen Lernens. Beiträge zu einer neuen Didaktik, Hannover 5. Aufl. 1980.

Giesecke, Hermann: Was Lehrer leisten. Porträt eines schwierigen Berufes, Weinheim/München 2001.

Ders.: Pädagogik – quo vadis? Ein Essay über Bildung im Kapitalismus, Weinheim/München 2009.

Goeudevert, Daniel: Der Horizont hat Flügel. Die Zukunft der Bildung, München 2001.

Gössling, Andreas: Die Männlichkeitslücke. Warum wir uns um die Jungs kümmern müssen, München 2008.

Gorbatschow, Michail: Perestroika. Die zweite russische Revolution. Eine neue Politik für Europa und die Welt, München 1987.

Graf, Otto: Erforschung der geistigen Ermüdung und nervösen Belastung: Studien über die vegetative 24-Stunden-Rhythmik in Ruhe und unter Belastung, in: Brandt, L. (Hg.): Forschungsbericht des Wirtschafts- und Verkehrsministeriums Nordrhein-Westfalen, Nr. 113/1955, Seite 81ff.

Graf, Otto/Rutenfranz, Joseph: Zur Frage der zeitlichen Belastung von Jugendlichen, in: Brandt, L. (Hg.): Forschungsbericht des Wirtschafts- und Verkehrsministeriums Nordrhein-Westfalen, Nr. 619/1958.

Dies.: Zur Frage der zeitlichen Belastung von Lehrkräften, in: Brandt, L. (Hg.): Forschungsbericht des Wirtschafts- und Verkehrsministeriums Nordrhein-Westfalen 1259 (1963).
Greiner, Ulrich: »Das fliegende Klassenzimmer fliegt noch. Warum die älteste aller Schulformen ein Zukunftsmodell ist für ein Bildungssystem, das sonst nur noch auf die schnelle Wissensvermittlung schielt«, in: *DIE ZEIT* vom 18.6.2009, S. 69, nachgedruckt in: *Profil* 7/8 (2009), S. 22ff.
Hassenstein, Bernhard und Helma: Was Kindern zusteht, München 1978, Serie Piper 169.
Heckhausen, Heinz: Hoffnung und Furcht in der Leistungsmotivation, Meisenheim/Glan 1963.
Heisig, Kirsten: Das Ende der Geduld. Konsequent gegen jugendliche Gewalttäter, Freiburg/Br. 2010.
Heitkamp, Sven: »Mehr Praktikumsplätze und Ferienjobs«, in: *LVZ* vom 31.10.2005, S. 4.
Hellbrügge, Theodor: »Der Gesundheitszustand der Schulkinder unserer Tage und die Belastungsmöglichkeiten ohne gesundheitliche Schädigung«, in: *Mitteilungen des Niedersächsischen Landesgesundheitsrates*, Heft 13/Hannover 1956.
Hellbrügge, Theodor/Rutenfranz Joseph/Graf, Otto: Gesundheit und Leistungsfähigkeit im Kindes- und Jugendalter, Stuttgart 1960.
Herrmann, Theo: Psychologie der Erziehungsstile, Göttingen 1966.
Herzog, Roman/Clement, Wolfgang/Dohnanyi, Klaus von/Uhlig, Jane/Henkel, Hans-Olaf/Pohl, Manfred: Mut zum Handeln – Wie Deutschland wieder reformfähig wird, Campus, Frankfurt/M. 2008.
Hillenbrand, Clemens/Ricking, Heinrich: Schulabbruch: Ursachen – Entwicklung – Prävention. Ergebnisse US-amerikanischer und deutscher Forschungen, in: *Zeitschrift für Pädagogik* 2/2011, S. 153ff.
Hische, Wilhelm: Arbeitspsychologie, Hannover 1950.
Ders.: Spannungsfelder zwischen Mensch und Arbeit, Hannover 1956.
Holtappels, Heinz Günther/Klemm, Klaus/Rolff, Hans-Günther: Schulentwicklung dank Gestaltungsautonomie. Ergebnisse der Begleitforschung zum Modellvorhaben »Selbstständige Schule« in Nordrhein-Westfalen, Münster 2009.
Holzgreve, Christian: »Befriedete Gesellschaft als Bildungsziel«, in: *HAZ* vom 25.1.1999, S. 3.
Hüholdt, Jürgen: Wunderland des Lernens. Lernbiologie, Lernmethodik, Lerntechnik, Bochum, 5. Auflage 1990.
Hüther, Gerald: Bedienungsanleitung für ein menschliches Gehirn, Göttingen 2005.
Ders.: Voraussetzungen für gelingende Lernprozesse aus neurobiologischer Sicht, in: *phvn* 1/2005, S. 14ff.
Institut für Arbeitsmarkt- und Berufsforschung: Presseinformation vom 24.9.2008.
Kern, Benno/Clostermann, Gerhard: Geh an die Arbeit. Psychologie und Technik der geistigen Schulung, Münster 1961.
Kerstan, Thomas: »Bildungsfern. Die Union macht keine Bildungspolitik mehr. Dafür wird sie bei Landtagswahlen bestraft – zu Recht«, in: *DIE ZEIT* vom 12.5.2010, S. 14.
Klemm, Klaus/Rolff, Heinz-Günther: »Das Gute kostet Geld – Der NRW-Versuch ›Selbständige Schule‹ zeigt, dass auch kluge Konzepte nur bei ausreichender Finanzierung Ertrag bringen«, in: *DIE ZEIT* vom 8.10.2009, S. 80.
Kraus, Josef: Spaßpädagogik. Sackgassen deutscher Schulpolitik, München 1998.

Ders.: Der PISA-Schwindel. Unsere Kinder sind besser als ihr Ruf. Wie Eltern und Schule Potenziale fördern können, Wien 2005.
Ders.: Ist die Bildung noch zu retten? Eine Streitschrift, München 2009.
Kreter, Gabriela: Jetzt reicht's: Schüler brauchen Erziehung! Was die neuen Kinder nicht mehr können – und was in der Schule zu tun ist, Seelze-Velber 2005.
Kultusministerkonferenz (KMK): Beschluss vom 25.5.1973 zur Stellung des Schülers in der Schule.
Dies.: Stellungnahme zu den Ergebnissen von PISA vom 6. Dezember 2004«.
Dies.: Gesamtstrategie der Kultusministerkonferenz zum Bildungsmonitoring, Bonn 2006. In Zusammenarbeit mit dem Institut für Qualitätsentwicklung der Humboldt-Universität zu Berlin.
KMK und Bundesministerium für Bildung und Forschung: Gemeinsame Empfehlungen der KMK und des BMBF zu den Ergebnissen von PIRLS/IGLU 2006-I und PISA 2006-I: Neue Schwerpunkte zur Förderung der leistungsschwachen Schülerinnen und Schüler bei konsequenter Fortsetzung begonnener Reformprozesse. Beschluss der KMK vom 6.3.2008.
KMK und BMBF Autorengruppe Bildungsberichterstattung: Bildung in Deutschland 2010. Ein indikatorengestützter Bericht mit einer Analyse zu Perspektiven des Bildungswesens im demografischen Wandel, Bielefeld 2010.
Kultusminister, Niedersächsischer
- Bestandsaufnahmen:
  - Hauptschule heute, Hannover 1985,
  - Orientierungsstufe, Hannover 1986,
  - Gymnasium, Hannover 1987,
  - Realschule Hannover 1988.
- Bliesener, Ulrich: Die »Arbeitszeit« der Schüler, Anhörung zur Belastung und Beanspruchung von Kindern und Jugendlichen durch Schule und Umwelt vom 22./23. Juni 1989, Dokumentation, (Hg.) Hannover 1990.
Landesinstitut für Erziehung und Unterricht: Die Zahl der Schulabbrecher in Baden-Württemberg, Stuttgart, 21. August 2003.
Latzko, Brigitte: Werteerziehung in der Schule. Regeln und Autorität im Schulalltag, Opladen 2006.
Lehmann, Rainer/Jenny Lenkeit: ELEMENT. Erhebung zum Lese- und Mathematikverständnis. Entwicklungen in den Jahrgangsstufen 4 bis 6 in Berlin. Abschlussbericht über die Untersuchungen 2003, 2004 und 2005 an Berliner Grundschulen und grundständigen Gymnasien, Humboldt-Universität zu Berlin 2008.
Lehmann-Grube, Hinrich: Von der Macht. Betrachtungen zu einem politischen und soziologischen Phänomen, München 2010.
Leibholz, Gerhard: Strukturprobleme der modernen Demokratie, Karlsruhe 1967.
Lembke, Gerald, zitiert von Sibylle Haas: »Ohne die Menschen ändert sich nichts«, Bericht von einer Tagung der Evangelischen Akademie Tutzing, in: SZ vom 10.7.2008, S. 21.
Leuphana Universität Lüneburg (Hg.): Subjektive Gesundheitsbeschwerden von Schülern, Studie der DAK und der Leuphana Universität Lüneburg, 2010.
Lexikon zur Soziologie, Opladen 1973.
Lorenz, Konrad: Das sogenannte Böse. Zur Naturgeschichte der Aggression, Wien 1963, auch dtv.

Maier, Hans: Standort: Deutschland – Tatort: Gymnasium – Bildungsbetrug an unseren Schulen. Informationen, Argumente, Forderungen, München 1996, Selbstverlag.
Meidinger, Heinz-Peter: »Lehrerbenotung« im Internet, in: Profil 7/8 (2007), S. 3.
Ders.: Lehrer sind kein digitales Freiwild, in: Profil 7/8 (2007), S. 5.
Ders.: Berliner Schullotterie, in: Profil 7/8/2009, S. 3.
Ders.: Primarschulreform: Hartz IV der Hamburger CDU?, in: Profil 3/2010, S. 3.
Meier, Uto J./Sinn, Bernhard (Hg.): Zwischen Gewissen und Gewinn. Wertorientierte Personalführung und Organisationsentwicklung, Regensburg 2005.
Merzyn, Gottfried: Stimmen zur Lehrerausbildung. Ein Überblick über die Diskussion, Hohengehren 2002.
Metzger, Wolfgang: Stimmung und Leistung. Die affektiven Grundlagen des Lernerfolgs, Münster 4. Aufl. 1967.
Müller, Gerhard N./Steinbring, Heinz/Wittmann, Erich Ch. (Hg.): Jenseits von PISA. Bildungsreform als Unterrichtsreform. Ein Fünf-Punkte-Programm aus systemischer Sicht, Seelze-Velber 2002.
Neue Sammlung. Vierteljahres-Zeitschrift für Erziehung und Gesellschaft, Göttingen (1961–2005).
Nordrhein-Westfalen Bildungskommission NRW: Zukunft der Bildung. Schule der Zukunft. Denkschrift der Kommission beim Ministerpräsidenten des Landes Nordrhein-Westfalen, Neuwied 1995.
Oelkers, Jürgen: Gesamtschule in Deutschland. Eine historische Analyse und ein Ausweg aus dem Dilemma, Weinheim und Basel 2006.
Omer, Haim/Schlippe, Arist von: Autorität durch Beziehung. Die Praxis des gewaltlosen Widerstands in der Erziehung, Göttingen 2004.
Oschatz, Georg-Berndt/Wernstedt, Rolf: Das Projekt Orientierungsstufe. Eine Chance für die Kinder und die Politik in Niedersachsen, Hannover 1989.
Otto, Jeannette: »Schwarz-grüner Sprengstoff«, in: DIE ZEIT vom 12.3.2009, S. 67, und 5.9.2009, S. 2.
Paul, Hermann: Die Gedichte Walthers von der Vogelweide, Halle/S. 1911, S. 19ff.
Philologenverband,
- Deutscher: dhs Die höhere Schule, ab 1.1.1994 Profil. Magazin für Gymnasium und Gesellschaft.
- Niedersächsischer: phvn, Gymnasium in Niedersachsen.
- Gymnasium Aktuell. Informationen des Philologenverbandes Niedersachsen.
PISA-Konsortium Deutschland (Hg.): PISA 2003. Der Bildungsstand der Jugendlichen in Deutschland. Ergebnisse des zweiten internationalen Vergleichs, Münster 2004.
Pröscholdt, Marie V./Stumpf, Eva/Schneider, Wolfgang: Das Arbeitsverhalten in homogenen Begabtenklassen – Eine systematische Verhaltensbeobachtung im Unterricht, Institut für Psychologie, Universität Würzburg, in: Zeitschrift für Entwicklungspsychologie und Pädagogische Psychologie 2/2011, S. 55ff.
Roenneberg, Till: Wie wir ticken. Chronobiologie für unser Leben, Köln 2010.
Roth, Heinrich: Die psychologischen Lerntheorien und die Bedeutung ihrer Forschungsergebnisse für Unterricht und Erziehung, in: Strunz, Kurt (Hg.): Pädagogische Psychologie für höhere Schulen, München und Basel 3. Aufl. 1964, S. 208ff.
Ders.: Pädagogische Psychologie des Lehrens und Lernens, Hannover 15. Aufl. 1976.

Schaarschmidt, Uwe/Kieschke, Ulf (Hg.): Gerüstet für den Schulalltag. Psychologische Unterstützungsangebote für Lehrerinnen und Lehrer, Weinheim und Basel 2007.
Scheich, Henning, Leibniz-Institut für Neurobiologie Magdeburg, im Interview: »Lebenslange Lust auf neues Lernen«, in: *Gesundheit. Das Magazin aus Ihrer Apotheke*, September 2003, S. 9ff.
Schneider, Wolfgang, Institut für Psychologie der Universität Würzburg: Rechtzeitig Begabungen erschließen durch frühe Sprachförderung und Förderung der Lesekompetenz, in: *Profil* 11/2009, S. 22.
Schwenker, Burkhard, Chef von Roland Berger Strategy Consultants: »Erfolg braucht klare Vision, Zusammenfassung einer Vortragsreihe«, in: *LVZ* vom 11.12.2006, S. 5.
Seyderhelm/Nagel/Brockmann: Niedersächsisches Schulgesetz. Kommentar mit Ausführungsbestimmungen, Wiesbaden 1998
Shell Deutschland Holding (Hg.): Jugend 2006. Eine pragmatische Generation unter Druck, Frankfurt/Main 2006.
Sopp, Hellmut: Was der Mensch braucht, Düsseldorf 1958, und Goldmanns Gelbe TB 935.
Sostschenko, Michail: Schlaf schneller, Genosse! Sowjetrussische Satiren, o. Ort und Jahr, Bürgers TB 12.
Spiewak, Martin: »Täglich nachsitzen. Ob eine Schule erfolgreich ist, darüber entscheidet vor allem die Leitung. Ein Tag im Leben einer Schuldirektorin«, in: *DIE ZEIT* vom 24.9.2009, S. 42.
Ders.: »Experimentitis. Jede neue Koalition bedeutet eine Schulreform. Das ist Unsinn«, in: *DIE ZEIT* vom 19.11.2009, S. 71.
Spreckels, Guillermo: Revision der Schulinspektion unausweichlich, in: *phvn* 1/2009, S. 23.
Sprenger, Ulrich: Der unkontrollierte Verfall des deutschen Schulwesens, Krefeld 2008.
Ders.: Vorteile eines frühzeitigen Übertritts ausgeblendet?, in: *Profil* 1/2 (2008), S. 24 ff.
Ders.: Auskünfte der Bildungsforschung zu Fragen der Schulstruktur, insbesondere zu den Nachteilen von sechsjährigen Grundschulen, in: *Profil* 3/2010, S. 14ff.
Staatsministerium, Bayerisches für Unterricht, Kultus, Wissenschaft und Kunst (Hg.): Wissen und Werte für die Welt von morgen (Dokumentation zum Bildungskongress am 29./30 April 1998), München 1998.
Steinbrecht, Wolfgang: Die unglaubliche Reformgeschichte. Eine Studie des Machbarkeitsglaubens, in: *phvn* 3/2009, S. 5ff.
Ders.: Schulinspektion und Schulwirklichkeit, in: *phvn* 2/2009, S. 5ff.
Ders.: Reformpädagogik entzaubert?, in: *phvn* 3/2010, S. 13ff.
Stern, Elsbeth, Max-Planck-Institut für Bildungsforschung Berlin, im Interview in: *Gesundheit. Das Magazin aus Ihrer Apotheke*, September 2003, S. 15ff.
Strunz, Kurt (Hg.): Pädagogische Psychologie für höhere Schulen, München/Basel 3. Aufl. 1964.
Thewalt, Andreas: Berlin, in: *Hamburger Abendblatt* vom 29.12.2005, S. 2.
Vester, Frederic: Denken, Lernen, Vergessen. Was geht in unserem Kopf vor, wie lernt das Gehirn, und wann lässt es uns im Stich? München 1998, dtv 30003.
Weinert, Franz E.: Pädagogische Psychologie, Köln und Berlin 1967.
Ders.: »Der gute Lehrer«, »die gute Lehrerin« im Spiegel der Wissenschaft. Beiträge zur Lehrerbildung 14, 1996, S. 141–151 (Max-Planck-Institut für psych. Forschung, PF 440 109, 80750, München) Reprint 11/1996.

Ders.: Neue Unterrichtskonzepte zwischen gesellschaftlichen Notwendigkeiten, pädagogischen Visionen und psychologischen Möglichkeiten, in: Bayerisches Staatsministerium für Unterricht, Kultus, Wissenschaft und Kunst (Hg.): Wissen und Werte für die Welt von morgen (Dokumentation zum Bildungskongress am 29./30. April 1998, S. 101–125), München 1998, Reprint 7/1998.

Weinert, Franz E./Helmke, Andreas: Der gute Lehrer: Person, Funktion oder Fiktion?, in: Achim Leschinsky (Hg.): Die Institutionalisierung von Lehren und Lernen, Weinheim 1996, S. 223–233.

Weizsäcker, Richard v., im Gespräch mit Jan Roß: Was für eine Welt wollen wir? Berlin 2005.

Wesel, Uwe, Prof. em. (FU Berlin): »Unantastbar. Samuel Pufendorfs großer Wurf«, in: *DIE ZEIT* vom 27.11.2008, S. 108ff.

Wiarda, Jan-Martin: »Der kleine Bildungsriese. Deutschlands Schulen sollen besser werden. So lautet der Auftrag an ein Institut der Berliner Humboldt-Universität«, in: *DIE ZEIT* vom 3.7.2008, S. 63.

Ders.: »Sie schaffen es. Das Projekt ›stark!‹ unterstützt Einwandererkinder an Berliner Hauptschulen«, in: *DIE ZEIT* vom 22. Juli 2010, S. 59.

Winkel, Gerhard u. a. (Hg.): Humanethologie und Schulorganisation, Köln 1979.

Winterhoff, Michael: Warum unsere Kinder zu Tyrannen werden. Oder: Die Abschaffung der Kindheit, München 2010, Mosaik bei Goldmann.

Wössmann, Ludger: Letzte Chance für gute Schulen. Die 12 Irrtümer und was wir wirklich ändern müssen, München 2007.

Wunderer, Rolf: Führung und Zusammenarbeit. Eine unternehmerische Führungslehre, Neuwied 2006.

Stichwortverzeichnis

Anti-Angst-Training 141
Arbeitsbedingungen 9, 40, 50, 52, 56, 63–64, 66, 69, 102, 107, 109, 129, 140, 143, 155, 222, 227, 234–235
Autoritär/antiautoritär 24, 30, 54f., 62, 66, 84, 86f., 89, 91–99, 165, 179, 185, 214, 229, 238

Belastung(en) 8, 10, 40, 42, 51, 53–54, 56–57, 59–60, 62, 65, 94, 112, 116, 142–143, 230
Beliebigkeits-/Zufälligkeitsentscheidungen 111, 216
Bildungskonkurrenz, internationale 12, 90, 106, 109, 118, 216, 226, 233–234
Bürokratie/ bürokratisch 132, 146, 157, 213

Dilettantismus/dilettantisch 65, 161, 164, 172, 217, 221
Druck 7, 12, 22, 57–58, 76, 79, 121, 144, 158, 163, 179, 213, 231

Effizienz, effizient/Schuleffizienz 7–11, 14–15, 17, 49, 56, 66, 68–69, 90, 102, 104, 106, 117, 121, 123, 134, 136, 153, 156, 158–160, 163, 166, 172, 175, 182, 216, 222–223, 226–227, 235
Entdeckung(en) 21, 49, 84–86, 88, 103–104, 132, 223
Erfahrungswissen, pädagogisches 69–71, 108
Erfahrungswissenschaften/erfahrungswissenschaftliche Forschung, Humanwissenschaften 178–179, 235
Erziehungswissenschaften 54, 198

Fehlerdiskussion/-bewusstsein 7, 10, 13, 49, 220, 230, 234
föderal/gemeinsam 11, 21, 83, 104, 131, 134, 175, 185, 225, 231

Führungsleistung, -fehler, -verhalten 154, 169, 178, 223

Gewinner 9, 14, 105, 226

homogene, heterogene Lerngruppen 99–104, 110–111, 116–117, 123, 147, 188, 191, 192, 228

Identifikations-/Modelllernen 36–37
Ideologie 44, 57, 97, 104, 137, 150, 167, 172, 185, 191
Individuum/individuelles 11, 23, 36, 66, 98, 99, 100, 102–106, 109, 123, 128, 134, 150, 154, 166, 169, 191, 199, 207

Jugendgewalt 75, 129, 130

Kommunikation und Kooperation 51, 68, 79, 80–81, 98, 153, 156, 160, 201, 206, 219, 221, 226–227
Konsens 11, 14–15, 65, 67, 69, 70, 72, 99, 105–110, 153, 180, 182, 200, 230

Länder/länderübergreifend, landesweit 88, 107, 119, 120, 135, 142, 156–157, 175, 190
Lehrerfortbildung 90, 102, 115–116, 118, 169–170, 174, 176, 177–178, 217
Lernhilfen 7–8, 10–11, 14–15, 17–18, 57, 129, 144, 197, 206, 213, 215
lernschwache, lernschwächere Schüler 113, 149

Maßstab/Maßstäbe 10–12, 15, 32, 45, 50, 62, 69, 70, 94, 98–100, 106, 118, 155, 157, 160, 187, 191–192, 194, 202, 208, 226–227, 230

pädagogisch/Pädagogik/Psychologie 7–8, 10–12, 15, 28, 37–39, 49, 57, 68, 74, 100, 117, 123, 127, 134,

143, 144, 157, 167, 178, 184, 194, 197, 198–199, 200, 205, 212–214, 235
professionell/Professionalität 37, 153, 161, 221, 223

Realität 28–29, 34, 81, 94, 104–105, 108, 110, 111, 127, 131–134, 150, 158, 161, 163, 166–167, 176, 182, 186, 212, 216, 223, 229, 234

Sanktionen 24, 68, 129, 179
Stand der Zeit 105, 153, 167, 214, 230

Tatsachenforschung, pädagogische 10, 90–91, 105, 179

Transparenz/Aufklärung 7, 9, 11–14, 50, 71, 75, 97, 105, 111, 118, 147, 153, 158–163, 165–166, 168, 172, 174, 182, 185, 192, 195, 197, 200–201, 205, 207–208, 210, 213, 216–217, 219, 220–221, 223, 229, 234–235

Wahrnehmungsverweigerung 62, 133, 142, 181, 186, 216, 223
Wohlbefinden 35, 51, 52, 100, 103, 122, 167, 227

Zukunftssicherung 208, 216, 223, 232, 235